中文社会科学引文索引（CSSCI）来源集刊

珞珈管理评论

LUOJIA MANAGEMENT REVIEW

2021年卷 第1辑（总第36辑）

武汉大学经济与管理学院主办

WUHAN UNIVERSITY PRESS
武汉大学出版社

图书在版编目 (CIP) 数据

珞珈管理评论. 2021 年卷. 第 1 辑：总第 36 辑/武汉大学经济与管理学院主办 . —武汉：武汉大学出版社，2021. 4
ISBN 978-7-307-22182-6

Ⅰ.珞… Ⅱ.武… Ⅲ. 企业管理—文集 Ⅳ.F270-53

中国版本图书馆 CIP 数据核字（2021）第 047092 号

责任编辑：陈 红 责任校对：李孟潇 版式设计：韩闻锦

出版发行：**武汉大学出版社** （430072 武昌 珞珈山）
　　　　（电子邮箱：cbs22@ whu. edu. cn 网址：www. wdp. com. cn）
印刷：武汉市天星美润设计印务有限公司
开本：787×1092 1/16 印张：11.25 字数：267 千字
版次：2021 年 4 月第 1 版 2021 年 4 月第 1 次印刷
ISBN 978-7-307-22182-6 定价：48. 00 元

目　　录

CONTENTS

社会企业分类研究：
一个基于价值驱动的新框架

● 刘志阳[1,2] 邱振宇[1,2]

（1 上海财经大学商学院 上海 200433；2 上海财经大学中国社会创业研究中心 上海 200433）

【摘 要】社会企业分类是社会创业研究的基本前提和重要命题。本文基于类型学理论，将现有社会企业分类观点概括为结果学派、过程学派和混合逻辑学派。上述分类研究成果无法完整揭示社会企业内部的丰富性差异，更无法解释组织边界融合背景下社会企业的组织演化规律及其与其他类型组织的本质区隔。本文提出了基于价值创造和价值占有维度的社会企业分类新框架，这一分类框架可以弥合已有社会企业分类方法将商业和经济价值对立、将价值创造过程与价值占有结果对立、将混合逻辑驱动与混合价值驱动割裂的一些偏见。价值驱动新分类框架的提出也将为社会创业促进政策的制定奠定理论基础。

【关键词】社会企业 社会创业 类型学 混合价值

一、引言

作为战略管理和创业研究的学术前沿（Grimes 等，2013；Zahra 和 Wright，2016；McMullen 等，2017；Saebi 等，2019；Haugh 等，2021），社会企业分类问题迄今仍然存在大量争议（Mair 和 Marti，2006；Dacin 等，2011）。这主要和社会企业自身概念不清晰（Chell 等，2016）有关。例如过去20年的社会企业研究一直停留于社会企业的商业价值和社会价值平衡问题（Short 等，2009，Hossain 等，2017）、社会企业能否分红问题（尤努斯，2018），以及社会创业过程的商业和慈善边界问题（徐永光，2017；康晓光；2017）的探讨，由此导致社会企业研究囿于概念的反复徘徊，不利于组织分类的细化和研究命题的深化。此外，也和近20年来的组织边界模糊高度相关。随着社会和市场部门力量的兴起，跨部门合作实践不断涌现，产生了大量混合组织（例如美国的低利润有限责任公司、受益公司、弹性目标公司，英国的社区利益公司，比利时的社会目的公司，葡萄牙的社会团结合作社，希腊的有限责任合作社，法国的集体利益合作社协会等）。这些发展中的混合组织也让已有社会企业经典分类方法束手无策。特别是伴随数字技术发展出现的愈来愈多的跨界现象，更是使得已有分类方法不再具有合法性。上述分类问题已经严重制约了社会企业的自身发展，也使得社会创业理论的解释力陷入不断退化的境地，迫切需要提出一个和

1

发展实践匹配的可供演化的分类方法。

分类理论作为理解组织与环境关系的概念工具，可以在复杂的组织现象中帮助人们理解、比较和区分组织的本质特征（Negro 和 Leung，2013），对于解释组织特有现象具有重要意义（Cattani 等，2017；Reuber 等，2017；Durand 和 Khaire，2017）。分类的概念已经受到认知心理学、社会学、语言学、管理学等学科的重点关注（吴小节等，2020）。而自从 Porac 等（1989）将分类理论观点正式引入组织与管理领域之后，管理领域的学者们对分类理论的研究兴趣日益增加，并逐渐将分类理论视作组织管理理论中的关键理论视角之一（Lounsbury 和 Beckman，2015）。然而组织形态是组织内外部多种因素相互作用的动态结果，仅从静态的类型学视角难以全面描述和定义变化中的组织类型的特征和趋势。动态视角的组织演化理论是分类理论的重要补充，有助于解释和理解动态组织类型。因此，在社会企业研究领域，类型学研究和组织演化理论是帮助学者和实践者观察社会企业现象的一种视角，可以在复杂的环境中快速有效地简化对社会企业的认知程序，从而更加准确地界定和判别社会企业及其类型。本文将首先系统梳理已有社会企业类型学的主要学派，其次比较主要流派之间的异同点，最后在比较的基础上提出基于价值驱动的新的类型学理论框架。本文的研究可以拓展社会企业类型学的研究，也将推动有关社会企业分类政策法规的制定。

二、类型学视角的社会企业流派

本文基于 Web of Science 数据库，在 17 种国际顶尖学术期刊中检索出主题、标题、关键词、摘要与"社会企业"（social enterprise）相关的文献共计 87 篇（*Academy of Management Journal* 2 篇、*Academy of Management Review* 2 篇、*Administrative Science Quarterly* 1 篇、*Strategic Management Journal* 1 篇、*Organization Science* 3 篇、*Journal of Business Venturing* 4 篇、*Strategic Entrepreneurship Journal* 3 篇、*Entrepreneurship Theory and Practice* 4 篇、*Journal of World Business* 3 篇、*International Entrepreneurship and Management Journal* 6 篇、*Journal of Business Ethics* 35 篇、*Journal of Business Research* 7 篇、*Journal of Management Studies* 4 篇、*Small Business Economics* 4 篇、*Journal of Small Business Management* 4 篇、*Harvard Business Review* 3 篇、*Academy of Management Perspectives* 1 篇）。梳理社会企业概念及类型研究的脉络发现，社会企业类型学研究先后出现了三种流派和研究视角：（1）以 Dees 等为代表的结果学派；（2）以 Defourny 等为代表的过程学派；（3）以 Battilana 等为代表的混合逻辑学派。

1. 结果学派

社会企业类型学研究始于结果学派，主张从社会企业创造的社会价值和经济价值的关系和比例来界定社会企业，即以组织结果的视角区分组织类型。社会企业结果学派主要包括社会企业光谱（Dees，1998）、可持续光谱（Alter，2007）、社会企业动物园（Young 和 Lecy，2014）等典型观点。

社会企业光谱（social enterprise spectrum）的概念由 Dees（1998）提出。经营原则和利益

相关者是社会企业光谱理论划分非营利组织、社会企业和商业企业的判别标准。具体来说，Dees 分别阐述了非营利组织、社会企业和商业企业在三种经营原则(经营动机、经营驱动力和经营目标)和四种利益相关者(受益者、资本方、人力资源、供应商)中的具体表现和特征，从而构成了社会企业光谱(见表1)。社会企业光谱是社会企业类型学研究中最有影响、最具开创性的界定标准，其对于社会企业属于社会价值和经济价值中间地带的判断迄今仍然影响深远。社会企业光谱虽然将社会企业同非营利组织、商业企业区分开来，但是没有明确社会企业与非营利组织、商业企业的边界。此外，组织在社会目标和经济效益追求上的变化将导致组织在经营原则和利益相关者方面存在差异，从而衍生出多种组织类型，这导致简单的社会企业光谱无法准确刻画实践中复杂的、动态变化的社会企业类型。

表1 社会企业光谱①

判别标准	组织类型	非营利组织 纯慈善式	社会企业 混合式	商业企业 纯营利式
		←		→
经营原则	经营动机	服务社会	混合动机	谋取利润
	经营驱动力	使命驱动	使命与市场驱动	市场驱动
	经营目标	社会价值	社会价值和经济价值	经济价值
利益相关者	受益人	免费	补助金或全额报酬与免费之间的混合	依市场行情支付
	资本方	捐赠和补助	低于市场行情的资本或捐款与市场行情的资本的融合	具备市场行情的资本
	人力资源	志愿者	低于市场行情的报酬或志愿者与付全薪员工的混合	支付市场行情的报酬
	供应商	非现金方式的捐赠	特定的折扣或物品捐赠与全价货品的混合	依市场行情收费

在 Dees 研究的基础上，Alter(2007)将社会企业光谱发展为可持续性平衡光谱。Alter 指出，社会组织需要平衡经济可持续性和社会可持续性。组织社会可持续性和经济可持续性的此消彼长导致在传统的非营利组织(traditional nonprofit)和传统商业企业(traditional for-profit)之间存在四种不同程度的混合组织，分别为有创收活动的非营利组织(nonprofits with income generating activities)、社会企业(social enterprise)、社会责任企业(socially responsible business)以及履行社会责任的公司(corporation practicing social responsibility)。如图1所示，前两种类型以追求社会价值创造为主要目标，其可持续性战略是用商业方法支持社会项目；后两种类型以追求经济价值创造为主要目标，其可持续性战略是用社会责任创造经济价值。

---

① Dees, J. G. Enterprising nonprofits[J]. Harvard Business Review, 1998, 76(1)：55-67.

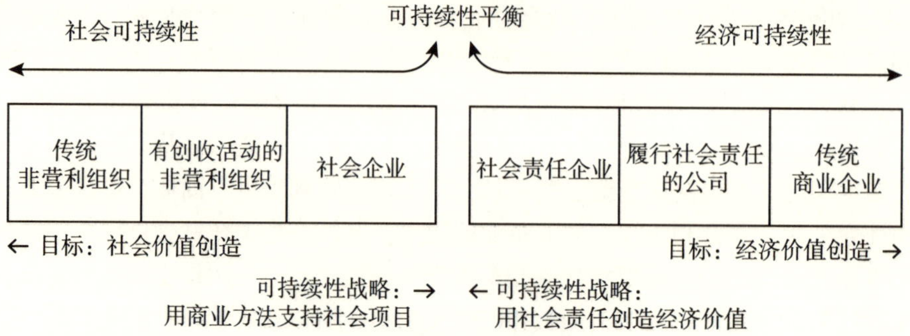

图1 可持续性均衡光谱①

区别于光谱观点，Young 和 Lecy(2014)的研究强调社会企业生态与动物园生态的相似之处，并将社会企业光谱拓展为社会企业动物园(social enterprise zoo)(见图2)。根据净社会影响力和盈利能力两个维度，Young 等(2016)在社会效率边界曲线上区分了不同类型的

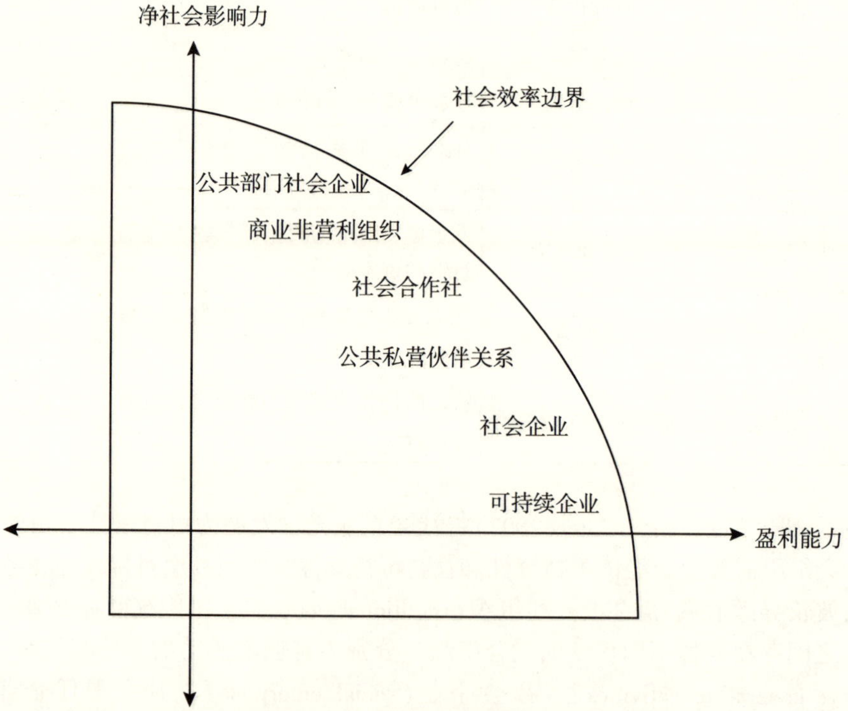

图2 社会企业动物园②

① Alter, K. Social enterprise typology[J]. Virtue Ventures LLC, 2007, 12(1)：1-124.

② Young, D. R., Searing, E. A. M., Brewer, C. V. The social enterprise zoo：A guide for perplexed scholars, entrepreneurs, Philanthropists, leaders, investors, and policymakers[M]. Northampton：Edward Elgar Publishing, 2016.

社会企业，依次为公共部门社会企业、商业非营利组织、社会合作社、公共私营伙伴关系、社会企业和可持续企业。这 6 类社会企业的特征从高度重视社会影响力但弱化盈利能力的公共部门社会企业，逐步向重视盈利能力而弱化社会影响力的可持续企业转化。需要注意的是，在第二象限或第四象限的社会效率边界曲线分别表示负向的社会影响力或盈利能力，这说明只有处于第一象限的组织才被视为社会企业。相较于前两种社会企业光谱理论，社会企业动物园理论不仅明确了社会企业与其他类型组织的边界，而且强调不同社会企业类型间的互动关系。该理论进一步探讨了社会企业的组织形式、运作机制和管理方式等，并用互补或竞争的动物关系表示社会企业组织之间的关联，为不同类型社会企业间开展合作提供了理论指导，但其本质意义上仍然是社会企业光谱理论的拓展。

2. 过程学派

结果学派仅考虑社会企业的特点和形式，而没有研究社会企业如何形成不同的特点和形式。这也就为过程学派的社会企业分类的提出提供了理论拓展空间。过程学派主张在社会企业分类研究中用过程视角代替结果视角，即从社会企业形成过程的角度界定社会企业。过程视角最早由欧洲社会企业研究网络（EMES network）提出。EMES network 提出了判断理想型社会企业的三个维度：一是经济和创业指标，内容包括生产产品或服务的连续性活动、明显的经济风险、最低水平的有偿劳动；二是社会指标，内容包括以造福社区作为明确的目标、由公民或民间社会组织发起、利润分配限制；三是参与式治理指标，内容包括高水平的自治、不取决于资本所有权的决策权、多元利益相关者共治。该视角打破了"经济-社会"线性二元模型，倡导将参与式治理引入社会企业的判定标准中，丰富了理论和实践领域对于社会企业本质的认知。然而现实中的社会企业未必能够全部符合上述标准，因此这一标准在操作过程中具有一定的局限性。

为了克服上述标准的局限性，EMES 学派在参与式治理和双元导向的框架下，根据利益准则和资源混合的标准构建了一个新的类型框架（Defourny 和 Nyssens，2017）。由于社会、政府和市场分别受不同的利益准则驱动，因此 Defourny 和 Nyssens 按照多元经济行为准则将利益准则划分为公众利益、互助利益和资本利益。除了受不同的利益驱动之外，市场行为的差异决定了社会企业获得资源的途径不同，因此市场活动是社会企业区别于其他传统组织的另一大特点。图 3 中两条虚线划分了社会企业对市场资源的不同依赖程度，据此可将社会企业分为三类，分别是市场资源主导的社会企业、混合性资源主导的社会企业以及非市场资源主导的社会企业。在多种元素组合的驱动下，传统组织分别以三个不同的利益驱动为起点向中间运动。社会企业就是向上或向下的制度运动的结果：向上运动的制度轨迹代表更关注公众利益，扩大社会影响力；向下运动的制度轨迹代表了更加关注增加市场活动和市场资源，以此增加收入。因此，不同的制度运动轨迹形成了四种典型社会企业：（1）创业型非营利组织（entrepreneurial non-profit，ENP），该类型产生于营利性的非营利组织，原本关注公共利益的协会开始寻求更多的市场收入，以此弥补经营支出；（2）社会合作社（social cooperative，SC），这种类型主要是由原来关注会员利益的互助协会和合作社演化而成，由关注互助利益转而更加关注公众利益；（3）社会事业（social business，SB），这种类型一般是由原本追求资本利益为主的中小企业或组织演化而成，更加关注公

5

众利益和增加非市场收入，其同时兼具社会目标和商业收入；（4）公共部门衍生的社会企业（public-sector social enterprise，PSE），该类型往往源自公共部门的机构，部分提供公共服务的部门受公共服务私有化的影响开始强调增加市场资源获取，在私有化改革的过程中转变成社会企业。Defourny 和 Nyssens 的划分方法扩展了 EMES 的标准模型，涵盖了更加多元的社会企业类型，既体现了社会企业类型的多样性，也反映了不同社会企业类型在资源禀赋、社会使命和治理结构方面的差异。该框架不仅有助于判定社会企业的具体类型，而且能够用于分析社会企业的发展路径。同时，Defourny 和 Nyssens 指出该模型虽然只归纳了四种主要的类型，但并不代表他们否认其他社会企业。

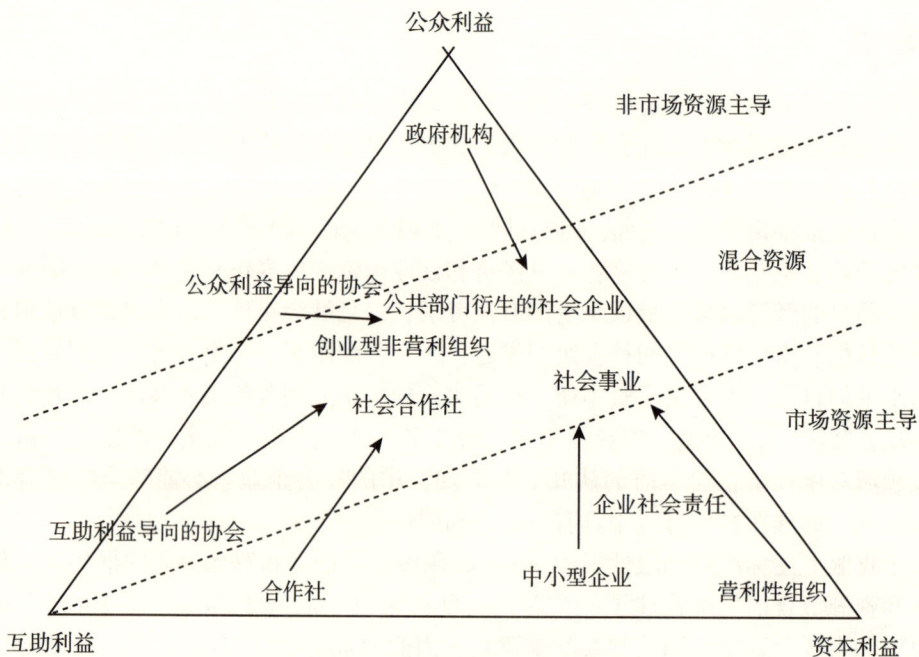

图 3　过程学派的类型框架①

3. 混合逻辑学派

过程学派研究了不同类型社会企业的形成过程，但没有考虑形成过程背后的组织逻辑的差异和演进。混合组织的出现使得从组织逻辑出发划分组织类型具有必要性。不同于传统的组织类型，混合组织是将"两个或两个以上的组织要素以非传统的形式结合在一起"（Battilana 等，2017）。虽然承认混合和非混合组织存在质的不同是有用的，但是这样做存在过度简化混合组织间潜在异质性的风险，从而低估了组织间不同程度混合性的影响。为了解决这个问题，Battilana 等呼吁应着力于组织混合程度的研究，而非单纯围绕类型问题

①　Defourny, J., Nyssens, M. Fundamentals for an international typology of social enterprise models[J]. Voluntas: International Journal of Voluntary and Nonprofit Organizations, 2017, 28(6): 2469-2497.

进行探讨。他们通过强调经济逻辑和社会逻辑是一个连续体的两端，概念化了混合程度。这一观点超越了原有粗糙的组织分类概念（例如，社会、经济或混合），并承认混合组织中逻辑性质的可变性，这可能影响企业的成果。

Shepherd 等（2019）在 Battilana 等研究的基础上进行扩展，认为应该超越混合作为一个连续体的概念，着力于对混合程度进行理论化。他们认为混合程度是由组织的核心要素决定的，其核心要素包括：（1）企业家（the entrepreneur），如企业家的亲社会动机和社会基础情感；（2）探究社群（the community of inquiry），或"对潜在机会的准确性提供反馈的潜在利益相关者"（Shepherd，2015）；（3）潜在机会（the potential opportunity），即创造一定经济价值和社会价值的潜在机会的性质；（4）组织结果（the organizational outcomes），即不同混合程度的企业成功与失败的程度。进一步，他们将组织的混合程度分为两个部分：一是经济逻辑与社会逻辑的相对性，指组织内多种逻辑的分布程度，或组织内经济和社会逻辑的比重关系；随着社会逻辑在组织中的比重上升，组织将先后经历经济逻辑相对重要、经济逻辑与社会逻辑平衡以及社会逻辑相对重要；二是逻辑的强度，指经济逻辑和社会逻辑在组织中所具有的活力，包括低强度和高强度。Shepherd 等据此指出，组织的混合程度取决于经济逻辑与社会逻辑的相对性以及逻辑的强度，可将组织分为社会企业、传统混合企业以及商业企业。混合逻辑学派基于组织逻辑视角强调理解创业者如何直接或间接影响组织混合程度，以及混合程度的差异如何导致组织形成过程和组织结果的差异。混合逻辑学派的类型框架见图 4。

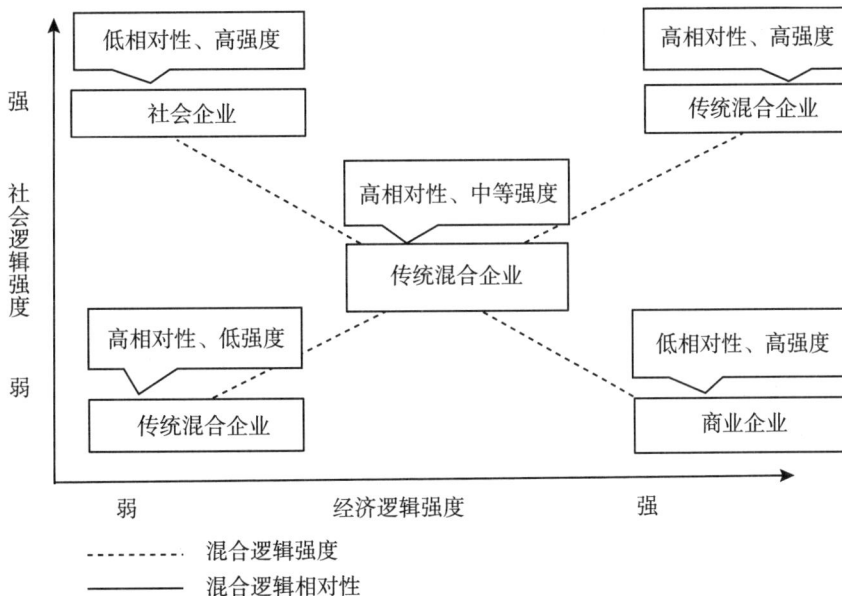

图 4 混合逻辑学派的类型框架①

① Shepherd, D. A., Williams, T. A., & Zhao, E. Y. A framework for exploring the degree of hybridity in entrepreneurship[J]. Academy of Management Perspectives, 2019, 33(4)：491-512.

三、价值驱动的新分类框架

提出新的分类框架之前，有必要从研究视角、研究框架以及划分类别等维度系统比较已有分类学派（见表2）。首先，从研究视角看，三个学派分别从二元视角、组织生成视角以及组织逻辑视角展开研究。结果学派采用的是二元视角，即通过一个组织社会属性和商业属性之间的关系来判断该组织是不是社会企业（赵萌和郭欣楠，2018）。不过，不同学者对社会企业包含的社会属性和商业属性的比例和两者关系的理解存在区别，因而形成了社会目标优先观点（Lyon 和 Sepulveda，2009；Huybrechts 和 Defourny，2008）、社会商业均衡观点（McMullen 和 Warnick，2015；Young 和 Kim，2015；Fosfuri 等，2016）以及社会目标唯一观点（Waldron 等，2016）；过程学派采用组织生成视角，提出关注社会企业行为与过程的研究主张，聚焦于归纳新组织生成之前的创业活动规律（张玉利和杨俊，2008）；混合逻辑学派基于组织逻辑视角，认为社会企业作为一种新的组织形态，面临着两种难以兼容的组织逻辑（强调商业化实践、效率与利润最大化的商业逻辑，以及强调民主自治、解决社会问题与创造社会价值的社会公益逻辑）。两种组织逻辑的融合在赋予社会企业创新和资源的同时，也给社会企业带来了独特的冲突与挑战（Besharov 和 Smith，2014；Santos 等，2015）。两种组织逻辑的强度和相对性共同决定了组织治理原则、过程和结果。其次，从分类标准看，三个学派均从不同角度提出了判断社会企业的标准。结果学派主要从经济价值和社会价值界定社会企业，过程学派则着眼于利益原则和资源导向的区别，混合逻辑学派强调混合逻辑的相对性和强度。由于研究框架或判断标准的不同，各个学派对组织的划分类别也存在差异。最后，从分类侧重点看，结果学派强调社会企业社会属性和商业属性的关系，但忽视了动态变化中的社会企业类型；过程学派强调社会企业的生成过程和行为，但其未能涵盖全部社会企业类型；混合逻辑学派强调社会企业混合逻辑的相对性和强度，但其分类较为单一，未能细化混合组织的类型划分。

总的来说，已有社会企业类型学研究经历了一个由现象到本质、由具体到抽象的研究过程。具体来说，研究对象由社会企业结果和特征，转向社会企业生成过程，再转向社会企业生成背后的混合逻辑；研究视角从组织结果视角转向组织生成视角，再转向组织逻辑视角。但基于组织逻辑视角的社会企业类型学分类仍无法界定和涵盖日益多元且融合的社会企业类型，仍需提炼组织治理逻辑背后的影响因素。事实上，组织逻辑的本质是组织关于价值创造和价值占有的主张（Sorescu 等，2011）。价值创造是指一项活动在考虑了机会成本的情况下，社会成员的总效用的增加；价值获取是指一项活动中在考虑了行为人自身的机会成本后，行为人从该活动中占有的价值（Mizik 和 Jacobson，2003）。显然价值创造是不断进行价值获取的必要条件，只有价值获取而没有价值创造是不可持续的；而一定程度的价值占有对确保持续的价值创造也是至关重要的。价值创造与价值占有共同决定了组织资源配置的行动逻辑，也导致了企业的不同发展过程、结果和类型（刘志阳等，2015）。已有社会企业类型学研究缺乏关于社会企业价值创造和价值占有关系的深入探讨。具体来看，结果学派考虑了社会价值和经济价值的关系，但未能剖析社会企业价值创造和占有的过程；过程学派虽然强调从社会企业价值创造的过程视角认识社会企业，却忽视了社会企业价值占有在社会企业类型界定中的重要性；而混合逻辑学派强调组织动机和逻辑驱动的复杂性和多样性，但没有考虑混合逻辑运行过程中混合价值创造和混合价值占有的关系，以及由于价值占有和价值创造关系的不同而产生的组织特性的差异。正是由于价值创造和混合价值占有适配的复杂性才生成了社会创业和社会企业作为创业过程和企业组织的多样性。因此有必要将价值驱动观点作为社会企业研究的视角，进一步抽象社会企业类型差异背后的价值驱动因素，从而拓展社会企业类型学的研究。基于价值驱动的社会企业组织类型见图5。

表2 社会企业类型学比较

学派	研究视角	分类标准	划分类别	侧重点	缺点
结果学派	组织结果视角	社会企业光谱观点：经营原则(经营动机、经营驱动力和经营目标)和利益相关者(受益者、资本方、人力资源、供应商)	非营利组织、社会企业、商业企业	强调社会属性和商业属性的关系	忽视动态变化中的社会企业类型
		可持续光谱观点：经济可持续和社会可持续	有创收活动的非营利组织、社会企业、社会责任企业以及履行社会责任的公司		
		社会企业动物园观点：净社会影响力和盈利能力	公共部门社会企业、商业非营利组织、社会合作社、公共私营伙伴关系、社会企业和可持续企业		
过程学派	组织生成视角	利益原则(公众利益、互助利益和资本利益)和资源导向(市场资源主导、混合性资源以及非市场资源主导)	创业型非营利组织、社会合作社、社会事业、公共部门衍生的社会企业	强调社会企业的生成过程和行为	仅归纳了主要社会企业类型，未能涵盖全部社会企业类型
混合逻辑学派	组织逻辑视角	混合逻辑的相对性(高相对混合性、低相对混合性)和混合逻辑的强度(低混合强度、中等混合强度、高混合强度)	社会企业、商业企业和混合企业	强调混合逻辑的相对性和强度	分类较为单一，未能细化混合组织的类型划分

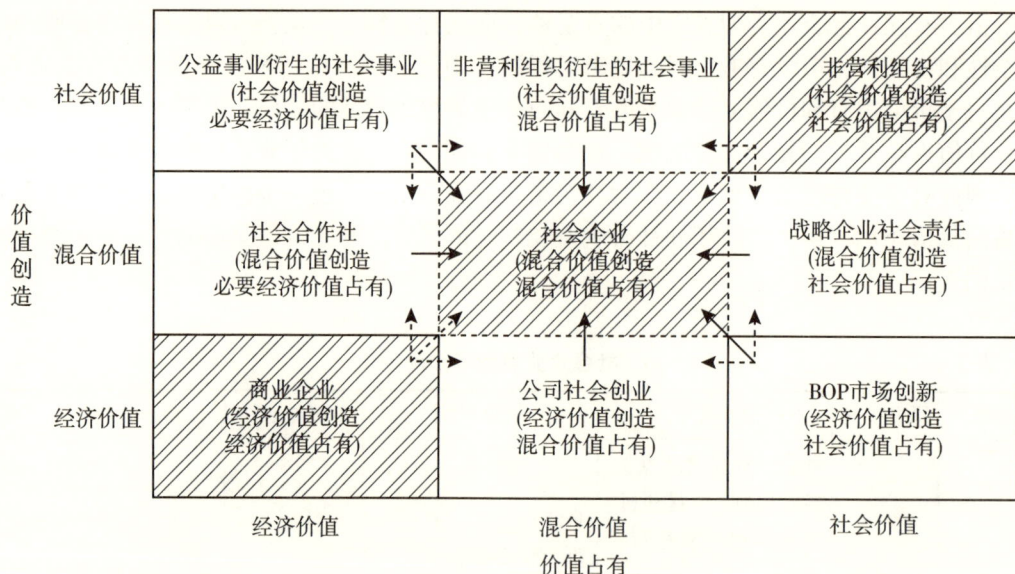

	公益事业衍生的社会事业 (社会价值创造 必要经济价值占有)	非营利组织衍生的社会事业 (社会价值创造 混合价值占有)	非营利组织 (社会价值创造 社会价值占有)
社会价值			
混合价值	社会合作社 (混合价值创造 必要经济价值占有)	社会企业 (混合价值创造 混合价值占有)	战略企业社会责任 (混合价值创造 社会价值占有)
经济价值	商业企业 (经济价值创造 经济价值占有)	公司社会创业 (经济价值创造 混合价值占有)	BOP市场创新 (经济价值创造 社会价值占有)
	经济价值	混合价值	社会价值

图 5 基于价值驱动的社会企业组织类型

注：图中阴影部分表示平衡型组织(商业企业、社会企业和非营利组织)，其余为非平衡型组织；实线箭头表示理想的演化路径，虚线箭头表示可能的演化路径。

根据组织价值驱动观点，组织价值包括经济价值、社会(环境)价值和混合价值，按照不同类型价值占有和价值创造的不同组合，可以将组织分为以下 9 种类型：(1)商业企业，以盈利为目的，创造并占有经济价值。(2)社会合作社，作为特殊经济单元在创造混合价值的同时，侧重为所有成员占有必要的经济价值。社会合作社扎根于当地，具备使用金融工具的便捷性以及广泛的社会动员能力，因而能够提供更符合成员期望的服务或产品，即通过低成本的生产性投入实现更大的集体福利，为鼓励当地就业、培养社会凝聚力和创造社会资本等做出贡献(Thomas，2004)。福建省邵武市台福源果蔬种植专业合作社联合社是合作社的典型。为保证所有合作社成员的收益，台福源联合社强调发挥成员之间团结互助、集体联合行动的组织优势，开展统一生产经营服务。合作社负责前期项目选择和后端产品销售，合作社与农户建立利益联结，鼓励农户入社发展产业，帮助 630 多户农户通过土地流转、生产托管、作业务工、产品销售等方式实现户均增收 1.2 万元以上。(3)公益事业衍生的社会事业(收费性慈善事业)，其以社会价值创造为目标，但占有必要的经济价值以维持组织的运行。实践中涌现的共益企业(benefit corporation)、柔性利润企业(flexible benefit corporations)、低利润有限责任公司(low-profit limited liability corporations，L3Cs)等组织形式本质上均属于公益事业衍生的社会事业。书籍捐献者项目是这一类型的典型案例。书籍捐献者是一家社会利益公司，它通过将二手书籍转化为资产的方法实现了社会、经济和环保三重价值。书籍捐献者从慈善机构、图书馆和其他合作机构那里获得稳定的二手书供应，再通过亚马逊等平台在互联网上进行销售。其销售额的四分之一用于支付给供应商，帮助它们为自己的事业筹集资金(实现了经济价值)。数以吨计的二手书从垃圾填埋场转移出来(实现了环保价值)。为完成以上工作，书籍捐献者雇用残障人士和长期失业者，为他们提供培训和就业机会(实现了社会价值)。(4)公司社会创业，强调创造经济价值并占有混合价值。公司社会创业是大型企业内部孵化社会企业或社会项目的行为，其主要目标在于惠及企业当前关键利益相关者之外的群体(戴维奇，2016)。为此，大型企业应着力创造有利的组织氛围、培育组织内部的社会创业者、将社会价值创造纳入企业的价值观、创造经济和社会双重价值以及与其他组织和政府建立战略联盟等(Austin和Reficco，2009)。公司社会创业存在着丰富的实践，典型代表如拼多多集团的"多多农园"项目。拼多多在云南建立了首个"多多农园"，不仅实现了咖啡消费端"最后一公里"和原产地"最初一公里"直连，而且提供了一整套解决方案和产业链，以重构咖啡产业的价值环节。"多多农园"项目的实质，是通过建立一个产、销、研、加工一体化的现代化农业产业项目，以标准化、可控化实现保山咖啡的产品竞争力与品牌价值的提升，为当地农户在全产业链中赢得主体地位。(5)社会企业，其以解决社会问题为使命，同时获取必要的收入以维持组织的可持续发展，因此其在运营过程中创造混合价值并占有混合价值。社会企业商业模式可划分为项目型、嵌入型、成熟型和潜在型四种基本类型(刘志阳等，2015)。深圳市诚信诺科技有限公司是社会企业的典型案例。诚信诺科技有限公司以为全球无电地区极端贫困人口提供可负担可持续的清洁能源及可持续发展方案为使命，挖掘使用高新技术解决环境与社会问题的巨大潜能，自主研发设计出售价仅5美元的太阳能灯，满足全球12亿贫困人口的照明需求，每年能够直接为BOP家庭节约170多美元，解决了巨大的安全隐患和生态环境破坏问题。(6)非营利组织衍生的社会事业，这是非营利组织向社会创业的转型方式，其在创造社会价值的同时占有混合价值以实现组织的"自我造血"。非营利组织衍生的社会事业强调的是非营利组织属性和市场机制，即基于公益实体、采用市场机制、探索公益创新，表现出明确的公益宗旨、非营利价值、社会问题导向和实践能力(王名和朱晓红，2010)。该类型的典型代表如贵州纳桑红糖项目。纳桑红糖项目由李正方创办，在这之前他一直专注于为贵州山区提供志愿支教服务的"大山小爱"志愿支教协会的工作。然而多年的支教经验使他逐渐发现仅仅依靠教育无法解决留守儿童的问题，必须发展当地产业以从根本上改变当地乡村的社会现状。于是，李正方与当地农民共同建立册亨县木棉树土法红糖专业合作社，开始探索打赢脱贫攻坚战和山村教育发展的新模式。纳桑红糖上市后市场反应热烈，得到了消费者的青睐，首年销售额即突破300万元，实现了社会价值、经济价值的创造和获取。(7)BOP市场创新，虽然其主要目的是创造经济价值，但其根本出发点却是占有社会价值。针对BOP市场的商业模式应涵盖本地能力、价值主张、价值网络、关键活动和盈利模式5个部分(邢小强等，2011)。典型案例如快手BOP包容性创新战略。快手以"公平普惠"为核心的商业模式深度契合BOP人群的受教育水平、文化圈层和市场需求，挖掘了BOP人群的市场价值。无论短视频制作者是明星还是草根，快手都为其随机分配流量，使得长期被忽略的BOP市场用户可以在平台上传递信息、表达内容并获得关注和收入。借助快手平台，BOP人群成为一个集消费者、生产者于一身的创新共建者，既促进了包容性发展，也使快手自身在短时间内迅速崛起。(8)战略企业社会责任，这是传统商业企业参与社会问题的方式，通过解决社会问题和创造混合价值，从而服务于社会价值占有或影响力扩大的最终目的。传统语境下，实践中涌现出点对点的原子式社会责任治理、传导式的线性化社会责任治理和联动型的集群式社会责任治理等多种范式(肖红军和李平, 2019)。例如阿里巴巴公益基金会，基于自身互联网平台的优势，赋能公益机构应用互联网平台开展众筹项目，涉及扶贫助困、大病救助、教育助学等民生问题的解决。(9)非营利组织，其创造并占有社会价值。

图 5 也表明社会企业是组织演化的结果(刘志阳和王陆峰, 2019)。商业企业和非营利组织向社会企业转型或演化的过程即社会创业的过程，而社会合作社、公益事业衍生的社会事业、公司社会创业、非营利组织衍生的社会事业、BOP 市场创新、战略企业社会责任等混合组织类型则是社会创业过程中的多样化表现形式。但这些混合组织具有暂时性、过渡性的特点，其最终的演化结果可能都是社会企业。如图 5 所示，商业企业、社会合作社、公益事业衍生的社会事业、公司社会创业、非营利组织衍生的社会事业、BOP 市场创新、战略企业社会责任以及非营利组织都存在向社会企业演化的趋势和路径。一方面，随着组织边界的不断模糊，以混合逻辑驱动、混合价值创造并占有为特征的混合组织形式迅速崛起，被认为是最理想的组织形式(徐虹等, 2020)。因此纯粹创造和占有经济价值的商业企业或纯粹创造和占有社会价值的非营利组织有可能向创造和占有混合价值的社会企业转型。其中，商业企业需要增加社会价值创造和获取的能力，而非营利组织则要增加经济价值创造和获取的能力，并在转型的过程中实现社会价值和经济价值的平衡。另一方面，虽然社会合作社、公益事业衍生的社会事业、公司社会创业、非营利组织衍生的社会事业、BOP 市场创新以及战略企业社会责任等混合组织都在不同程度上创造和占有经济价值、社会价值或混合价值，但大多存在价值创造和价值占有不匹配的根本问题，即为"非平衡型混合组织"。非平衡型混合组织虽然在短期内能够缓解价值不匹配带来的冲突和矛盾，具备部分解决社会问题的能力，但无法真正解决价值不匹配问题，导致价值冲突削弱甚至破坏组织的可持续发展能力。因此非平衡型混合组织应遵循自身路径开展社会创业行动，补齐或增强经济价值、社会价值的创造和占有水平，实现价值创造和价值占有的匹配，并在这一过程中完成向平衡型混合组织——社会企业——转型。其中，合作社应该增加社会价值的占有，公益事业衍生的社会事业应该增强经济价值创造和社会价值占有，公司社会创业应增强社会价值创造，非营利组织衍生的社会事业应增强经济价值创造，BOP 市场创新应增加经济价值占有和社会价值创造，战略企业社会责任应增加经济价值占有。

四、结论与启示

基于结果视角、过程视角和混合逻辑视角的社会企业类型学研究无法清晰界定和完整辨别混合组织演化趋势下的社会企业类型，急需新的类型学研究视角提供理论指导和政策依据。本文认为，组织价值驱动决定组织逻辑，组织逻辑驱动组织生成过程和组织结果，因而从组织价值驱动视角解释社会企业组织类型更具有理论的彻底性，也能为演化中的混合组织现象提供更为合理的解释。本文研究结论和启示如下：

第一，社会企业分类是组织价值驱动的结果。已有类型学研究不能有效解释发展中的社会创业实践。结果学派缺乏关于社会企业价值创造和占有的考虑，过程学派虽然围绕社会企业价值创造过程展开，但忽视价值占有的维度，而混合逻辑学派则没有考虑混合逻辑运行过程中混合价值创造和占有之间的关系，因而上述三种学派的分类框架在实践中逐渐失效。本文认为，价值驱动是决定组织类型的核心要素，理解和定义组织类型需要回归价值本质，深入辨析组织价值创造与价值占有的关系。基于价值驱动的社会企业分类框架不仅能够有效识别演化中的社会企业类型，而且可以作为未来界定混合组织类型的基本判定标准。

第二，社会企业分类是跨部门融合和组织演化的最终产物。理解社会企业分类必须从三大部门关系的变动着手。随着市场、社会和政府三大部门间跨部门合作的日益增多，传统部门的边界在逐渐模糊，社会企业正是部门融合和跨界的结果。理解社会企业分类也必须考虑组织的变动。作为兼具混合价值创造和占有的平衡型混合组织，社会企业既是社会创业的结果，又是各种非平衡型混合组织转型发展的结果。非平衡型混合组织内部价值创造和价值占有的失衡问题是驱动组织朝着价值均衡方向转型的根本矛盾和动力。由于组织资源禀赋、路径依赖以及发展阶段的不同，非平衡型混合组织可能选择不同的转型路径，但其最终的演化结果往往是社会企业。

第三，社会企业分类是制定政策法规的前提。对种类繁多的社会企业进行有效分类，是制定各类有针对性的政策法规的前提。在上述前提基础上，不同社会政策制定者应重视社会企业作为平衡型混合组织在解决社会问题中所发挥的重要作用，在法律或政策上将社会企业视为新的组织形式，进行有针对性的认证、管理和监督，为社会企业以及社会创业的发展提供空间；社会企业家应基于组织价值视角确认组织身份，寻求组织认同，建立组织合法性，推进社会企业的健康发展；传统部门和非平衡型混合组织中的社会创业者应着力调整组织战略，实现混合价值创造和占有的匹配，从而逐步向社会企业转型。

第四，超越社会企业分类透视混合组织的总体发展趋势。随着社会和市场力量的交融，组织间的跨部门合作不断涌现，组织边界正在逐步消融、模糊甚至被打破。平衡型组织的单一功能角色——仅关注经济价值或社会价值的创造和占有——愈来愈不符合社会期待和要求，组织必将承担多重角色，这也使混合组织出现成为社会的普遍期待。混合价值创造和占有也可能成为未来组织成长的核心战略。本文认为，纷繁的社会企业种类也可能仅仅是混合组织基于混合价值驱动的演变过程的结果，未来更应超越现有社会企业类型研究，透视混合价值、混合逻辑以及混合组织产生和演化的系统脉络。

◎ 参考文献

[1] 戴维奇. 理解"公司社会创业":构念定位、研究梳理与研究议程[J]. 科学学与科学技术管理, 2016, 37(4).

[2] 康晓光. 驳"永光谬论"——康晓光评《公益向右商业向左》[N]. 公益时报, 2017-09-13.

[3] 刘志阳, 金仁旻. 社会企业的商业模式:一个基于价值的分析框架[J]. 学术月刊, 2015, 47(3).

[4] 刘志阳, 王陆峰. 中国社会企业的生成逻辑[J]. 学术月刊, 2019, 51(10).

[5] 穆罕默德·尤努斯. 普惠金融改变世界:应对贫困、失业和环境恶化的经济学[M]. 陈

文，等，译. 北京：机械工业出版社，2018.

[6]王名，朱晓红. 社会企业论纲[J]. 中国非营利评论，2010,6(2).

[7]吴小节，陈小梅，汪秀琼. 分类理论述评：一个基于分类化过程的框架[J]. 南开管理评论，2020,23(6).

[8]肖红军，李平. 平台型企业社会责任的生态化治理[J]. 管理世界，2019,35(4).

[9]邢小强，仝允桓，陈晓鹏. 金字塔底层市场的商业模式：一个多案例研究[J]. 管理世界，2011(10).

[10]徐虹，张妍，翟燕霞. 社会创业研究回顾与展望[J]. 经济管理，2020,42(11).

[11]徐永光. 公益向右商业向左：社会企业与社会影响力投资[M]. 北京：中信出版社，2017.

[12]张玉利，杨俊. 组织生成过程研究：现状评价与未来趋势[J]. 研究与发展管理，2008(3).

[13]赵萌，郭欣楠. 中国社会企业的界定框架——从二元分析视角到元素组合视角[J]. 研究与发展管理，2018,30(2).

[14]Alter, K. Social enterprise typology[J]. Virtue Ventures LLC, 2007,12(1).

[15]Battilana, J., Besharov, M., Mitzinneck, B. On hybrids and hybrid organizing: A review and roadmap for future research [J]. The SAGE Handbook of Organizational Institutionalism, 2017(2).

[16]Austin, J., Reficco, E. Corporate social entrepreneurship: The new frontier[M]. Westop: Praeger, 2006.

[17]Besharov, M. L., Smith, W. K. Multiple institutional logics in organizations: Explaining their varied nature and implications[J]. Academy of Management Review, 2014,39(3).

[18]Cattani, G., Porac, J. F., Thomas, H. Categories and competition [J]. Strategic Management Journal, 2017,38(1).

[19]Chell, E., Spence, L. J., Perrini, F., et al. Social entrepreneurship and business ethics: Does social equal ethical? [J]. Journal of Business Ethics, 2016,133(4).

[20]Dacin, M. T., Dacin, P. A., Tracey, P. Social entrepreneurship: A critique and future directions[J]. Organization Science, 2011,22(5).

[21]Dees, J. G. Enterprising nonprofits[J]. Harvard Business Review, 1998,76(1).

[22]Defourny, J., Nyssens, M. Fundamentals for an international typology of social enterprise models[J]. Voluntas: International Journal of Voluntary and Nonprofit Organizations, 2017, 28(6).

[23]Durand, R., Khaire, M. Where do market categories come from and how? Distinguishing category creation from category emergence[J]. Journal of Management, 2017,43(1).

[24]Fosfuri, A., Giarratana, M. S., Roca, E. Social business hybrids: Demand externalities, competitive advantage, and growth through diversification[J]. Organization Science, 2016, 27(5).

[25]Grimes, M. G., McMullen, J. S., Vogus, T. J., et al. Studying the origins of social

entrepreneurship: Compassion and the role of embedded agency [J]. Academy of Management Review, 2013,38(3).

[26]Haugh, H., Robson, P., Hagedoorn, J.,et al. The nascent ecology of social enterprise[J]. Small Business Economics, 2021(1).

[27]Hossain, S., Saleh, M. A., Drennan, J. A critical appraisal of the social entrepreneurship paradigm in an international setting: A proposed conceptual framework [J]. International Entrepreneurship and Management Journal, 2017,13(2).

[28]Huybrechts, B., Defourny, J. Are fair trade organisations necessarily social enterprises? [J]. Social Enterprise Journal, 2008,4(3).

[29] Lounsbury, M., Beckman, C. M. Celebrating organization theory [J]. Journal of Management Studies, 2015,52(2).

[30] Lyon, F., Sepulveda, L. Mapping social enterprises: Past approaches, challenges and future directions[J]. Social Enterprise Journal, 2009,5(1).

[31]Mair, J., Marti, I. Social entrepreneurship research: A source of explanation, prediction, and delight[J]. Journal of World Business, 2006,41(1).

[32]McMullen, J. S., Bergman Jr, B. J. Social entrepreneurship and the development paradox of prosocial motivation: A cautionary tale[J]. Strategic Entrepreneurship Journal, 2017, 11 (3).

[33]McMullen, J. S., Warnick, B. J. Should we require every new venture to be a hybrid organization? [J]. Journal of Management Studies, 2016,53(4).

[34]Mizik, N., Jacobson, R. Trading off between value creation and value appropriation: The financial implications of shifts in strategic emphasis[J]. Journal of Marketing, 2003,67(1).

[35] Negro, G., Leung, M. D. "Actual" and perceptual effects of category spanning [J]. Organization Science, 2013,24(3).

[36]Reuber, A. R., Dimitratos, P., Kuivalainen, O. Beyond categorization: New directions for theory development about entrepreneurial internationalization [J]. Journal of International Business Studies, 2017,48(4).

[37]Saebi, T., Foss, N. J., Linder, S. Social entrepreneurship research: Past achievements and future promises[J]. Journal of Management, 2019,45(1).

[38]Santos, F., Pache, A. C., Birkholz, C. Making hybrids work: Aligning business models and organizational design for social enterprises[J]. California Management Review, 2015,57 (3).

[39]Shepherd, D. A., Williams, T. A., Zhao, E. Y. A framework for exploring the degree of hybridity in entrepreneurship[J]. Academy of Management Perspectives, 2019,33(4).

[40] Short, J. C., Moss, T. W., Lumpkin, G. T. Research in social entrepreneurship: Past contributions and future opportunities[J]. Strategic Entrepreneurship Journal, 2009,3(2).

[41]Sorescu, A., Frambach, R. T., Singh, J.,et al. Innovations in retail business models[J]. Journal of Retailing, 2011(87).

[42] Thomas, A. The rise of social cooperatives in Italy[J]. Voluntas: International Journal of Voluntary and Nonprofit Organizations, 2004, 15(3).

[43] Waldron, T. L., Fisher, G., Pfarrer, M. How social entrepreneurs facilitate the adoption of new industry practices[J]. Journal of Management Studies, 2016, 53(5).

[44] Young, D. R., Kim, C. Can social enterprises remain sustainable and mission-focused? Applying resiliency theory[J]. Social Enterprise Journal, 2015, 11(3).

[45] Young, D. R., Lecy, J. D. Defining the universe of social enterprise: Competing metaphors [J]. Voluntas: International Journal of Voluntary and Nonprofit Organizations, 2014, 25 (5).

[46] Zahra, S. A., Wright, M. Understanding the social role of entrepreneurship[J]. Journal of Management Studies, 2016, 53(4).

Research on the Social Enterprises Typology: A Value-driven Framework

Liu Zhiyang[1,2]   Qiu Zhenyu[1,2]

(1   College of Business, Shanghai University of Finance and Economics, Shanghai 200433, China;

2   China Research Center for Social Entrepreneurship, Shanghai University of Finance and Economics, Shanghai 200433, China)

Abstract: The classification of social enterprises is an important premise and proposition in the study of social entrepreneurship. Based on the typology theory, this paper summarizes the existing views of social enterprise typology into the result school, the process school and the mixed logic school. The above classification research results cannot fully reveal the richness differences within social enterprises, let alone explain the organizational evolution law of social enterprises and their essential differentiation from other types of organizations under the new background of organizational boundary fusion. This paper proposes a classification framework of social enterprise organization types based on the dimensions of value creation and value possession. This paper proposes a classification framework of social enterprise organization types based on the dimensions of value creation and value possession. This classification framework can bridge some bias of existing social enterprise typology about the opposition between commercial value and economic value, the opposition between value creation and value appropriation and the separation of mixed logic and mixed value. The new classification framework will also lay a theoretical foundation for the formulation of social entrepreneurship promotion policies.

Key words: Social enterprise; Social entrepreneurship; Typology; Mixed value

责任编辑：路小静

连续创业意向的影响因素：
基于扎根理论的案例研究*

● 段锦云¹　王国轩²　潘晨婷³　田晓明⁴

（1　华东师范大学心理与认知科学学院　上海　200062；2　华中科技大学管理学院　武汉　430074；
3　苏州大学应用技术学院　苏州　215325；4　苏州科技大学心理系　苏州　215009）

【摘　要】基于计划行为理论，探索了连续创业意向影响因素的理论模型。以 9 位连续创业者为研究对象（6 位正式访谈、3 位公开收集资料），运用行为事件访谈等方法收集资料，并借助 Nvivo11.0 对访谈资料进行编码。结果表明：创业者连续创业意向受个人因素与情境因素的影响，其中个人因素包括创业能力与创业心理资本，情境因素包含创业资源与创业环境。最后讨论了研究结果对连续创业者、创业政策制定者的指导意义。

【关键词】连续创业意向　影响因素　扎根理论　创业能力　创业环境

1. 引言

在高风险与不确定性并存的创业活动中，多数成功创业者有过失败的经历（Artinger & Powell, 2016），是故，连续创业（serial entrepreneurship）是创业活动中的常见现象。在美国，尽管近 9 成的新创企业会面临失败的境遇，但其中仍有 20.1% 的创业者会选择再次创业（Dujowich, 2010）。在我国，这一数据比例约为 12.5%（Anokhin, Grichnik & Hisrich, 2008）。连续创业者对于创业效益的贡献量巨大，例如，美国 51%~64% 的创业经济增长来源于连续创业型企业（Ucbasaran, Westhead & Wright, 2011）。许多大家耳熟能详的国内外企业家是连续创业者。比如，苹果前 CEO 乔布斯卸任后再次创业并成立了 NEXT；"中国烟草大王"褚时健在离开红塔集团多年后创立"褚橙庄园"，成就一代创业传奇。连续创业者愈挫愈勇的精神为人称道。较新手创业者来说，连续创业者通常具有更强的机会识别能力、心理韧性，也能够获得更多的收益回报，针对该现象，Toft-Kehler, Wennberg 和

---

　　* 基金项目：国家自然科学基金面上项目"激活与赋能：数字化背景下员工主动行为研究"（项目批准号：72072058），国家自然科学基金面上项目"地方大学教师心理资本的多层面影响效果及干预机制研究"（项目批准号：71974140）。

　　通讯作者：王国轩，E-mail：d202081233@ hust. edu. cn。

Kim（2014）用"做中学"（learning by doing）的原理阐释了创业过程中经验累积的重要性。

创业意向（entrepreneurship intention）指潜在创业者对于创办新企业或实施创业行为的主观准备状态及程度，反映了潜在创业者对于创业活动的动机和承诺度。连续创业意向很大程度决定了创业者是否实施真实的连续创业行为，是解释创业者为何"东山再起"的近端变量。作为创业行为最为稳健的预测指标，探索连续创业意向的影响因素及其构成，能够弥补当前对于推动新手创业者继续创业因素的研究不足（窦军生，包佳，2016），进而从创业者个人、创业环境等多元角度认识创业者形成连续创业意向过程中的困难及障碍，最终为提升连续创业活力提供理论依据。此外，目前学界基于不同角度对连续创业意向的形成机理展开了一定探讨（Yamakawa，Peng，& Deeds，2013；郑馨，周先波，陈宏辉，杨甜，2019）。但相关研究结论比较零散，未形成相对系统的理论构架与模型（窦军生，包佳，2016；杨俊，张玉利，刘依冉，2015）。基于上述原因，本文首先对连续创业及意向的研究进行较为系统的回顾与评述，提炼现有连续创业研究的脉络及不足。然后通过探索性的深度访谈和扎根编码等质性方法，挖掘创业者形成连续创业意向的深层次因素，以期建立相对整合和系统的理论模型，从而为政府部门制定相关政策提供建议。

2. 文献回顾与理论基础

2.1 连续创业概念界定

MacMillan（1986）首次提出习惯性创业（habitual entrepreneurship）这一术语来描述多次创业现象，并将习惯性创业者定义为有过多次创业经历，并创办多家企业的创业者。Hall（1993）认为除创办新企业外，购买/继承现有企业也是创业，且当其他企业所有权转移至创业者时，也可视为连续创业现象。习惯性创业与新手创业的区别在于经验的多与寡。在前人研究基础上，Westhead 和 Wright（1998）将习惯性创业细分为连续创业与组合创业（portfolio entrepreneurship）。连续创业指创业者在创办现有企业前曾有相关经历，但之后由于某些原因关闭/出售原先企业；而组合创业是指创业者同时参与或控制两家及以上企业。两种创业类型的主要差异在于创业者是否在某一时间节点上只拥有一项事业/一个企业。Amaral 和 Lima（2011）沿用了该定义，认为连续创业就是创业者退出先前事业后创办或获得新企业的现象。

2.2 连续创业意向及其影响因素

连续创业意向（serial entrepreneurship intention）是指个体对执行连续创业行为实际的动机强度，反映了创业者对于连续创业活动的信念、承诺以及计划（Baron，1998）。作为创业行为最为稳健的预测指标（Kruegerjr，Reilly & Carsrud，2000），学者们对于创业意向的影响因素展开了丰富的探讨。

2.2.1 个人人口特征因素

从个人人口特征来说，创业者年龄和性别是重要的指标。Baù 等（2017）基于生涯发展视角（developmental career perspective），发现创业者年龄与其连续创业意向呈"U"形关系。

具体来说，处于生涯早期(40岁以前)的创业者普遍缺乏人力与物质资本，经历失败后其感知到的沉没成本较低，更会以"初生牛犊不怕虎"的精神面貌应对失败。而处于生涯中期(40~50岁)的创业者由于背负家庭责任，经历失败后更加患得患失，因此会选择就业以减缓生活压力。最后，生涯晚期(50岁以后)是个体资源储备量的巅峰期，此时创业者的自我概念最为稳定，经历失败后会较少产生自我怀疑，从而坚定创业以焕发事业"第二春"。此外，传统上男性主要承担"养家糊口"的家庭角色，而女性则主要是"抚育后代"，随着子女的成长与经验的累积，女性创业者的连续创业意向会随着年龄的增长而提升，而男性创业者的连续创业意向则在生涯中期跌至最低。

2.2.2 认知因素

Hsu，Wiklund 和 Cotton(2017)认为，先前创业经历之所以会影响连续创业行为，是因为初次创业的成与败会改变创业者的自我效能水平。具体来说，当先前创业成功，创业者更可能增强自我信念，选择连续创业。反之，失败的经历会磨灭意志，降低连续创业意向。此外，Hsu 等(2017)进一步发现，即使先前创业失败，创业者自我效能水平也是强效"镇定剂"。虽然自我效能感理论能够为连续创业现象提供有力解释，但无法说明创业者"愈挫愈勇"的现象。对此，Hsu(2013)用心理所有权视角(psychological ownership)进一步解释此类现象。在经历退出、失败、转型等事件后，由于创业者仍怀有对原先事业的热忱，以及难以割舍先前在时间和认知资源等方面上的投入，因此会选择继续创业。连续创业者这种心理所有权的内心机制也可解读为承诺升级(escalation of commitment)，即在过去决策的基础上不断增加承诺的现象。

2.2.3 情感因素

在创业失败、转型或变革的困境下，连续创业者的情绪往往面临重大考验。以往研究发现，经历失败的创业者可能产生更多消极情绪从而降低连续创业意向(Shepherd，2003)。而积极情绪会作为正面信号激励创业者进行创业学习与机会探索，且这种积极效应也会扩散至创业过程中，提升创业者获得信息与合理分配资源的效率，从而有益于连续创业(Fredrickson，2004)。此外，根据积极情绪的拓延-构建理论(broaden-and-build theory)，积极情绪会激活行为的趋近动机，使得个体对于创业回报与个人成就更加敏感，从而促进连续创业意向。反之，消极情绪会增强行为的抑制动机，使得创业者更不愿直面挑战(Corr，2013)。最后，高心理韧性(resilience，指个体自我转变的灵活性与从负面情感中恢复的能力)的创业者往往能够正确面对挫折(Lucas，Diener & Larsen，2009)，并摆脱负面情感漩涡，因此会产生更强的连续创业意向。

诚然，无论认知视角还是情绪视角均从创业者角度解释其连续创业行为。然而，创业外部环境与宏观因素也会影响连续创业意向。经典的期望理论(expectancy theory)指出，个体执行行为的动机同时取决于期望概率与目标价值(Vroom，1964)。Fu，Larsson 和Wennberg(2018)对欧洲29个国家的15709名创业者的调查发现，劳动力市场紧缩与收入不平衡会促进个体连续创业意向。从期望理论角度来说，就业前景不明朗会降低个体对于直接就业的期望值；而收入不足会减少创业者对于就业的价值估量。在综合考虑之后，创业者会选择继续创业从而应对经济大环境的影响。总结来看，创业者的个人人口特征、创业者对于先前创业活动的认知及其情感和外部环境因素均会不同程度地塑造连续创业意向。

2.3 计划行为理论的解释

计划行为理论(theory of plannned behavior, TPB; Ajzen, 2002)是解释创业意向影响路径的重要理论。在早期创业意向的研究中,TPB 得到了非常丰富的应用(Kuehn, 2008; Schmutzler, Andonova & Diaz-Serrano, 2018)。根据 TPB,创业意向有三个前因变量,分别是个体对于行为的态度(attitude towards the behavior)、主观规范(subjective norms)与行为控制感(perceived behavioral control)。创业者对创业行为的态度受到其创业认知与情感的影响。主观规范不仅受到社会主流文化价值观的影响,而且受创业者社会网络(例如亲人好友)的影响。行为控制感是创业者对于创业行为难易程度以及创业活动成败的评估与信念(于晓宇, 2011)。多数连续创业者拥有失败的经历。在形成连续创业意向的过程中,创业者对于先前经历的解读、情绪恢复、社会规范(社会对于失败的包容度以及亲朋好友的接受度)以及对于连续创业行为的主观控制感均有重要的作用。是故, TPB 是解释连续创业意向形成的重要理论基础。Kautonen 等(2015)通过对 969 名创业者为期一年的纵向调查后发现,态度、主观规范与行为控制感三结构,能够为创业者创业意向与连续创业行为的变异量,提供 59% 的预测效能(Kautonen, van Gelderen & Fink, 2015)。这证明了 TPB 对于解释连续创业意向形成路径的有效性。连续创业本质上是创业者初次创业中断或失败后再创业意向形成的过程(窦军生,包佳, 2016)。基于 TPB,首先,本研究希望从创业失败认知、情感恢复视角为连续创业意向形成提供个人层面的解释,探究创业者培养连续创业行为控制感,并形成连续创业意向的深层原因。其次,从社会规范与社会资本角度考量影响连续创业意向形成的环境因素。

3. 研究方法与过程

3.1 研究方法

由于本研究属于探索类研究,因此采用扎根理论方法,其合理性在于:(1)连续创业意向的形成具备过程的性质,扎根理论(grounded theory; Glaser & Strauss, 1967)作为一种定性研究方法,重视真实的生活事件,适合于开展过程类研究(Eisenhardt & Graebner, 2007)。(2)鉴于当前连续创业研究集中于连续创业者在人口学信息、创业态度及行为方面与新手创业者存在的差异(窦军生,包佳, 2016),对于连续创业意向的成因研究十分有限,因此需要选择探索性、理论构建式的案例研究方法。基于此,遵照 Glaser 等人的质化研究路线,本研究运用开放编码、主轴编码和选择编码的关键技术进行逻辑推演及理论归纳。

3.2 案例选择

为保证研究的真实型与情境性,本文严格按照如下 2 个标准选择案例:(1)受访者必须至少独自创办并经营过两家以上的企业。(2)各个创业节点,受访者名下有且仅有一家公司或一项事业(区别于组合创业)①。基于上述案例选取标准,本研究最终收集了9位连续创业者的真实案例资料(见表1),被试来自互联网、制造业、服务业等不同行业。对于一手访谈案例,采用 Mcclelland 提出的行为事件访谈法(behavioral event interview, BEI)(Mcclelland, 1998),请受访者分别回忆初次创业、连续创业及其中间过程,并对关键事件进行追问,对被试有关情境回忆的表述进行详细记录,重点在于探索过去初次创业结束后驱动受访者进行连续创业的内外因。此外,为了进一步加强数据的有效性,通过报纸、网络,以及中国知网数据库收集关于连续创业的典型案例。

表1 案 例 汇 总

案例	性别	年龄	创业次数	创业持续时间 (第一次/第二次)	创业项目/内容 (第一次/第二次)	创业地点 (第一次/第二次)	学历
1	男	45	2	4 年/3 个月	双龙粮油食品店/服装店	苏州/上海	中专
2	女	42	2	9 年/1 年	电线电缆厂/淘宝围巾店	广州/苏州	中专
3	男	24	2	1 个月/2018 年至今	陌生人交流 APP/互联网	苏州/苏州	本科
4	男	24	2	1 年/2017 年至今	微信小程序"给力促"/"火拼国际"	上海/苏州	本科
5	男	22	2	5 个月/2018 年至今	手机维修/外卖火锅	深圳/苏州	大专
6	女	39	2	3 年/2012 年至今	淘宝批发零件/魔方数码科技有限公司	苏州/苏州	本科
7	男	29	2	2 年/2011 年至今	社交网站/软件"超级课程表"	广州/广州	本科
8	男	41	2	2 年/2010 年至今	饭否/美团网	北京/北京	硕士
9	男	58	2	9 年/2000 年至今	巨人网络/"脑白金"保健品	上海/上海	硕士

3.3 数据收集

首先设计访谈提纲,包含以下三个部分:(1)受访者基本资料。包括被试受教育程度、经济条件、所在行业、创业次数及目的等;(2)创业经历回顾。包括创业故事、初次创业与连续创业期间心路历程,以及所获内外部支持等;(3)连续创业动机、意向与主观感受。包括回顾过去情境中坚持创业的动机、信念以及经历初次创业后的收获等。正式访谈阶段,征得被试同意后,对 6 名有过连续创业经历的创业人员进行深度访谈。访谈时间控制在 60 分钟左右。为确保所得信息准确,采用面对面沟通为主,辅以电话沟通予以求

---

① 有研究者认为连续创业者有别于组合创业者。前者在某个创业节点上只拥有一家企业(Westhead 和 Wright, 1998),也有研究者认为上述两者均属于连续创业现象(Eggers 和 Song, 2014)。本文在案例甄别时借鉴 Westhead 和 Wright 的定义,即将连续创业者和组合创业者加以区分。

证。此外，根据自编的《行为事件访谈记录卡》对被试的访谈内容进行记录，经受访者同意，我们对访谈内容做了录音。经过整理后一手资料约一万字。

最后，检索并收集公开的二手资料。共计三个案例。经整理，二手公开数据资料约2000字。

4. 编码过程

采用内容分析（content analysis）技术，借助 Nvivo11.0 进行编码。根据 Corbin 和 Strauss（1990）提出的逐步抽象原则对文本进行编码，初步建构连续创业意向影响因素模型。编码过程由 2 名经过培训的工业心理学研究生独立完成。

一级编码（开放式编码），对所有原始资料中与连续创业有关的部分进行逐句编码，初步归为 10 个节点。二级编码（主轴编码），结合语境将连续创业影响因素归纳成 4 个二级编码，分别是创业能力、创业心理资本、创业资源与创业环境。最后将二级编码整合为三级编码（选择性编码），进一步归纳为个人因素和情境因素 2 个核心类别，详见表 2。

表 2　　　　　　　　　　　连续创业意向影响因素编码汇总

选择性编码（S）	频次（S）	主轴编码（A）	频次（A）	开放式编码（O）	频次（O）
个人因素	4	创业能力	10	失败学习能力	21
				机会识别能力	14
		创业心理资本	11	心理韧性	11
				创业激情	6
情境因素	4	创业资源	9	社会网络传承	13
				创业启动资金	23
		创业环境	12	榜样激励	14
				政策扶持	12
				主观社会规范	8
				地区市场化程度	11

注：频次，指该码号在样本总材料中被提及的次数，同一文本或不同文本有几处出现相同的编码就会记多少频次。

4.1　开放式编码

开放式编码又称为一级编码、初始编码，它是一个将原始资料不断揉碎并整合的过程，旨在界定概念与发现范畴。表 3 为本研究发现的范畴与原始语句列举。

表3	开放式编码分析列举
范畴	原始语句(初始概念)
失败学习能力	第一次创业失败后,我先跟着之前同校的创业前辈学习了一段时间,边做边学。总结先前失败教训(反思失败,并学习新知识与技能——失败学习能力)
机会识别能力	我意识到前一个项目已经被时代抛弃,我从其他优秀企业的运营理念中获得灵感,并在2017年下半年开发微信拼团小程序,紧抓时代脉搏(审时度势,寻找新出路——机会识别能力)
心理韧性	第一次创业遭遇下坡路时,我也会焦虑迷茫、有危机感,自我怀疑是否适合创业。虽然周围经常有人放弃创业,但我自己坚信既然已经坐上了创业这辆大巴,就不能随意下车(不甘心放弃,坚定创业信念——心理韧性)
创业激情	因为发现了新的契机,感觉第二次创业前自己保持着兴奋的状态,希望赚一笔钱弥补上次失败的亏空,也希望继续实现自己的价值(对连续创业抱以积极情感,拼劲十足——创业激情)
社会网络传承	我在第一次创业的时候结识了一位创业伙伴,他是第一批做自媒体的创业者。经历失败后,我又找到了他,并向他请教。最终选择从低门槛的互联网广告行业做起(初次创业结交的人脉关系促进连续创业意向——社会网络传承)
创业启动资金	初次创业失败后,我发现电线电缆销售这个行业很有前景,但我当时主要缺启动资金,在向亲戚朋友借钱周转后,我才勉强经营。如果没有这笔钱,我可能会放弃创业(资金作为为继续创业的先决条件——创业启动资金)
榜样激励	第一次(创业)遇到瓶颈后,身边朋友创业成功的经历给了我很大的鼓舞和激励,他白手起家,家里经济条件也不是很好,后来取得成功。我觉得他就是我继续创业的诱因(受到创业前辈真实经历的感召——榜样激励)
政策扶持	第二次创业我选择回到家乡,政府对于创业者的支持包括房租补贴、社保补贴、贷款支持,很大程度上满足了我在发展道路上的多种需求,使我能够继续完成事业(公共政策对于创业的鼓励与支持——政策扶持)
主观社会规范	父母也是创业者,家庭的教育理念就是要敢做敢拼,父母认为经历失败是宝贵的经验,这坚定了我继续创业的念头(家庭对于创业失败的态度更加包容和开放——社会规范)
地区市场化程度	在大城市,创业者得到融资的途径更加便捷,人才供给也更加丰富,整个创业环境更加公平透明(资源丰富度和分配模式影响创业者连续创业意向——地区市场化程度)

4.2 主轴编码

主轴编码又称为二级编码、关联式登录。该阶段编码的主要任务是将初始编码得到的范畴,进一步归纳、集合,以表现不同范畴之间的有机关联(李文博,2012)。统计各个范畴的频次及覆盖率,结合语境将连续创业意向归纳成4个主轴编码(见表4)。

表4 主轴编码形成的主范畴

主范畴	对应范畴	范畴的内涵
创业能力	失败学习能力	对于先前创业经历进行评估与反省的能力，积累经验和资源以提高和丰富有利于连续创业活动的知识与技能
	机会识别能力	通过先前创业活动累积的经验，对市场环境做进一步评估与预测，提高了敏感性，从而深入认识和开辟新机会
创业心理资本	心理韧性	理性并客观地认识失败，并从失败经历的负面情绪中恢复
	创业激情	热忱，在连续创业之前及过程中表现出愉悦以及兴奋的情绪状态
创业资源	社会网络传承	创业者对于先前创业的社会网络资源的累积，以为其连续创业活动提供支持与帮助
	创业启动资金	连续创业活动之前的资金储备，以供准备、周转及维持连续创业
创业环境	榜样激励	创业者所在社会环境中维持或激发创业动力的人物或事件
	政策扶持	租金、税收、人才、贷款等方面的地方和区域政策支持
	主观社会规范	创业者感知到社会主流文化，或其主要社会关系(家人、朋友等)对连续创业行为的态度
	地区市场化程度	资金和人才的充分供给和自由流动，行业的公平竞争

4.3 选择性编码

该阶段编码使用了选择型分析法，将主轴编码结果进一步整合(徐悦，段锦云，王国轩，2018)。这一阶段旨在进一步明确资料的故事线，验证范畴之间的关系。围绕核心范畴"连续创业意向的影响因素"，进一步将表3中的"创业能力"与"创业心理资本"归纳为影响连续创业意向的个人因素，将"创业资源"与"创业环境"归纳为情境因素，从而得到连续创业意向影响因素模型(见图1)。

4.4 连续创业意向影响因素模型阐释

4.4.1 个人因素

影响连续创业意向的个人因素包含创业能力和创业心理资本。创业能力是对个体在创业过程中综合素质的全面考量，它是影响创业成败的关键因素之一。赵文红，王玲玲，魏泽龙(2016)总结认为，关于创业能力的内涵大致可以分为两种观点：一是聚焦创业者的个人特质，例如个体的动机、性格、社会角色、知识、人格特质等。二是聚焦创业过程，即以创业者在创业过程中承担的角色或任务不同区分其创业能力，例如，机会识别能力、机会开发能力和资源整合能力、关系能力、概念能力、组织能力、战略能力、承诺能力。

(1)创业能力

创业是一个学习创业知识、技能以及克服环境制约的过程。在连续创业的过程中，对

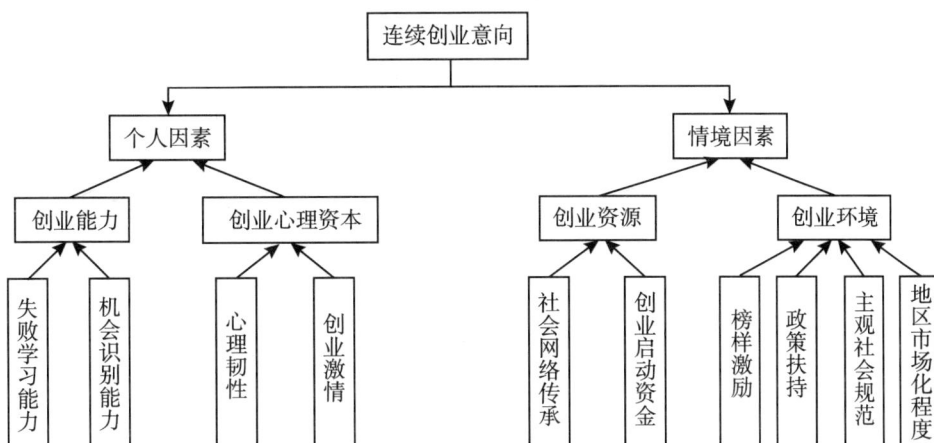

图 1 连续创业意向影响因素模型

于先前失败的学习尤为重要。这是因为，对先前经历的总结和借鉴能够为连续创业者提供知识储备，并提供一种"认知预警系统"（cognitive early warning system），使创业者感知到更强的"成功预期"，从而促进连续创业的意图（Baron，2011）。此外，对于先前创业经验与教训的总结也会提升创业者的自我效能感，从先前失败中汲取的教训越深刻，创业者的自我效能感越强，从而加大其再次创业的可能性（Fredrickson，2004）。

机会识别被认为是创业过程的核心环节。创业本质上是一个对机会的识别和把握的过程。与初次创业相比，连续创业过程中的机会识别更偏向于经验导向，即综合先前创业经历与外部环境状况提取有用信息，从而做出更加准确的判断。先前的创业经历有助于增强创业者的机会识别能力，连续创业者比新手创业者拥有更多的经验和更高的创业警觉性，对创业机会更加敏感，如果创业者识别出的创业机会越准确或数量越多，则连续创业意向也就越强烈（Vinogradov & Rgensen，2017）。在访谈过程中，我们发现，几乎每位连续创业者都时刻准备获取有关信息以寻找创业机会（比如都有阅读或者关注时事的习惯）。二手案例七中的连续创业者余某某，受先前高中生社交网站开发经历的启发，发现了大学生交流不畅、课程繁杂且不便于记忆的弊端，最终开发了"超级课程表"软件，并红极一时。

（2）创业心理资本

创业者也被描绘为梦想家、机遇寻求者，是具备韧性、乐观与自信品质的人。通过深度访谈发现，受访者均谈到连续创业会受到积极心态的驱动。作为心理资本（psychological capital）的两个重要维度，心理韧性强调经历失败后的情绪恢复与重整，以往研究也证实心理韧性与乐观指标上得分较高的创业者更有可能找到解决商业挑战的方法（Baron，Franklin & Hmieleski，2013）。创业激情（entrepreneurial passion）在近期研究中也愈发被视为创业心理资本的维度之一，它能够为创业者提供动力，也会建立积极的创业者形象，促进其获得外来资源与人力资本（Li，Chen，Kotha & Fisher，2017）。

4.4.2 情境因素

情境因素包含创业资源与创业环境。创业资源表现为创业启动资金与社会网络传承。

经济资本贯穿于整个创业活动，包括资金、设备、技术等量化的资本。与初次创业相比，连续创业通常伴随着先前失败经历，而创业失败会带来高额的财务成本，进而引发创业者情绪损耗，并降低其连续创业意向（Cope，2010）。此外，社会资本同样不可或缺。Lin 和 Wang（2019）通过对 268 名连续创业者的调查发现，虽然创业者的年龄与企业发展负相关，但社会网络支持可以缓解上述消极影响。

情境是行为和意向的重要决定因素。本研究识别出 4 类情境范畴：榜样激励、政策扶持、主观社会规范与地区市场化程度。榜样激励是个体主观认为与他人相似，并希望模仿的社会学习现象。根据社会学习理论（social learning theory）（Bandura，1977），个体可以通过观察并学习他人特征从而构建自身行为。前次创业的中断或失利往往使得创业者陷入低谷，而榜样的树立能够激发创业者自我效能感，产生精神激励。中国是一个典型的关系导向社会，人们具有明显的社会学习和社会比较倾向（孙晶，2016）。在访谈过程中，几乎所有受访者都谈到自己的创业意向会不同程度地受到周边人（偶像、朋友、家人等）成功创业经历的感召。美团网 CEO 王兴在接受媒体采访时也屡屡谈到，自己的创业精神源于父亲，"他曾是这个国家的建设者，我认为自己也应该这样"。

在经历失败后，创业者不仅面临财务方面的亏空，也会受到污名效应的影响（Cardon，Stevens & Potter，2011）。因此，创业者对于社会规范的感知能够左右其创业意向。不同于政策、市场化水平等宏观因素，主观社会规范会作为一种无形的非正式制度约束创业者的态度及行为。例如，在日本，经历失败的创业者可能会被永久贴上"失败者"的标签（Yamakawa，Peng & Deeds，2013）。而在美国（尤其是硅谷）则把创业失败看作宝贵的人生经历（郑馨，周先波，陈宏辉，杨甜，2019）。在崇尚集体主义和亲缘文化的中国，家庭观念也是影响创业者主观社会规范的重要因素，例如，案例三中创业者的父母对于创业失败的态度更加包容，认为失败可以累积经验，因此鼓舞了创业者连续创业的勇气。

由于地区市场化水平存在差异，经济发达地区大量的创业机会与完善的制度也是吸引连续创业的重要动因。Manolova 等（2010）提出，转型经济中的新创企业所面临的一个主要问题就是制度框架不完善所导致的成本。而地区市场化能够降低创业门槛。例如案例一中的受访者表示，"有些城市更适合于创业，比如说像深圳、北京、上海这样的大城市，资源分配以及行业竞争更加公平和透明一些……"当地区制度不完善时，政府行政干预更多，企业主要采用关系为基础的网络化策略（network centered strategy）寻求资源与政策支持。反之，则会秉持规则性市场化策略（market centered strategy）以实现企业更健康发展（Peng，2003）。由此推之，对于我国普通创业者来说，地区市场化水平可以减少创业者对政治关联和圈子的依赖和担忧，从而增强连续创业意向和成功预期。

5. 讨论

5.1 所得结果讨论

本文结合以往研究和实际案例，探索并总结出了个人及情境因素对连续创业意向的影响。结果显示，连续创业的驱动因素分为个人与情境因素。其中，个人因素包括创业能力

(失败学习能力、机会识别能力)与创业心理资本(心理韧性、创业激情),情境因素包含创业资源(社会网络传承、创业启动资金)和创业环境(榜样激励、政策扶持、主观社会规范与地区市场化程度)。研究所得结果与计划行为理论(TPB)的假设相一致(Ajzen,2002)。具体来说,连续创业行为意向的强度取决于创业者对于创业这种行为的态度、主观规范与行为控制感。失败学习、机会识别、心理韧性以及创业激情是创业者积极的认知与情感状态,能够塑造并维持积极的创业态度。主观社会规范是感知合理性的外在保证。而社会网络传承、创业启动资金、榜样激励、政策扶持以及地区市场化程度是实施创业行为的资源基础,从而提升创业者对于连续创业行为的控制感。

5.2 理论和实践意义

连续创业作为一个新颖的创业研究领域,相关的研究体系框架尚不完整。本文通过案例研究分析了连续创业现象的影响因素,这是对该领域研究的重要补充。具体来说,本文通过扎根编码程序识别并归纳出影响创业者连续创业意向的因素,建立了相关概念与范畴间的联系。理论意义方面,首先,本文运用探索性的扎根理论范式得出了较为整合和系统的连续创业意向理论模型。从具体的编码结果来看,本文识别出影响连续创业意向的创业者个人因素与创业环境因素,拓展了以往单一聚焦于个体层面或环境制度层面的连续创业意向研究(Yamakawa, Peng & Deeds, 2015)。其次,本研究进一步验证了TPB的核心假设。TPB多作为初次创业研究的理论基础。本研究发现,连续创业意向同样受创业者认知、情感,行为控制感以及主观社会规范的影响。创业能力(失败学习与机会识别能力)能够影响创业者对于连续创业行为难易程度的评估,是创业者经历失败后形成连续创业行为控制感的重要来源。而创业心理资本(心理韧性和创业激情)是创业者应对失败压力的重要心理资源,为创业者经历失败后提供情感恢复动力。另外,主观规范(例如社会对于失败经历的容忍程度)是创业者连续创业意向形成的环境因素。再次,本研究发现,除创业启动资金(经济资本)和社会网络传承(社会资本)外,创业者心理资本(心理韧性与创业激情)也是连续创业意向形成的重要因素。创业维艰,在反失败偏见与创业者精神的中心地位确立以来(Ucbasaran, Westhead & Wright, 2011),心理资本理论在创业研究中愈发受到青睐。原因在于,经历失败后,心理韧性和创业激情对于创业者的情绪恢复以及创业承诺感均有着显著的促进作用(Hmieleski, Carr & Baron, 2015; Korber & McNaughton, 2017)。最后,本研究结合中国情境并得出了相关结论。不同于西方社会强调的等序结构,中国社会体系包含"圈子""关系"等差序结构特征,创业者通过先前创业经历积累的社会网络资源会在后续创业行为中得以延续。社会网络传承不同于社会支持,前者强调对于社会资本的累积和延续过程,而后者关注创业过程中感知或实际获得的支持。彭华涛(2014)通过对连续创业者访谈后分析发现,与连续创业者社会网络关联性最强的因素为"商业""帮助"和"时间",从而证明选择适宜商业领域与新手创业期间积累人脉的重要性。与此结果类似,我们同样发现创业者社会网络传承(先前创业伙伴、风投企业、众筹等)是推动其连续创业的主要因素。可以推断,社会网络传承在中国情境下的连续创业现象中有着更加丰富的表现、作用以及意义。

实践意义方面,首先,由于创业失败是常态,政府在政策上需继续加大对于失败创业者的关注与扶持。其次，应加速推动市场化水平的建设。当前我国处于重要的经济转型阶段，合理运用市场这只"看不见的手"能够释放市场活力，进一步提升政府行政效率，使得连续创业者有更强的公平感与获得感。再次，高校及社会机构急需提升创业教育质量，重视培养创业失败者失败学习与机会识别能力，从而使其改进对于失败内隐知识的学习方式，准确把握市场变化并保持对于潜在机会的敏感度。最后，从创业者自身角度来说，连续创业者需要重视先前创业经历过程中人脉与社会资本累积，识别潜在利益相关者以及客户，从而在后期创业过程中，得到先前创业社会网络的支持与帮助。

5.3 不足与未来研究展望

第一，本研究收集的连续创业者资料多为男性且多从事互联网行业；创业地点也多在苏州、上海等经济较为发达的长三角地区。另外，从受访者年龄角度看，被试年龄多集中于30~50岁。未来研究可以扩展受访者范围（如50岁以上），以使研究结论得到更概化性的验证。在获得的足够多的案例中可以选取有代表性的个例进行深入和追踪研究。此外，由于连续创业现象的特殊性，未来研究需要使用来自不同国家、机构和时期的数据进行追踪研究和对比，从而更加全面地刻画连续创业现象的形成机理。

第二，本研究遵照 Westhead 和 Wright（1998）对于初次创业、连续创业及组合创业的定义区分甄选了9位研究对象，初步得出了连续创业意向影响因素模型。但样本数量不大，未来研究可进一步增加样本量以探索不同因素间的内部关联。未来研究还可以更进一步地探讨中国情境下连续创业意向特征。比如，东方人对失败进行外部（情境）归因的思维倾向有别于西方个体的内部（能力）归因倾向。而外部归因倾向可能导致我国创业者反事实思维的转变（杨俊，张玉利，刘依冉，2015），进而改变创业意向。再如，面子是东方人处理人际关系、塑造自我形象的基本准则（Earley，1997）。由于创业失败可能引发污名效应，因此失败带来的羞耻感抑制创业者连续创业意向。但是创业心理韧性或心理所有权也会激发创业者愈挫愈勇，从而"找回面子"。未来研究可以进一步厘清上述关系。

◎ 参考文献

[1]窦军生，包佳.连续创业：文献评介、整合与新解读[J].外国经济与管理，2016,38（4）.
[2]李文博.企业孵化器知识服务创新的关键影响因素——基于扎根理论的一项探索性研究[J].研究与发展管理，2012,24（5）.
[3]彭华涛.连续创业者的社会网络传承及作用机理研究[J].管理世界，2014,11（4）.
[4]孙晶.创业投资对企业价值和运营的影响研究——基于2004—2015年中小板企业数据[J].技术经济与管理研究，2016,8.
[5]杨俊，张玉利，刘依冉.创业认知研究综述与开展中国情境化研究的建议[J].管理世界，2015,9.
[6]于晓宇，李厚锐，杨隽萍.创业失败归因、创业失败学习与随后创业意向[J].管理学报，2013,10（8）.
[7]于晓宇.创业失败研究评介与未来展望[J].外国经济与管理，2011（9）.

[8]赵文红,王玲玲,魏泽龙.过程视角的创业能力形成研究综述[J].科技进步与对策, 2016,33(13).

[9]郑馨,周先波,陈宏辉,等.东山再起:怎样的国家制度设计能够促进失败再创业?——基于56个国家7年混合数据的证据[J].管理世界,2019,35(7).

[10]Ajzen, I. Perceived behavioral control, self-efficacy, locus of control, and the theory of planned behavior[J]. Journal of Applied Social Psychology, 2002,32 (4).

[11]Artinger, S., Powell, T. C. Entrepreneurial failure: Statistical and psychological explanations[J]. Strategic Management Journal, 2016,37(6).

[12]Bandura, A, McClelland, D. C. Social learning theory [M]. Prentice Hall: Englewood Cliffs, 1977.

[13]Baron, R. A., Franklin, R. J., Hmieleski, K. M. Why entrepreneurs often experience low, not high, levels of stress: The joint effects of selection and psychological capital [J]. Journal of Management, 2013,42 (3).

[14]Baron, S. Influencing confidence in training competence The impact of employees, team, andsupervisorsg [M]//Baron, S. Workplace learning: Subjective motives and supervisor support matter. Wiesbaden: VS Verlag für Sozialwissenschaften, 2011.

[15]Bau, M., Sieger, P., Eddleston, K. A., et al. Fail but try again? The effects of age, gender, and multiple-owner experience on failed entrepreneurs' reentry[J]. Entrepreneurship Theory and Practice, 2017,41(6).

[16]Cardon, M.S., Stevens, C. E., Potter, D. R. Misfortunes or mistakes? Cultural sensemaking of entrepreneurial failure[J]. Journal of Business Venturing, 2011,26(1).

[17]Cope, J. Entrepreneurial learning from failure: An interpretative phenomenological analysis [J]. Journal of Business Venturing, 2010,26(6).

[18]Corbin, J., Strauss, A. Grounded theory research: Procedures, canons, and evaluative criteria[J]. Qualitative Sociology, 1990,19(6).

[19]Corr, P. J. Approach and avoidance behaviour: Multiple systems and their interactions[J]. Emotion Review, 2013,5(3).

[20]Dew, N., Read, S., Sarasvathy, S. D., et al. Effectual versus predictive logics in entrepreneurial decision-making: Differences between experts and novices[J]. Journal of Business Venturing, 2009,24(4).

[21]Earley, P. C. Face, Harmony, and social structure: An analysis of organizational behavior across cultures[M]. New York: Oxford University Press, 1997.

[22]Eggers, J. P., Song, L. Dealing with failure: Serial entrepreneurs and the costs of changing industries between ventures[J]. Academy of Management Journal, 2014,58(6).

[23]Fredrickson, B. L. The role of positive emotions in positive psychology: The broaden-and-build theory of positive emotions [J]. American Psychologist, 2004,359(1449).

[24]Fu, K., Larsson, A. S., Wennberg, K. Habitual entrepreneurs in the making: How labour market rigidity and employment affects entrepreneurial re-entry [J]. Small Business

Economics, 2018,51(2).

[25] Hall, P. J. Habitual owners of small businesses[C]//National Small Frims Policy and Research Conference, Cranfield School of Management, 1993.

[26] Hmieleski, K. M., Carr, J. C., Baron, R. A. Integrating discovery and creation perspectives of founding CEO human capital, social capital, and psychological capital in contexts of risk versus uncertainty[J]. Strategic Entrepreneurship Journal, 2015,9(4).

[27] Hsu, D. K., Wiklund, J., Cotton, R. D. Success, failure, and entrepreneurial reentry: An experimental assessment of the veracity of self-efficacy and prospect theory [J]. Entrepreneurship Theory and Practice, 2017,41(1).

[28] Hsu, D. K. 'This is my venture!' The effect of psychological ownership on intention to reenter entrepreneurship[J]. Journal of Small Business & Entrepreneurship, 2013,26(4).

[29] Kautonen, T., Van Gelderen, M., Fink, M. Robustness of the theory of planned behavior in predicting entrepreneurial intentions and actions [J]. Entrepreneurship Theory and Practice, 2015,39(3).

[30] Korber, S., Mcnaughton, R. B. Resilience and entrepreneurship: A systematic literature review[J]. International Journal of Entrepreneurial Behavior & Research, 2017,41(9).

[31] Kruegerjr, N. F., Reilly, M. D., Carsrud, A. L. Competing models of entrepreneurial intentions [J]. Journal of Business Venturing, 2000,15(5).

[32] Li, J., Chen, X. P., Kotha, S., et al. Catching fire and spreading it: A glimpse into displayed entrepreneurial passion in crowdfunding campaigns [J]. Journal of Applied Psychology, 2017,102(7).

[33] Lin, S., Wang, S., Economics, S. B., et al. How does the age of serial entrepreneurs influence their re-venture speed after a business failure? [J]. Small Business Economics, 2019(52).

[34] Macmillan, I. C. To really learn about entrepreneurship, let's study habitual entrepreneurs [J]. Journal of Business Venturing, 1986(1).

[35] Mcclelland, D. C. Identifying competencies with behavioral-eventinterviews [J]. Psychological Science,1998,9(5).

[36] Roese, N., Olson, J., Roese, N., et al. Counterfactual thinking: The intersection of affect and function[J]. Advances in Experimental Social Psychology, 1997,29.

[37] Shepherd, D. A. Learning from business failure: Propositions of grief recovery for the self-employed[J]. Academy of Management Review, 2003,28(2).

[38] Toft-Kehler, R., Wennberg, K., Kim, P. H. Practice makes perfect: Entrepreneurial-experience curves and venture performance[J]. Journal of Business Venturing, 2014,29(4).

[39] Ucbasaran, D., Westhead, P., Wright, M. Why serial entrepreneurs don't learn from failure[J]. Harvard Business Review, 2011,89(4).

[40] Vinogradov, E. J., Rgensen, E. J. B. Differences in international opportunity identification

between native and immigrant entrepreneurs[J]. Journal of International Entrepreneurship, 2017,15(2).

[41] Vroom, V. H. Work and motivation[M]. New York: John Wiley & Sons, 1964.

[42] Wang, Y., Tsai, C. H., Tsai, F. S., et al. Antecedent and consequences of psychological capital of entrepreneurs[J].Sustainability, 2018,10(10).

[43] Westhead, P., Ucbasaran, D., Wright, M. Decisions, actions, and performance: Do novice, serial, and portfolio entrepreneurs differ? [J]. Journal of Small Business Management, 2005,43(4).

[44] Westhead, P., Wright, M. Novice, portfolio, and serial founders: Are they different? [J]. Journal of Business Venturing, 1998,13(3).

[45] Yamakawa, Y., Peng, M. W., Deeds, D. L. Rising from the ashes: Cognitive determinants of venture growth after entrepreneurial failure[J]. Entrepreneurship Theory and Practice, 2015,39(2).

Serial Entrepreneurship Intentions and Its Influencing Factors: A Grounded Theory Based Case Study

Duan Jinyun[1]   Wang Guoxuan[2]   Pan Chenting[3]   Tian Xiaoming[4]

(1   School of Psychology and Cognitive Science, East China Normal University, Shanghai, 200062;

2   School of Management, Huazhong University of Science and Technology, Wuhan, 430074;

3   Applied Technology College, Soochow University, Suzhou, 215325;

4   Department of Psychology, Suzhou University of Science and Technology, Suzhou, 215009)

Abstract: Based on theory of planned behavior, this paper explores the theoretical model of influencing factors of serial entrepreneurship intentions. Nine serial entrepreneurs were selected and took part in the present study (six formal interviews and three second-hand data collection). The collected data were achieved by behavioral event interview and the factors were summarized by Nvivo 11. 0. The results revealed that serial entrepreneurship intentions can be classified as individual (including entrepreneurial capabilities and entrepreneurial psychological capital) and situational factors (including entrepreneurial resource and entrepreneurial environment). The implications of the results for serial entrepreneurs and policy makers are discussed.

Key words: Serial entrepreneurship intentions; Influencing factors; Grounded theory; Entrepreneurial capabilities; Entrepreneurial environment

专业主编：王国轩

基于智能手机的电子化人力资源管理应用影响研究*

● 杜　旌[1]　刘钰婧[2]　文　娟[3]

（1，2　武汉大学经济与管理学院　武汉　430072；3　普联技术有限公司　深圳　518000）

【摘　要】电子化人力资源管理强调以信息技术为支撑来实现人力资源职能。组织通过电子化人力资源管理的智能手机应用，可以在移动办公平台上完成内部信息的快速沟通与共享。研究根据技术接受模型，探索沟通视角下电子化人力资源管理手机应用对员工的影响。基于 224 位企业员工样本的数据分析表明：（1）电子化人力资源管理手机应用的有用性和易用性，显著正向影响员工沟通自我效能感；（2）员工的沟通自我效能感显著正向影响电子化人力资源管理手机应用横向沟通有效性与纵向沟通有效性，且在电子化人力资源管理手机应用特性与沟通有效性之间起中介作用；（3）沟通有效性显著正向影响员工的工作满意度与组织认同感；（4）员工沟通自我效能感和沟通有效性，在电子化人力资源管理手机应用特性对工作态度的影响中起链式中介作用。研究揭示了电子化人力资源管理手机应用对组织内部沟通及员工工作态度的积极影响，为推进和优化电子化人力资源管理实践提供了参考。

【关键词】电子化人力资源管理手机应用　组织沟通　技术接受模型　工作态度

中图分类号：C93　　文献标识码：A

1. 引言

随着信息技术的飞速发展和互联网络的广泛普及，智能设备凭借其灵活、便携性令随时随地的信息共享成为现实。电子化人力资源管理（electronic human resource management，E-HRM）依托网络技术和移动终端形成的开放式互动管理，是顺应"互联网+"时代趋势的

* 基金项目：国家自然科学基金面上项目"组织变革前非正式信息的作用机制：多层次纵向研究"（项目批准号：71572135）；国家自然科学基金重点项目"基于跨界共享的组织竞合与突破性创新机制研究"（项目批准号：71832004）。

通讯作者：杜旌，E-mail：jdu@ whu. edu. cn。

人力资源管理创新模式(李晋等，2015)。为了适应多变商业环境中组织发展的个性化需求，满足经营信息安全的需要，越来越多的企业开始提供自有的电子化人力资源管理手机应用，例如阿里巴巴出品的钉钉、华为开发的 WeLink、腾讯打造的企业微信等。它们作为组织内具备连接和融合作用的媒介，可以在不同程度上协助完成工作任务(陈志霞和周佳彬，2017)，为员工积极参与管理活动、即时分享多方信息提供了交流平台(Marler & Parry，2016)。

电子化人力资源管理手机应用是组织根据自身业务发展和管理需要开发的内部软件，这类移动办公平台既突破了传统沟通媒介如电话、邮件在线索传递上的数量限制，又区别于 QQ 等社交媒体，能够实现对内平等开放、对外安全保密(Arjomandy，2016)。它一般具备四类基本功能：(1)人力资源信息管理：实时更新企业资讯，支持查询个人薪酬、假期、考勤等信息。(2)人力资源工作管理：支持添加会议提醒和任务清单，提供流程审批、线上报销等任务功能。(3)人力资源培训和培养：提供培训平台，了解自身发展轨迹与晋升通道。(4)即时任务沟通：支持本公司内所有同事之间即时发送消息，包括文字、语音、视频、文件、图片等多种形式；提供接口，可直接登录邮箱，查看、收发邮件。另外，部分企业还拥有一些个性化功能，如移动支付、购物点餐、宿舍申请、出行订票等。

尽管已经有研究发现电子化人力资源管理对组织创新(Iyiola & Osibanjo，2014)、价值创造(Lin，2011)等存在积极影响，但 E-HRM 不仅是人力资源管理理念和方式的转变，还包含被组织成员接纳和使用的过程(Bondarouk，et al.，2017)，员工从中获得的体验感受无疑会影响随后的行为表现。例如张光磊等(2019)通过探索非工作时间电子沟通对员工行为的影响发现，电子沟通工具在帮助员工建立社交网络的同时，还可能造成工作家庭界限模糊，所传递的消极情感基调和时间压力将阻碍个体资源恢复和主动行为。李晋等(2020)则根据意义构建理论认为，员工对电子化人力资源管理变革的感知会推动其进行积极自我解读，进而激发变革行为。可以看出，以往学者主要将 E-HRM 视为信息技术与人力资源管理实践相结合的管理活动(Strohmeier，2007)。随着智能移动终端，即智能手机在我国广泛使用，基于智能手机的电子人力资源管理应用也越来越普及。这种可以进行即时沟通的应用使用时的有用性和易用性，可能会增加员工的掌控感和自我效能，进而影响员工的沟通。但尚未有研究从沟通视角来关注 E-HRM 的智能手机移动端应用对员工产生影响的作用机理。

鉴于 E-HRM 手机应用的即时沟通功能在日常工作环境中使用频率最高(王玮和宋宝香，2017)，员工可能对其有更强烈的使用感受，因此侧重于沟通视角下 E-HRM 手机应用的有效性体验。本研究基于技术接受模型，以 224 位企业员工为调研对象，探索电子化人力资源管理手机应用对员工工作态度的影响机制，以及沟通自我效能感和沟通有效性在其中的链式中介作用。当员工感知到电子化人力资源管理手机应用具备有用性和易用性时，意味着他们能够通过该应用与领导、同事进行有效的沟通交流，因为良好的使用体验有助于激发积极的工作情绪和沟通信念。员工将对这种便捷沟通环境中的各种信息进行加工理解，从而展现出与自身感受一致的工作态度，即高度的工作满意度和组织认同感。具体研究模型如图 1 所示。

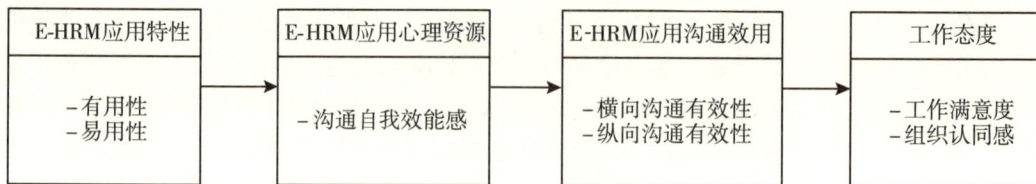

图 1 理论模型

2. 理论基础与研究假设

2.1 电子化人力资源管理手机应用与员工沟通自我效能感

技术接受模型(technology acceptance model, TAM)认为,个体在接受和使用某类信息技术时,感知有用性(perceived usefulness)和感知易用性(perceived ease of use)是影响使用感受和意图的两个主要因素(Kim, et al., 2014; Davis, 1989)。感知有用性是指个体认为使用新技术或新系统对其工作绩效提升的程度,感知易用性是指个体学习、使用新技术或新系统需要付出的认知努力程度(Davis, 1989)。本研究关注电子化人力资源管理手机应用沟通功能的有用性、易用性。有用性代表员工感知到 E-HRM 手机应用能够在多大程度上提升自身的沟通任务效率,是对使用结果和意义价值的认知评价;易用性代表员工感知到使用 E-HRM 手机应用进行沟通的难易程度,是从操作性、可行性等方面对 E-HRM 手机应用进行的综合判断。

根据社会认知理论,自我效能感是个体对自身能力的主观感受,是对自己能够达到某种特定成就的信念(Bandura & Locke, 2003)。作为个体重要的认知心理,自我效能感是个体行为表现的主要动力,影响其付出努力的程度和情感思维变化(张宏远等, 2018)。本研究将自我效能感引入工作沟通情境下,认为 E-HRM 手机应用沟通自我效能感是指个体对自身是否具备利用 E-HRM 手机应用完成沟通任务这一能力的信念和期望,反映了工作沟通活动中个体表现出的自信程度。沟通自我效能感的产生受到组织情境的影响,主要来源于对自身沟通任务需求与组织客观沟通情境进行主观评估后的胜任感,体现了个体对有效利用 E-HRM 手机应用进行沟通的期望水平(Hwang, et al., 2016)。员工作为组织中 E-HRM 手机应用的用户,其良好的沟通效能体验本质上即是对新应用系统的接受和采纳。

电子化人力资源管理手机应用凭借其有用性和易用性,满足了员工对与组织成员、组织领导之间分享信息和想法的客观载体的需要,可以减少个体完成沟通任务过程中的不确定性(Zhang & Zhou, 2014),进而增强他们完成沟通任务的信心。E-HRM 手机应用不仅为组织成员的线上沟通提供渠道媒介,提供更多直接向沟通对象传递信息资源的机会;而且还为组织成员的线下沟通提供充足的信息资源支持,能够增强员工对人际沟通互动的整体控制感知,使用对沟通成功充满信心,从而提升沟通自我效能感(Gong, et al., 2009)。因此,E-HRM 手机应用的有用性、易用性可能正向影响员工沟通自我效能感。基于上述讨论,提出以下假设:

H1：电子化人力资源管理手机应用的有用性、易用性正向影响员工 E-HRM 手机应用沟通自我效能感。

2.2 沟通自我效能感的中介作用

沟通自我效能感作为重要的心理资源（Avey, et al., 2011），可以为个体提供从事工作沟通活动所需的内在动力（Schwarzer, et al., 2010）。个体通过 E-HRM 手机应用获得高沟通自我效能感后，会对自身沟通能力更加自信，相信自己可以克服沟通过程中遇到的困难，也更敢于表达想法和观点。因此，员工的沟通自我效能感可能会显著正向影响他们在工作中的沟通表现和沟通有效性。组织沟通是指组织成员与组织领导、同事之间分享想法、情感和信息，以实现组织内部知识和信息的有效整合（杨付和张丽华，2012），主要表现为横向沟通和纵向沟通两种形式（Houmanfar, et al., 2009）。有效的组织沟通既需要成员间进行广泛、深层次的横向沟通，也离不开成员与领导之间积极交流、相互评价的纵向沟通，两者共同展现了组织中沟通有效性的全貌。

横向沟通是组织内部具有相对等同职权地位成员之间的沟通，更为自由、充分的沟通氛围则是横向沟通有效性的关键表现（刘圣明等，2018）。当个体具备较高的沟通自我效能感时，他们相信他人对自己的互动信号会有所反馈，因此会在组织沟通过程中借助 E-HRM 手机应用开放地分享、阐述自己的观点和想法，并基于此与同事进行深入思考的横向沟通（Gibson & Vermeulen, 2003）。也就是说，沟通自我效能感能够强化员工在组织中的横向沟通效果，随着员工工作沟通自信程度的提高，E-HRM 手机应用的横向沟通有效性将不断提升。根据技术接受模型，员工感知到 E-HRM 手机应用具备有用性和易用性时，对于这种新信息技术系统的使用意愿和使用热情也会持续增强（邬文兵等，2019），E-HRM 手机应用的增益功能会使其对自身工作沟通能力充满信心。员工会利用沟通自我效能感提供的心理资源，积极主动地与同事通过 E-HRM 手机应用进行信息分享，进而实现组织内部高效的横向沟通。基于上述讨论，提出以下假设：

H2a：员工 E-HRM 手机应用沟通自我效能感正向影响其 E-HRM 手机应用横向沟通有效性。

H2b：员工 E-HRM 手机应用沟通自我效能感在 E-HRM 手机应用的有用性、易用性与横向沟通有效性之间存在中介作用。

纵向沟通是组织中上下级之间的沟通。高沟通自我效能感的员工往往具有坚定的沟通成功信念，更可能在工作中形成积极的沟通能力认知，继而尝试与领导建立良好关系、寻求工作评价。而员工越主动地与组织领导交流并提出问题，就越可能从纵向沟通中获得成功体验（Judge & Bono, 2001）。相应地，领导也会乐于同他们沟通并向其提供反馈（Andrews & Kacmar, 2001），从而形成 E-HRM 手机应用纵向沟通的高效良性循环。因此，员工 E-HRM 手机应用沟通自我效能感可能激发出纵向沟通有效性。与横向沟通有效性相类似，E-HRM 手机应用的有用性和易用性也为上下级沟通创造了良好的条件，员工对自己进行有效的纵向沟通充满信心，愿意通过 E-HRM 手机应用主动寻求来自领导的反馈意见。即员工 E-HRM 手机应用沟通自我效能感可能在 E-HRM 手机应用的有用性、易用性与纵向沟通有效性之间发挥内在传递作用。基于上述讨论，提出以下假设：

H3a：员工 E-HRM 手机应用沟通自我效能感正向影响其 E-HRM 手机应用纵向沟通有效性。

H3b：员工 E-HRM 手机应用沟通自我效能感在 E-HRM 手机应用的有用性、易用性与纵向沟通有效性之间存在中介作用。

2.3　沟通有效性与员工工作态度

高质量的组织沟通有助于组织内部进行知识分享并建立信任（Jo & Shim，2005），这不仅能够促进组织中的相互协作与资源协调，实现优化管理决策、提升组织绩效的经营目标（Werner & Lester，2001）；个体也会在过程中感受到自我努力目标和组织前进方向的一致性，从而表现出积极的工作态度。组织中只有充满自由、充分的横向沟通氛围，成员才会选择畅所欲言（Jain，et al.，2016），进而发现自身不足，提出优质想法。同时，高效的纵向沟通以 E-HRM 手机应用为媒介，使领导能够身体力行地与员工共同工作（Lam，et al.，2017）。领导在了解目前工作状况和员工想法后，也可以更有针对性地提供资源和支持来帮助员工。

工作满意度是指个体对自身需要能否被组织满足的整体评判（Weiss，2003），也被看作个体工作中追求的积极情感状态（Agho，et al.，1993）。组织认同感则表示个体在用组织成员的身份进行自我定义时，产生的对组织的归属感和同一性（Zhao，et al.，2019）。已有研究显示工作满意度和组织认同感与员工的工作绩效、离职意愿等密切相关（Bruch，2010；Carmeli，et al.，2007；Schleicher，et al.，2004）。一方面，和谐的沟通过程是团结一致完成工作的基础，E-HRM 手机应用使员工之间充分的横向沟通得以实现，同时其灵活便捷性能够降低沟通成本，提升沟通绩效，这种纵向沟通形式中较为平等的沟通体验也是工作满意度的重要来源。另一方面，组织认同感在组织情境中产生，必然带有组织的烙印。员工在完成组织任务时获得的沟通有效性往往在其内心留下高度评价，E-HRM 手机应用的自有性质有助于形成集体感知和归属感。他们会主动获取组织成员身份特征，也就可能认同赋予他们群体身份的组织。员工通过广泛的横向沟通吸收新知识，借助纵向沟通获取稳定统一的环境信息，强烈的信任和支持感促使其表现出较高的工作满意度和组织认同感。基于上述讨论，提出以下假设：

H4：员工 E-HRM 手机应用横向沟通有效性正向影响其工作满意度和组织认同感。

H5：员工 E-HRM 手机应用纵向沟通有效性正向影响其工作满意度和组织认同感。

2.4　沟通自我效能感与沟通有效性的链式中介作用

社会信息加工理论的基本假设认为，个体作为生物有机体，通常会根据所处的环境不断调整自己的态度和行为（Salancik & Pfeffer，1978）。这意味着我们可以通过了解员工沟通行为发生和适应的工作环境，深入理解和预测个体随后的沟通质量和工作态度。电子化人力资源管理手机应用作为个体与他人之间联系的媒介，其灵活性和媒介丰富性为传递、获取与工作网络联系相关的认知信息提供了保障，员工在沟通互动的过程中会逐渐加深对自身能力和需求的理解（Bhave，et al.，2010）。

当员工在工作中感知到 E-HRM 手机应用的有用性和易用性时，这种环境特征信息会刺激个体对一系列外部信息进行加工和解读，并认为该手机应用为组织内部沟通创造了良好的条件，从而对沟通活动形成正面评价。随着个体参与沟通工作的信心和内在驱动力逐渐增加，他们更可能积极主动地参与其中，自我加强需求的满足也可能促进满意度和归属感的产生。也就是说，E-HRM 手机应用会因其过程易用、结果有用而刺激员工沟通自我效能感，从而影响随后的沟通有效性，最终激活他们的工作态度。基于上述讨论，提出以下假设：

H6：沟通自我效能感和沟通有效性在电子化人力资源管理手机应用特性与员工工作态度之间存在链式中介作用。即 E-HRM 手机应用因其有用性、易用性增强了沟通自我效能感，有助于员工开展高效的横向沟通和纵向沟通，进而提升工作满意度和组织认同感。

3. 研究方法

3.1　样本选取与数据收集

本研究以中部地区某高校 MBA 班学员为调研对象，主要涉及产品销售、技术研发、财务管理、人力资源管理等岗位。各企业根据自身业务和管理实际使用的电子化人力资源管理手机应用功能各有不同，因此我们首先借助开放式问卷收集了 E-HRM 手机应用的使用情况及其功能。通过对 56 位 MBA 学员的半结构化访谈，我们基于技术接受模型（Davis，1989）将 E-HRM 手机应用特性归纳为有用性、易用性两类。随后，我们向 264 位 MBA 班学员发放调查问卷。问卷开始时解释了本次调研项目，即 E-HRM 手机应用的定义及其可能涵盖的功能。被试需要先选择所在公司是否提供专门的 E-HRM 手机应用，若无则后续题目链接至以 QQ、微信等通信软件为使用主体。

本研究共收回 264 份问卷，其中有 85% 的调研对象表示所在单位提供 E-HRM 手机应用，其余 15% 主要通过 QQ、微信进行沟通。因此选择具有 E-HRM 手机应用的有效问卷共 224 份，问卷有效回收率为 85%。参与调查的被试以男性为主，占 59.8%，平均年龄为 30.23 岁（SD＝7.73），平均工作年限为 7.75 年（SD＝7.42），受教育程度以本科和研究生为主，分别占 63.4% 和 29.5%。

3.2　变量测量

各主要变量的测量均采用 Likert 5 点量表，1~5 表示从"非常不同意"到"非常同意"。

电子化人力资源管理手机应用特性借鉴 Davis（1989）编制的量表，分为有用性和易用性两个维度，共 6 个题项。示例条目分别为"利用公司的电子化人力资源管理手机应用，我可以更快地与同事沟通""熟练使用公司的电子化人力资源管理手机应用的各种功能对我来说很容易"。该量表 Cronbach's α 分别为 0.89 和 0.94。

沟通自我效能感借鉴 Schwarzer 等人（2010）的研究，共 3 个题项。示例条目为"通过公司的电子化人力资源管理手机应用，我有能力完成自己设定的大部分沟通任务"。该量表 Cronbach's α 为 0.94。

横向沟通有效性借鉴 Gibson 和 Vermeulen（2003）的研究，共 3 个题项。示例条目为

"通过公司的电子化人力资源管理手机应用，我可以和同事展开高质量的讨论"。该量表 Cronbach's α 为 0.96。

纵向沟通有效性借鉴刘圣明等(2018)的研究，共 3 个题项。示例条目为"通过公司的电子化人力资源管理手机应用，我的领导经常会给我发展性的反馈"。该量表 Cronbach's α 为 0.95。

工作满意度采用 Liu 等(2007)编制的量表，共 3 个题项。示例条目为"我喜欢我的工作"。该量表 Cronbach's α 为 0.94。

组织认同感借鉴 Mael 和 Ashforth(1992)编制的量表，共 5 个题项。示例条目为"如果我的朋友在找工作，我会推荐他加入我们公司"。该量表 Cronbach's α 为 0.95。

控制变量。以往研究已经证实性别、年龄等背景变量在电子化沟通方式中存在显著差异(张光磊等，2019)，因此我们将性别、年龄、工作年限、受教育程度作为控制变量加以处理。年龄和工作年限以实际数值来计算；性别中"0"表示男性，"1"表示女性；受教育程度中"1"表示博士，"2"表示硕士，"3"表示本科，"4"表示专科，"5"表示高职或者高中，"6"表示初中及以下。

4. 结果

4.1 验证性因子分析

为了检验区分效度，我们使用 AMOS17.0 软件对 E-HRM 手机应用的有用性、易用性、员工沟通自我效能感、横向沟通、纵向沟通、工作满意度和组织认同感这七个变量进行验证性因子分析。如表 1 所示，其中七因子模型的拟合效果最优($x^2/df = 2.23$，TLI = 0.95，CFI = 0.96，RMSEA = 0.07)，这说明本模型使用的七个变量具有良好的区分效度。

表 1   验证性因子分析结果

模型	因子结构	x^2/df	TLI	CFI	RMSEA
八因子模型	PU；PE；CE；HC；VC；JS；OI；cmv	2.14	0.95	0.96	0.07
七因子模型	PU；PE；CE；HC；VC；JS；OI	2.23	0.95	0.96	0.07
六因子模型	PU；PE；CE；HC；VC；JS+OI	2.96	0.92	0.93	0.09
五因子模型	PU+PE；CE；HC；VC；JS+OI	6.08	0.79	0.82	0.15
四因子模型	PU+PE；CE；HC+VC；JS+OI	8.72	0.69	0.73	0.17
三因子模型	PU+PE；CE+HC+VC；JS+OI	9.58	0.66	0.69	0.19
两因子模型	PU+PE+CE+HC+VC；JS+OI	10.55	0.62	0.65	0.21
单因子模型	PU+PE+CE+HC+VC+JS+OI	15.07	0.44	0.49	0.25

注：PU 表示电子化人力资源管理手机应用有用性，PE 表示电子化人力资源管理手机应用易用性，CE 表示沟通自我效能感，HC 表示横向沟通有效性，VC 表示纵向沟通有效性，JS 表示工作满意度，OI 表示组织认同感，cmv 表示公共因子。

我们还采用 Harman 单因子检验和不可测量潜在方法因子效应控制法来检验共同方法偏差(Podsakoff, et al., 2003)。其中，Harman 单因素检验的结果表明，单因子模型的拟合效果最差，且七因子模型的拟合效果明显优于单因子模型，这表明不存在严重的共同方法偏差。不可测量潜在方法因子效应控制法的结果表明，七因子模型增加一个方法因子后，模型的拟合指数略优于七因子模型，χ^2/df 仅降低了 0.09，TLI、CFI 和 RMSEA 均无明显变化，整体上拟合指数并未得到显著改善，这同样说明不存在严重的共同方法偏差。

4.2 描述性统计分析

本研究中所有变量的均值、标准差和相关系数矩阵如表 2 所示。

表 2　各变量的均值、标准差和相关系数($n = 224$)

	1	2	3	4	5	6	7	8	9	10	11
均值	1.40	30.23	2.75	7.75	3.79	3.89	3.48	3.26	3.35	3.68	3.66
标准差	0.49	7.74	0.58	7.42	1.01	0.89	1.06	1.08	1.06	0.75	0.83
1. 性别	—										
2. 年龄	0.08	—									
3. 受教育程度	0.04	0.08	—								
4. 工作年限	0.09	0.86*	0.15*	—							
5. E-HRM 应用有用性	0.12	−0.30**	0.01	−0.33**	—						
6. E-HRM 应用易用性	0.04	−0.32**	0.05	−0.32**	0.61**	—					
7. 沟通自我效能感	0.05	−0.33**	0.03	−0.32**	0.80**	0.53**	—				
8. 横向沟通有效性	0.09	−0.29**	−0.06	−0.28**	0.73**	0.42**	0.82**	—			
9. 纵向沟通有效性	0.03	−0.11	0.14*	−0.15*	0.21**	0.12	0.25**	0.31**	—		
10. 工作满意度	−0.05	−0.19**	0.15*	−0.24**	0.50**	0.41**	0.49**	0.50**	0.36**	—	
11. 组织认同感	−0.02	−0.21**	0.16*	−0.26**	0.64**	0.48**	0.53**	0.58**	0.32**	0.79**	—

注：*表示 $p < 0.05$ 水平上显著，**表示 $p < 0.01$ 水平上显著。

4.3 假设检验

本研究使用 Mplus7.0 软件进行假设检验。对性别、年龄、受教育程度及工作年限等 4 个人口统计学变量进行控制后，E-HRM 手机应用有用性→员工工作满意度的路径系数为 0.14，$p = 0.068$；易用性→工作满意度的路径系数为 0.32，$p < 0.01$，表明电子化人力资源管理手机应用的易用性能够显著正向预测员工的工作满意度。E-HRM 手机应用有用性→员工组织认同感的路径系数为 0.23，$p < 0.05$；易用性→组织认同感的路径系数为 0.42，$p < 0.01$，表明电子化人力资源管理手机应用的有用性、易用性均能够正向预测员

工的组织认同感。

图 2 中各变量间的路径系数表明，电子化人力资源管理手机应用的有用性、易用性对沟通自我效能感具有显著正向影响；沟通自我效能感对横向沟通有效性、纵向沟通有效性具有显著正向影响；横向沟通有效性、纵向沟通有效性分别显著正向预测工作满意度和组织认同感，因此，假设 H1、H2a、H3a、H4、H5 得到验证。根据表 3 可知，沟通自我效能感在 E-HRM 手机应用特性与沟通有效性之间的中介作用显著，Bootstrap = 1000 的 95% 置信区间均不包含 0，假设 H2b、H3b 得到验证；沟通自我效能感和沟通有效性在 E-HRM 手机应用特性与员工工作态度之间的链式中介效应显著，Bootstrap = 1000 的 95% 置信区间均不包含 0，假设 H6 得到验证。

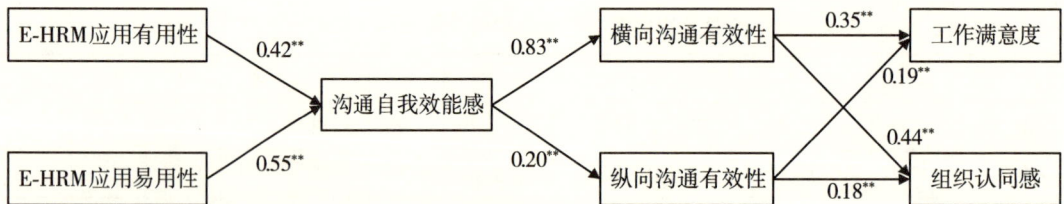

注：* 表示 $p<0.05$ 水平上显著，** 表示 $p<0.01$ 水平上显著。

图 2　研究模型路径系数图

表 3　　　　　　Bootstrap 方法估计的中介效应及 95% 置信区间

路　　径	间接效应估计	95% 置信区间
有用性→沟通自我效能感→横向沟通有效性	0.352	[0.198, 0.581]
易用性→沟通自我效能感→横向沟通有效性	0.459	[0.322, 0.605]
有用性→沟通自我效能感→纵向沟通有效性	0.087	[0.021, 0.188]
易用性→沟通自我效能感→纵向沟通有效性	0.113	[0.031, 0.219]
有用性→沟通自我效能感→横向沟通有效性→工作满意度	0.123	[0.070, 0.218]
有用性→沟通自我效能感→横向沟通有效性→组织认同感	0.154	[0.084, 0.266]
有用性→沟通自我效能感→纵向沟通有效性→工作满意度	0.017	[0.003, 0.046]
有用性→沟通自我效能感→纵向沟通有效性→组织认同感	0.016	[0.002, 0.046]
易用性→沟通自我效能感→横向沟通有效性→工作满意度	0.161	[0.099, 0.250]
易用性→沟通自我效能感→横向沟通有效性→组织认同感	0.201	[0.129, 0.298]
易用性→沟通自我效能感→纵向沟通有效性→工作满意度	0.022	[0.004, 0.056]
易用性→沟通自我效能感→纵向沟通有效性→组织认同感	0.020	[0.003, 0.055]

5. 讨论

　　电子化人力资源管理将传统的人力资源管理与现代信息技术相融合，为组织发展提供支持，帮助其更好地获取和配置社会资本(Johnson, et al., 2016)，是组织不断优化人力资源管理实践的结果。这要求组织搭建内部信息化应用平台，以实现企业政策及信息的快速沟通与共享，促进人力资源管理朝着大数据管理方向发展。本研究基于技术接受模型，探讨了电子化人力资源管理手机应用有用性、易用性对员工工作态度的影响机制，以及沟通自我效能感、横向沟通有效性、纵向沟通有效性在其中的链式中介作用。实证研究结果表明：E-HRM 手机应用的有用性、易用性显著正向影响员工沟通自我效能感；员工沟通自我效能感正向影响横向沟通有效性和纵向沟通有效性，且在 E-HRM 手机应用的有用性、易用性与沟通有效性之间起中介作用；横向沟通有效性、纵向沟通有效性正向影响工作满意度和组织认同感；员工沟通自我效能感和沟通有效性在 E-HRM 手机应用的有用性、易用性对工作满意度和组织认同感的正向影响中存在链式中介效应。对上述研究结果的具体分析及其理论意义如下：

　　首先，虽然以往研究已经根据技术接受模型证实，新技术或新系统的感知有用性和感知易用性共同决定员工的使用态度(Yusoff, et al., 2010；Davis, 1989)，但仍缺少对新系统具体使用感受过程的关注。本研究基于沟通视角发现，电子化人力资源管理手机应用的有用性、易用性对员工的沟通自我效能感具有正向作用。组织通过 E-HRM 手机应用的有用性、易用性提供沟通自我效能感的来源，增强员工完成工作沟通任务时的自信程度，从而激发他们实际使用 E-HRM 手机应用的行为意向，以更好地借助 E-HRM 手机应用实现组织的经营目标和发展愿景(Esen & Özbag, 2014)。

　　其次，组织成员沟通的有效性直接关系着团队创造力(刘圣明等, 2018)。过去有关组织沟通的研究主要从沟通频率(张祥润等, 2017)、沟通策略(Butchibabu, et al., 2016)、沟通网络强度(Yuan, et al., 2016)等方面入手。本研究从沟通视角出发，探讨 E-HRM 手机应用提高横向沟通和纵向沟通有效性的作用。实证发现横向沟通有效性和纵向沟通有效性受到员工 E-HRM 手机应用沟通自我效能感的正向影响，同时又对员工工作态度具有正向激励作用，为推进组织沟通与成员行为反应相关研究提供了一定的理论支持。

　　最后，现有电子化人力资源管理研究大多关注人力资源部门角色地位的作用(李晋等, 2020)，即使涉及 E-HRM 的普及与应用也主要探讨个体差异、组织规模等因素对员工使用程度的影响(陈志霞和周佳彬, 2017)，还没有探索 E-HRM 具体应用对员工行为态度产生影响的过程。员工是企业价值创造的主体，本研究通过实证研究发现，员工的沟通自我效能感与沟通有效性在 E-HRM 手机应用特性对工作态度的影响中存在链式中介作用。E-HRM 手机应用具备的有用性和易用性向员工传递了特定的工作环境信息，能够增强他们顺利达成沟通任务目标的信心，此时员工更可能在自我信念和有效认知的促使下形成积极的工作态度。

　　本研究对管理实践有两方面的启示作用。第一，感知有用性与感知易用性是企业开发 E-HRM 手机应用时需要考虑的关键因素。员工作为新信息系统的用户，只有当 E-HRM 手机应用的功能特性满足自身实际需求时，才会持续使用(Ha, et al., 2014)，进而发挥其在工作沟通上的积极效用。相较于 E-HRM 手机应用的有用性而言，易用性对沟通自我效能感、工作态度等变量的影响更为明显，因此尤其要注重在应用设计上做到界面友好、操作简明。第二，高水平的沟通自我效能感不仅能够促进员工开展高质量的组织沟通，而且对员工的工作满意度和组织认同感有着正向的促进作用。因此，企业可以有意识地从多方面提升员工沟通自我效能感，例如重视各级管理层与员工的沟通，包括使用 E-HRM 手机应用的沟通，开展职业培训，树立标杆模范，不断增强员工的成功沟通信念。管理者也应思考如何提升团队中的横向沟通、纵向沟通质量，以激发员工的工作满意度与组织认同感。

当然，本研究也存在一定局限性。第一，本研究采用的是由员工自评的截面数据，尽管已经满足 Harman 单因子检验和不可测量潜在方法因子效应控制法的判别标准，仍无法避免共同方法偏差以及不同变量间相关性过高的问题。同时也忽视了时间效应对研究结果的影响，难以考察 E-HRM 应用特性对员工工作态度产生影响的变化过程。未来研究可以由被试的同事、领导报告横向沟通有效性和纵向沟通有效性，并收集时间序列数据以更准确精细地探讨研究变量之间的因果关系。第二，本研究样本来源于不同企业，各组织提供的 E-HRM 手机应用不尽相同，员工感知及其相应的行为反应也可能受到影响。未来研究可以集中在一家或几家组织，以控制不同 E-HRM 手机应用之间差异的影响。第三，本研究没有关注影响 E-HRM 手机应用发挥作用的边界条件。不同情境下，E-HRM 手机应用特性通过团队沟通过程对员工态度的影响可能不同。未来研究可以考察人格特质、组织氛围等变量的调节作用。

尽管有上述研究局限，但本文还是在电子化人力资源管理研究上做出了贡献。已有研究主要将 E-HRM 视为一种人力资源管理战略创新模式，本研究基于技术接受模型，探索沟通视角下 E-HRM 智能手机应用特性对员工的影响机制，研究结果有助于推进电子化人力资源管理实践。未来对 E-HRM 手机应用的研究可以进一步探索其他功能差异的作用，从而更好地优化企业 E-HRM 手机应用开发与设计，为人力资源管理信息化转型提供创新动力。

◎ 参考文献

[1] 陈志霞,周佳彬.信息化人力资源管理研究进展探析[J].外国经济与管理,2017,39(1).

[2] 李晋,刘洪,刘善堂."互联网+"时代的电子化人力资源管理:理论演化与建构方向[J].江海学刊,2015,22(6).

[3] 李晋,秦伟平,周路路.电子化人力资源管理变革感知对员工变革行为的影响研究[J].管理学报,2020,17(6).

[4] 刘圣明,陈力凡,王思迈.满招损,谦受益:团队沟通视角下谦卑型领导行为对团队创造力的影响[J].心理学报,2018,50(10).

[5] 田虹,姜春源.社会责任型人力资源管理对员工创新行为影响的研究——基于劳动关系视角下的链式中介作用[J].广东财经大学学报,2020,35(6).

[6] 王玮, 宋宝香. 干扰还是交互? 工作场所即时通讯工具使用对感知工作负荷的影响——多重任务趋向的调节作用[J]. 暨南学报(哲学社会科学版), 2017, 39(1).

[7] 王玉峰, 李丹. 国外农村人力资源开发研究的文献计量分析[J]. 江淮论坛, 2019(1).

[8] 邬文兵, 李爽, 项竹青, 等. 司机对共享物流平台的持续使用意愿研究——TAM 模型的实证分析[J]. 经济管理, 2019, 41(10).

[9] 杨付, 张丽华. 团队沟通、工作不安全氛围对创新行为的影响:创造力自我效能感的调节作用[J]. 心理学报, 2012, 44(10).

[10] 张光磊, 程欢, 李铭泽. 非工作时间电子沟通对员工主动性行为影响研究[J]. 管理评论, 2019, 31(3).

[11] 张宏远, 赵曙明, 范丽君. 心理需求满足有助于员工主动行为? ——自我效能感的调节作用[J]. 财经问题研究, 2018, 40(10).

[12] 张祥润, 王宗水, 时勘, 等. 内隐领导原型对领导有效性的影响机制——领导信任的中介效应和上下级沟通频率的调节效应[J]. 管理评论, 2017, 29(5).

[13] Agho, A. O., Mueller, C. W., Price, J. L. Determinants of employee job satisfaction: An empirical test of a causal model[J]. Human Relations, 1993, 46(8).

[14] Andrews, M. C., Kacmar, K. M. Discriminating among organizational politics, justice, and support[J]. Journal of Organizational Behavior, 2001, 22(4).

[15] Arjomandy, D. Social media integration in electronic human resource management: Development of a social eHRM framework[J]. Canadian Journal of Administrative Sciences, 2016, 33(2).

[16] Avey, J. B., Reichard, R. J., Luthans, F., et al. Meta-analysis of the impact of positive psychological capital on employee attitudes, behaviors, and performance[J]. Human Resource Development Quarterly, 2011, 22(2).

[17] Bandura, A., Locke, E. A. Negative self-efficacy and goal effects revisited[J]. Journal of Applied Psychology, 2003, 88(1).

[18] Bhave, D. P., Kramer, A., Glomb, T. M. Work-family conflict in work groups: Social information processing, support, and demographic dissimilarity[J]. Journal of Applied Psychology, 2010, 95(1).

[19] Bondarouk, T., Harms, R., Lepak, D. Does e-HRM lead to better HRM service? [J]. International Journal of Human Resource Management, 2017, 28(9).

[20] Bondarouk, T., Parry, E., Furtmueller, E. Electronic HRM: Four decades of research on adoption and consequences[J]. International Journal of Human Resource Management, 2017, 28(1).

[21] Bruch, C. H. Organizational identity strength, identification, and commitment and their relationships to turnover intention: Does organizational hierarchy matter? [J]. Journal of Organizational Behavior, 2010, 27(5).

[22] Butchibabu, A., Sparano-Huiban, C., Sonenberg, L., et al. Implicit coordination strategies for effective team communication[J]. Human Factors, 2016, 58(4).

[23] Carmeli, A., Gilat, G., Waldman, D. A. The role of perceived organizational performance in organizational identification, adjustment and job performance[J]. Journal of Management Studies, 2007,44(6).

[24] Davis, F. D. Perceived usefulness, perceived ease of use, and user acceptance of information technology[J]. MIS Quarterly, 1989,13(3).

[25] Gibson, C., Vermeulen, F. A healthy divide: Subgroups as a stimulus for team learning behavior[J]. Administrative Science Quarterly, 2003,48(2).

[26] Esen, M., Özbağ, G. K. An investigation of the effects of organizational readiness on technology acceptance in e-HRM applications[J]. International Journal of Human Resource Studies, 2014,4(1).

[27] Gong, Y., Huang, J. C., Farh, J. L. Employee learning orientation, transformational leadership, and employee creativity: The mediating role of employee creative self-efficacy [J]. Academy of Management Journal, 2009,52(4).

[28] Ha, Y. W., Park, M. C., Lee, E. A framework for mobile SNS advertising effectiveness: User perceptions and behavior perspective[J]. Behavior & Information Technology, 2014, 33(12).

[29] Hwang, Y., Lee, Y., Shin, D. H. The role of goal awareness and information technology self-efficacy on job satisfaction of healthcare system users [J]. Behavior & Information Technology, 2016,35(7).

[30] Houmanfar, R., Rodrigues, N. J., Smith, G. S. Role of communication networks in behavioral systems analysis[J]. Journal of Organizational Behavior Management, 2009,29 (3-4).

[31] Iyiola, O. O., Osibanjo, A. O. E-human resource management and organizational performance (e-HRM) in the Nigerian banking industry: An empirical study of Guaranty Trust Bank Plc[J]. The Journal of Management, Indian Education Society, Management College and Research Centre, 2014,7(1).

[32] Jain, A. K., Fennell, M. L., Chagpar, A. B., et al. Moving toward improved teamwork in cancer care: The role of psychological safety in team communication [J]. Journal of Oncology Practice, 2016,12(11).

[33] Jo, S., Shim, S. W. Paradigm shift of employee communication: The effect of management communication on trusting relationships[J]. Public Relations Review, 2005,31(2).

[34] Johnson, R. D., Lukaszewski, K. M., Stone, D. L. The evolution of the field of human resource information systems: Co-evolution of technology and HR processes [J]. Communications of the Association for Information Systems, 2016,38(5).

[35] Judge, T. A., Bono, J. E. Relationship of core self-evaluations traits—self-esteem, generalized self-efficacy, locus of control, and emotional stability—with job satisfaction and job performance: A meta-analysis[J]. Journal of Applied Psychology, 2001,86(1).

[36] Kim, D., Chun, H., Lee, H. Determining the factors that influence college students'

adoption of smartphones [J]. Journal of the Association for Information Science & Technology, 2014,65(3).

[37] Lam, L. W., Peng, K. Z., Wong, C. S., et al. Is more feedback seeking always better? Leader-member exchange moderates the relationship between feedback-seeking behavior and performance[J]. Journal of Management, 2017,43(7).

[38] Lin, L. H. Electronic human resource management and organizational innovation: The roles of information technology and virtual organizational structure[J]. The International Journal of Human Resource Management, 2011,22(2).

[39] Liu, C., Spector, P. E., Shi, L. Cross - national job stress: A quantitative and qualitative study[J]. Journal of Organizational Behavior, 2007,28(2).

[40] Mael, F., Ashforth, B. E. Alumni and their alma mater: A partial test of the reformulated model of organizational identification[J]. Journal of Organizational Behavior, 1992,13(2).

[41] Marler, J. H., Parry, E. Human resource management, strategic involvement and e-HRM technology[J]. International Journal of Human Resource Management, 2016,27(19).

[42] Podsakoff, P. M., MacKenzie, S. B., Lee, J. Y., et al. Common method biases in behavioral research: A critical review of the literature and recommended remedies[J]. Journal of Applied Psychology, 2003,88(5).

[43] Salancik, G. R., Pfeffer, J. A social information processing approach to job attitudes and task design[J]. Administrative Science Quarterly, 1978,23(2).

[44] Schleicher, D. J., Watt, J. D., Greguras, G. J. Reexamining the job satisfaction-performance relationship: The complexity of attitudes[J]. Journal of Applied Psychology, 2004,89(1).

[45] Schwarzer, R., Bassler, J., Kwiatek, P., et al. The assessment of optimistic self-beliefs: Comparison of the German, Spanish, and Chinese versions of the general self-efficacy scale [J]. Applied Psychology, 2010,46(1).

[46] Strohmeier, S. Research in e-HRM: Review and implications [J]. Human Resource Management Review, 2007,17(1).

[47] Weiss, H. M. Deconstructing job satisfaction:Separating evaluations, beliefs and affective experiences[J]. Human Resource Management Review, 2003,12(2).

[48] Werner, J. M., Lester, S. W. Applying a team effectiveness framework to the performance of student case teams[J]. Human Resource Development Quarterly, 2001,12(4).

[49] Yuan, Y. C., Fulk, J., Monge, P. R., et al. Expertise directory development, shared task interdependence, and strength of communication network ties as multilevel predictors of expertise exchange in transactive memory work groups [J]. Communication Research, 2016,37(1).

[50] Yusoff, Y. M., Ramayah, T., Ibrahim, H. E-HRM: A proposed model based on technology acceptance model[J]. African Journal of Business Management, 2010,4(13).

[51] Zhang, X., Zhou, J. Empowering leadership, uncertainty avoidance, trust, and employee

creativity: Interaction effects and a mediating mechanism[J]. Organizational Behavior and Human Decision Processes, 2014,124(2).

[52] Zhao, H., Liu, W., Li, J., et al. Leader-member exchange, organizational identification, and knowledge hiding: The moderating role of relative leader-member exchange[J]. Journal of Organizational Behavior, 2019,40(7).

The Effects of Electronic Human Resource Management
Application Based on Smartphone

Du Jing[1]   Liu Yujing[2]   Wen Juan[3]

(1, 2 Economics and Management School of Wuhan University, Wuhan, 430072;

3 TP-LINK, Shenzhen, 518000)

Abstract: Electronic human resource management emphasizes the realization of human resource function with the support of information technology. Organizations can complete the rapid communication and sharing of internal information through electronic human resource management smartphone application. According to the technology acceptance model, we explored the impact of electronic human resource management application on employees from the communication perspective. The analysis based on the survey data of 224 employees showed that: (1) Perceived usefulness and ease of use of electronic human resource management smartphone application had a positive impact on employees' communication self-efficacy; (2) Employees' communication self-efficacy had a positive impact on the effectiveness of horizontal and vertical communication, and had a mediating effect between the characteristics of electronic human resource management application and communication effectiveness; (3) The effectiveness of communication through electronic human resource management smartphone application had a positive impact on employees' job satisfaction and organizational identification; (4) Employees' communication self-efficacy and communication effectiveness played a chain mediating effect between the characteristics of electronic human resource management smartphone application and job attitudes. Our study demonstrated the positive influence of electronic human resource management smartphone application on organizational communication and employees' job attitudes, and provided reference for promoting and optimizing electronic human resource management practice.

Key words: Electronic human resource management smartphone application; Organizational communication; Technology acceptance model; Job attitudes

责任编辑：路小静

团队间竞争对员工创造力和亲团队
非伦理行为的影响：
基于调节焦点理论的情境作用研究[*]

● 张永军[1]　李　亚[2]　邓传军[3]　刘智强[4]

（1，2，3　河南大学商学院　开封　475004；4　华中科技大学管理学院　武汉　430074）

【摘　要】基于调节焦点理论，探讨了团队间竞争对个体创造力和亲团队非伦理行为的影响。实证分析结果表明，团队间竞争既可以正向影响个体创造力，也可以诱发个体亲团队非伦理行为。领导语言框架和个体面子观是上述过程的边界条件。领导积极语言框架强化团队间竞争对个体创造力的影响，消极语言框架强化了团队间竞争对亲团队非伦理行为的影响。对于想要面子的个体，团队间竞争更能激发其创造力；对于怕丢面子的个体，团队间竞争对其亲团队非伦理行为有明显的抑制作用。

【关键词】团队间竞争　创造力　亲团队非伦理行为　领导语言框架　面子观

1. 引言

近年来，随着团队工作方式的普遍与流行，团队间竞争成为很多组织用于激发群体活力、增加团队产出的重要手段（Marino & Zábojnhk，2004）。所谓团队间竞争，是指同一组织内两个或多个团队目标互斥的情境，即任何一个团队目标的实现都会降低其他团队实现目标的机会，其核心在于"排他性共同目标"（Deutsch，1949），感知稀缺性、结果不确定性和强制性社会比较是团队间竞争存在的三个必要条件（Johnson & Johnson，1989）。在现

* 基金项目：国家自然科学基金重点项目"基于跨界共享的组织竞合与突破性创新机制研究"（项目批准号：71832004），国家自然科学基金面上项目"地位竞争型断裂对团队创新绩效的影响机制研究"（项目批准号：71772057），国家自然科学基金青年项目"亲组织非伦理行为的私利风险及其治理机制研究"（项目批准号：71602050），河南省高校科技创新人才（人文社科类）资助项目"中国情境下亲组织非伦理行为的私利演化及治理机制研究"（项目批准号：2020-cx-28），河南省教育厅人文社会科学研究项目"组织支持感对亲组织不道德行为的影响：道德强度的调节作用"（项目批准号：2019-ZDJH-031）。

通讯作者：刘智强，E-mail：zqliu@ hust. edu. cn。

实中，争夺有限资源、地位排名、完成对抗性任务等是团队间竞争常见的表现形式。

文献回顾发现，以往研究主要探讨团队间竞争对团队协作、知识共享和任务绩效等常规结果的影响（Swab & Johnson，2019），对创造力和非伦理行为等"非常规"行为关注不足。本文认为，团队间竞争胜负难料，既蕴含机会和收益，也暗藏威胁和风险，可能会启动个体促进或防御调节定向思维。为了赢得胜利或避免失败，个体可能出奇制胜，展现高水平创造力；也可能心生邪念，通过不道德手段维护所在团队利益，实施亲团队非伦理行为。换言之，创造力和亲团队非伦理行为可能正是团队间竞争引发个体产生不同调节定向思维的"非常规"行为表现。当然，个体究竟展现创造力还是亲团队非伦理行为还可能与一些因素有关。团队领导语言框架是团队重要的情境变量，包括积极语言框架和消极语言框架（赵新宇等，2016）。领导积极语言框架侧重描述完成任务后的收获和成长，而消极语言框架侧重描述任务失败后的损失和惩罚（李磊等，2012；Drach & Erez，2002）。可以推测，领导不同语言框架可能会影响个体对团队间竞争形成不同的感知和判断，进而强化个体的促进或防御调节定向思维并推动其做出展现创造力或亲团队非伦理行为的不同抉择。面子是最能描写中国人特性的变量，包括想要面子和怕丢面子（张新安，2012）。想要面子的个体积极自我展示，希望获得他人的认可和尊重，促进定向特性明显；怕丢面子的个体担心自己不适宜的表现会招致他人看不起，防御定向特性显著（郭帅，银成钺，2015）。可以推测，面对团队间竞争，不同面子观个体察觉到的积极/消极信号可能不同，强化其不同调节定向思维以及由此引发的创造力或亲团队非伦理行为选择也可能存在差异。

基于此，本研究主要运用调节焦点理论，探讨团队间竞争对个体创造力和亲团队非伦理行为的影响，主要解决以下三个问题：（1）团队间竞争与个体创造力和亲团队非伦理行为的关系；（2）团队领导语言框架的调节作用；（3）个体面子观的调节效应。本研究不仅可以检验团队间竞争对个体"非常规"行为的"双刃剑"效应及其边界条件，对组织如何管理团队间竞争、更多激发创造力并有效抑制亲团队非伦理行为也有一定的启发。

2. 理论回顾与研究假设

2.1 团队间竞争对个体创造力和亲团队非伦理行为的影响

调节焦点理论认为，人们在追求期望结果时存在两种截然不同的自我调节倾向，即促进调节焦点和防御调节焦点（Higgins，1997）。促进调节焦点关注积极结果，引导个体采取趋利反应，追求成功和胜利；防御调节焦点关注消极结果，引导个体采取避害反应，以避免失败（曹元坤，徐红丹，2017）。团队间竞争是一场机会与威胁、收益与损失同在的博弈活动，既可视为积极刺激源，也可视为消极刺激源。基于调节焦点理论，本研究认为团队间竞争可以启动个体的促进或防御调节倾向，创造力和亲团队非伦理行为正是个体趋利避害的行为反应。一方面，团队间竞争蕴含的收益和机会可以启动个体的趋利反应。为了应对竞争挑战、赢得对抗胜利，个体会变得更加积极主动，思维也更加活跃、发散，能充分调动、广泛连接各类认知资源，内部动机得以增强（Tauer & Harackiewicz，2004），从而迸发出很多新奇的点子和想法，展现高水平的创造力。研究发现，竞争确实有利于激发个体灵感，提高创作水平（Eisenberg & Thompson，2011）；挑战性刺激可以让个体充满斗志，情绪更加高昂，更容易激发创造力（Byron et al.，2010）；团队间竞争可以增加个体对团队目标的认同和亲社会动机（Mead & Maner，2012），使其展现出更多更高水平的创造力（Baer et al.，2013）。另一方面，团队间竞争暗藏的威胁和损失同样也可以推动个体的防御倾向。研究发现，威胁性刺激容易限制个体的注意力范围，干扰其正常的伦理判断（张永军等，2019），诱导其为了摆脱不利局面而不择手段，实施非伦理行为（Kouchaki & Desai，2015）。团队间竞争的消极信息导致个体认知受限，失败和损失困扰着个体，致使其注意力范围变窄，难以察觉伦理信息；为了避免失败以及由此遭受的不利后果，个体可能会铤而走险、动歪脑筋，挖空心思思考"御敌之策"，进而降低自身道德阈值，诱发各种阴招、损招等亲团队非伦理行为。研究发现，团队间竞争可以加剧个体对其他团队的敌对态度（Goette et al.，2012）；在竞争中处于劣势的个体容易心生歹念，实施不道德行为（Pettit et al.，2016）。综上分析，团队间竞争可以诱发个体的趋利反应，导致其"出奇招"，迸发更多创造力；也可以推动个体的避害反应，导致其"出阴招"，实施亲团队非伦理行为。因此，我们提出以下假设：

H1a：团队间竞争与个体创造力呈正相关关系。

H1b：团队间竞争与个体亲团队非伦理行为呈正相关关系。

2.2 团队领导语言框架的调节作用

领导语言框架是指领导通过不同的语言描述方式向成员描述任务，进而影响个体认知和判断的过程，包括积极语言框架和消极语言框架（李磊等，2012）。领导积极语言框架指领导在描述任务时强调成功的可能性，偏重引导成员完成任务后得到的成长和收益等有利结果；而领导消极语言框架指领导偏重描述任务可能的失败以及由此遭受的惩罚和损失（赵新宇等，2016）。研究发现，领导语言框架在引导员工明确动机、应对压力以及做出伦理决策等方面具有重要影响（李磊等，2012；江宇晖等，2019；Bastons，2008）。

领导作为团队的灵魂人物，其语言框架自然是影响团队成员思考和行为的关键因素。在团队间竞争情境中，团队领导如何描述竞争任务、传递何种信息，应该会影响个体对团队间竞争的感知。根据调节焦点理论，当团队领导采取积极语言框架，由于侧重传递成功和收益等积极信息，容易强化个体的促进调节倾向（江宇晖等，2019），这不仅可以激发成员的斗志（Piccolo，2015），也容易让个体看到希望，促使其以更积极的心态面对团队间竞争。受此影响，个体迎接挑战的信心倍增，利用和嫁接各种资源的能力更强，进而思如泉涌，更容易想出新点子、好主意。与此同时，领导积极语言框架激发的积极心态会限制个体往歪处想，必胜的信心促使个体无须以身犯险，通过不道德手段来应对挑战，从而抑制了亲团队非伦理行为。综上分析，面对团队间竞争，团队领导积极语言框架容易激发个体的促进调节倾向，由此产生的高昂斗志和强大内驱力在推动个体充分发挥想象力、表现出更高水平创造力的同时，也限制了其打坏主意，实施亲团队非伦理行为的可能性。研究发现，领导积极语言框架容易激发个体对时间压力的积极评估，削弱相应的消极评估，进而展现更多创造力（江宇晖等，2019；Mayfield & Mayfield，2017；Ohly & Fritz，2010）。

根据调节焦点理论，在团队领导消极语言框架下，由于领导传递更多的是失败、惩罚等消极信号，个体更容易启动防御调节焦点（江宇晖等，2019），想问题比较悲观、狭隘，更容易将团队间竞争视为一种阻碍和威胁，避害倾向更明显。在此状态下，个体的认知能力受到较大限制，思维出现僵化、思路变得不清，悲观的情绪难以打开个体的"想象之门"，创新创意受到扼杀(李磊等，2012)，创造力会受到抑制。与此同时，为了避免消极不利后果，个体在有限的认知范围内容易把问题想得过于偏激，导致其倾向于动歪脑筋、胡思乱想，甚至为达目的不择手段(Kouchaki & Desai, 2015)，实施亲团队非伦理行为的可能性更大。综上分析，领导消极语言框架更容易强化个体避害倾向，导致个体对团队间竞争形成更加负面的态度，从而限制了想象空间，不利于激发创造力；为了减少竞争失利带来的伤害，个体很有可能无视伦理道德，更多倾向于实施亲团队非伦理行为。研究发现，当变革型领导采用消极语言框架描述任务时，下属将更有可能实施亲团队非伦理行为(Graham et al., 2015；Palazzo et al., 2011)；领导消极语言框架强化了个体对时间压力的威胁评估，从而不利于激发创造力(江宇晖等，2019)。因此，我们提出如下假设：

H2a：团队领导积极语言框架正向调节团队间竞争与个体创造力的关系，即在高团队领导积极语言框架下，团队间竞争对个体创造力的正向影响较强。

H2b：团队领导积极语言框架负向调节团队间竞争与个体亲团队非伦理行为的关系，即在高团队领导积极语言框架下，团队间竞争对个体亲团队非伦理行为的正向影响较弱。

H2c：团队领导消极语言框架负向调节团队间竞争与个体创造力的关系，即在高团队领导消极语言框架下，团队间竞争对个体创造力的正向影响较弱。

H2d：团队领导消极语言框架正向调节团队间竞争与个体亲团队非伦理行为的关系，即在高团队领导消极语言框架下，团队间竞争对个体亲团队非伦理行为的正向影响较强。

2.3 面子观的调节作用

面子是极具中国文化特色的概念，被视为描述中国人性格与规范中国人行为最微妙的标准(林语堂，1994)。所谓面子，是指个体在社交中增进自身公众形象或避免有损声誉的心理取向，包括想要面子和怕丢面子(张新安，2012)。想要面子指个体具有自我展示，期望通过实施超出社会期望的行为或成就获得认可的倾向；怕丢面子指个体担心自己不适宜的社会表现会丧失面子的心态。研究发现，面子观是影响个体人际交往、工作表现等的重要个体变量(雷霄，唐宁玉，2015)。

基于调节焦点理论，相关研究证实想要面子的个体对积极刺激敏感，更容易启动促进调节倾向；而怕丢面子的个体关注消极信息，更容易启动防御调节倾向(郭帅，银成钺，2015)。本文认为，由于想要面子的个体趋利反应明显(郭帅，银成钺，2015)，追求外界认可与荣誉(黄光国，1985)，在人际交往中积极主动(雷霄，唐宁玉，2015)，且创新行为多(张敏，2013)，因此想要面子的个体更善于捕捉团队间竞争的积极信号，认为输赢不仅事关团队荣耀，而且是彰显个人能力、给他人留下好印象的绝佳机会(马蓓等，2018)。可以推测，团队间竞争更容易激发想要面子个体的促进调节倾向，引导其不仅对赢得竞争信心十足，而且还认为要赢得正大光明，从而投入和表现更积极，激发的创造力也更多。与此同时，由于想要面子的个体更看重他人对自己的积极评价，希望通过超出社会预期行为来赢得尊重(黄光国，1985)，故不会轻易表现出非伦理行为等"龌龊"之举，这既不光彩，也不符合这类人的处世风格，从而会对亲团队非伦理行为产生抑制作用。

研究发现，由于担心自己不合时宜的表现会招致他人非议(张新安，2012)，怕丢面子的个体更容易将他人视为威胁（段光等，2018）、与人交往消极被动（雷霁，唐宁玉，2015）、对压力刺激敏感且不愿创新（张敏，2013）。根据调节焦点理论，面对团队间竞争，怕丢面子的个体从中更多看到的是威胁、风险等消极信息，认为表现不好会让自己"丢人现眼"，避害倾向更强烈。受此影响，怕丢面子个体的思维趋于保守，大脑中更多盘旋的是不表现、不冒失、中规中矩等常规行为，既不愿主动思考、多想多问，也不会花更多时间和精力去探索大胆、新奇甚至是古怪的问题解决办法，以免被他人"说三道四"，并被认为是"故作聪明"。当然，他们也不会不择手段、胡作非为，通过非伦理行为来打击对方、抬高自己，因为如此卑鄙的行径会给他人留下虚伪的印象，道德污点会导致其处于丢人的尴尬境地。因此，面对团队间竞争，怕丢面子的个体既不会突发奇想，激发更多创造力，也不会突破伦理边界，实施亲团队非伦理行为。因此，我们提出如下假设：

H3a：想要面子正向调节团队间竞争与个体创造力的关系，即对于高想要面子的个体而言，团队间竞争对创造力的正向影响较强。

H3b：想要面子负向调节团队间竞争与个体亲团队非伦理行为的关系，即对于高想要面子的个体而言，团队间竞争对亲团队非伦理行为的正向影响较弱。

H3c：怕丢面子负向调节团队间竞争与个体创造力的关系，即对于高怕丢面子的个体而言，团队间竞争对创造力的正向影响较弱。

H3d：怕丢面子负向调节团队间竞争与个体亲团队非伦理行为的关系，即对于高怕丢面子的个体而言，团队间竞争对亲团队非伦理行为的正向影响较弱。

综上，本文的理论模型见图 1。

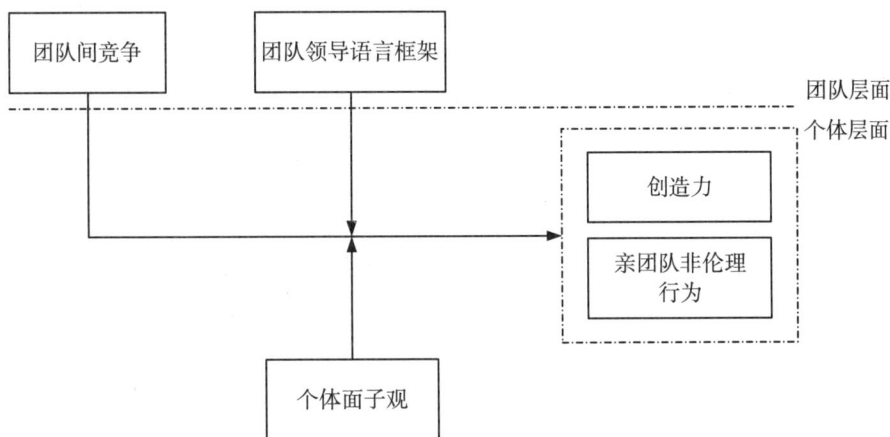

图 1　理论模型

3. 研究设计

3.1　样本来源

本研究主要在郑州、深圳、北京等城市对 10 余家企业展开调研。问卷以团队为调查对象，采用自我报告法在两个时间点收集数据。第一次主要测量员工的个人基本信息、团队间竞争、领导语言框架和面子观等数据；1个月以后，再通过同样的方式测量员工创造力和亲团队非伦理行为。通过这种方式一共回收60个团队267份问卷，剔除填写不完整、随意和前后两次不匹配及团队人数小于3人的无效问卷后，最终保留49个团队的196份问卷，平均4人/团队。其中，男性员工占44.9%，20~30岁员工占76.5%；在受教育程度方面，大学本科学历员工最多，占57.7%，专科学历占21.9%；在该团队工作时间在1年以下占34.7%，1~3年员工最多，占42.3%。

3.2　变量测量

本研究主要采用国内外现有成熟量表，并采用"翻译-回译"方法确保问卷通俗易懂。问卷采用 Likert 5级量表，其中1代表"完全不同意"，3代表"既不同意，也不反对"，5代表"完全同意"。

团队间竞争。采用 Campion 等(1993)编制的团队间竞争量表，共3个题项，如"我们团队与组织中其他团队存在激烈的竞争关系"。Cronbach's α 系数为0.705。

创造力。采用 Farmer 等(2003)编制的员工创造力量表，共4个题项，如"我会率先采用新的方法来完成任务/工作"。Cronbach's α 系数为0.716。

亲团队非伦理行为。采用 Thau 等(2015)编制的亲团队非伦理行为量表，共5个题项，如"故意隐瞒自己团队做的错事，以使我们团队比其他团队更优秀"。Cronbach's α 系数为0.876。

领导语言框架。采用李磊等(2012)编制的领导语言框架量表，包括领导积极语言框架和领导消极语言框架2个维度。其中，领导积极语言框架3个题项，"我的上司习惯于强调任务完成后大家将获得的东西"。Cronbach's α 值为0.730。领导消极语言框架也有3个题项，如"我的上司习惯于强调任务失败后大家实际或潜在的损失"。Cronbach's α 值为0.701。

面子观。采用张新安(2012)编制的面子观量表，包括想要面子和怕丢面子两个维度，共计11个题项。其中，想要面子6个题项，如"我希望大家认为我能做到一般人做不到的事"。Cronbach's α 系数为0.827。怕丢面子5个题项，如"就算是我错了，我也不会向别人当面认错"。Cronbach's α 系数为0.845。

控制变量。根据以往研究，本文选取了员工性别、年龄、团队工作时间、受教育水平和社会称许性作为控制变量。

3.3　分析方法

由于团队间竞争、团队领导语言框架定义在团队层次，在聚合成员回答到团队层面以前，本文主要采用 ICC1、ICC2 和 R_{wg} 检验个体层次数据是否满足聚合标准。计算结果显示，团队间竞争和团队领导语言框架(积极和消极)的 ICC1 分别为0.151、0.211、0.483，大于0.1；ICC2 分别为0.768、0.794、0.862；R_{wg} 均值分别为0.914、0.893、0.889，均高于0.7。上述结果表明，个体层面的团队间竞争、团队领导语言框架可以聚合到团队层面。

4. 研究结果

4.1 共同方法偏差

采用 Harman 单因子检验方法来检验同源偏差问题，未旋转探索性因子结果显示特质根大于 1 的因子共有 7 个，第一主成分占比 18.2%（累计 63.4%），并未超过 40%。验证性因子分析中的单因子测量模型数据拟合也很差（$\chi^2 = 1704.64$，$\chi^2/df = 4.52$，CFI = 0.33，IFI = 0.34，RMSEA = 0.134），因此同源误差存在但并不严重。

4.2 验证性因子分析

运用 Amos 软件进行验证性因子分析，结果如表 1 所示。可以看出，七因子结构模型的各项拟合指数（$\chi^2/df = 1.56$，CFI = 0.90，IFI = 0.90，RMSEA = 0.054）明显优于其他模型，且达到判定标准，说明团队间竞争、领导积极语言框架等七个变量相互独立，适合进行进一步的假设检验。

表 1　　　　　　　　　　　　验证性因子分析结果

模　　型	χ^2	df	χ^2/df	CFI	IFI	RMSEA
七因子（IGC；LLFJ；LLFX；GF；LF；EC；PUB）	556.3	356	1.56	0.90	0.90	0.054
六因子（IGC；LLFJ；LLFX；GF；LF；EC+PUB）	700.3	362	1.93	0.83	0.83	0.069
五因子（IGC；LLFJ+LLFX；GF；LF；EC+PUB）	738.8	367	2.01	0.81	0.81	0.072
四因子（IGC；LLFJ+LLFX；GF+LF；EC+PUB）	860.9	371	2.32	0.75	0.76	0.082
三因子（IGC；LLFJ+LLFX+GF+LF；EC+PUB）	1103.9	374	2.95	0.63	0.64	0.100
二因子（IGC；LLFJ+LLFX+GF+LF+EC+PUB）	1609.5	376	4.28	0.38	0.39	0.130
单因子（IGC+LLFJ+LLFX+GF+LF+EC+PUB）	1704.6	377	4.52	0.33	0.34	0.134

注：IGC 表示团队间竞争；LLFJ 表示领导积极语言框架；LLFX 表示领导消极语言框架；GF 表示想要面子；LF 表示怕丢面子；EC 表示个体创造力；PUB 表示亲团队非伦理行为，下同。

4.3 描述性分析结果

研究变量的相关系数矩阵如表 2 所示。

表 2　　　　　　　　　　各变量均值、标准差及相关系数

变量	M	SD	1	2	3	4	5	6	7	8
个体层面										
1 性别	1.550	0.499								

变量	M	SD	1	2	3	4	5	6	7	8
2 年龄	2.214	0.470	−0.250							
3 学历	3.541	1.060	0.018	0.039						
4 工作时间	2.878	0.919	−0.095	0.517**	−0.032					
5 社会称许性	3.290	0.438	−0.122	−0.019	−0.002	0.061				
6 想要面子	3.253	0.751	−0.056	0.011	0.097	0.046	0.009			
7 怕丢面子	2.789	0.833	−0.042	0.096	−0.020	0.064	0.096	0.531**		
8 创造力	3.694	0.480	−0.020	0.065	0.002	0.163*	0.700*	0.100	0.093	
9 PUB	2.189	0.789	−0.146	−0.002	−0.088	0.004	0.152*	0.062	0.065	0.038
团队层面										
1 团队间竞争	3.453	0.500								
2 LLFJ	3.875	0.426	0.310*							
3 LLFX	3.697	0.436	0.280	0.498**						

注：***表示 $p<0.001$，**表示 $p<0.01$，*表示 $p<0.05$，+表示 $p<0.1$（双尾检测），下同。

4.4 假设检验

4.4.1 主效应

本文主要采用 HLM 软件检验研究假设，结果如表3所示。首先，我们对除因变量之外的其他变量进行总中心化处理，设定一个不包含预测变量的虚无模型，以分解个体创造力（M1）和亲团队非伦理行为（M7）的方差。结果表明，这两个变量的组间与总方差之比分别为0.164、0.333，均大于0.06，因此可以进行跨层次分析。然后，使用截距估计模式在 M2 和 M8 中加入第二层预测变量，结果表明，在控制了其他变量后，团队间竞争对个体创造力（$\gamma=0.199$，$p<0.01$）和亲团队非伦理行为（$\gamma=0.251$，$p<0.001$）均有显著正向影响，且相比虚无模型，各模型均有额外的组间方差解释量，因此，H1a 和 H1b 得到验证。

表3 跨层线性模型假设检验结果

变量	个体创造力						亲团队非伦理行为					
	M1	M2	M3	M4	M5	M6	M7	M8	M9	M10	M11	M12
截距	3.701	3.692	3.692	3.692	3.512	3.521	2.173	2.173	2，173	2.172	2.033	2.035
个体层面												
性别		0.026	0.003	0.031	0.019	0.023		−0.115	−0.129	−0.110	−0.108	−0.103

变量	个体创造力						亲团队非伦理行为					
	M1	M2	M3	M4	M5	M6	M7	M8	M9	M10	M11	M12
年龄		0.001	0.013	0.022	−0.006	0.013		0.036	0.043	0.058	0.040	0.038
工作时间		0.150	0.126	0.135	0.134	0.132		−0.043	−0.057	−0.051	−0.038	−0.029
学历		0.020	0.018	0.032	0.021	0.023		−0.072	−0.079	−0.060	−0.079	−0.078
社会称许性		0.139	0.131	0.141*	0.154*	0.148*		0.110	0.101	0.110	0.104	0.080
想要面子					0.069						0.030	
怕丢面子						0.046						0.065
团队层面												
IGC		0.199**	0.157*	0.174**	0.206**	0.205**		0.251***	0.207**	0.208**	0.240**	0.232**
LLFJ			0.115						0.133+			
LLFX				0.076						0.176*		
交互项												
IGC×LLFJ			0.181*						0.116+			
IGC×LLFX				0.157*						0.146*		
IGC×GF					0.191**						−0.088	
IGC×LF						0.078						−0.162*
σ^2	0.194	0.194	0.194	0.194	0.189	0.190	0.413	0.411	0.411	0.411	0.387	0.411
τ_{00}	0.038	0.025	0.026	0.026	0.019	0.029	0.206	0.149	0.154	0.147	0.152	0.150
离差	264.7	261.2	261.8	262.1	259.6	261.9	436.2	428.8	428.4	426.9	429.2	430.1

4.4.2　团队领导语言框架的调节效应

表 3 中的 M3、M4、M9 和 M10 是领导语言框架调节作用分析结果。由 M3 可知，团队领导积极语言框架正向调节团队间竞争与个体创造力之间的关系（$\gamma = 0.181$，$p < 0.05$），因此 H2a 得到支持。由 M4 可知，团队领导消极语言框架正向调节团队间竞争与个体创造力之间的关系（$\gamma = 0.157$，$p < 0.05$），但与我们的假设相反，故 H2c 没有得到验证。由 M9 可知，领导积极语言框架正向调节团队间竞争与亲团队非伦理行为之间的关系且达到边缘显著（$\gamma = 0.116$，$p < 0.1$），但与我们的假设相反，故 H2b 未得到支持。由 M10 可知，领导消极语言框架正向调节团队间竞争对亲团队非伦理行为的影响（$\gamma = 0.146$，$p < 0.05$），因此 H2d 得到验证。图 2、图 3、图 4 和图 5 分别是领导积极语言框架和消极语言框架对团队间竞争与创造力、亲团队非伦理行为的调节效应示意图。

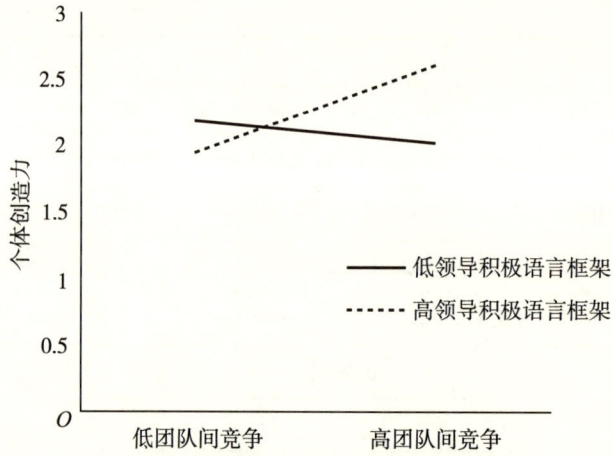

图 2 LLFJ 对团队间竞争与创造力的调节效应

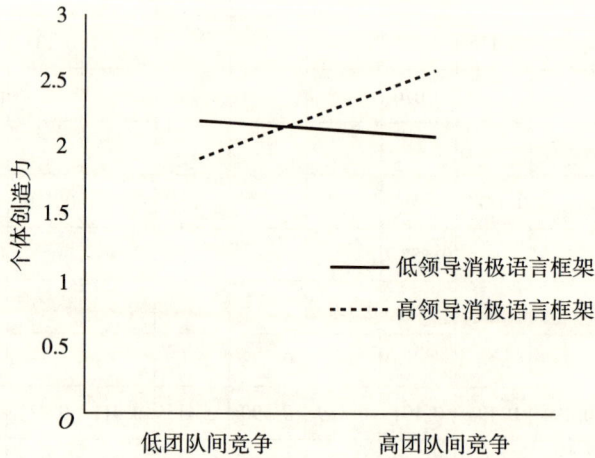

图 3 LLFX 对团队间竞争与创造力的调节效应

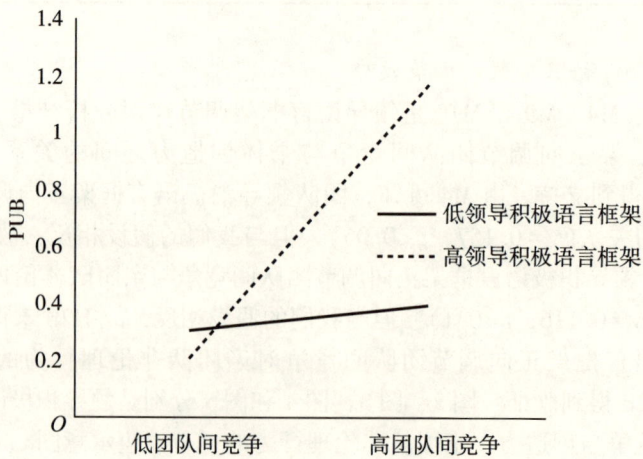

图 4 LLFJ 对团队间竞争与 PUB 的调节效应

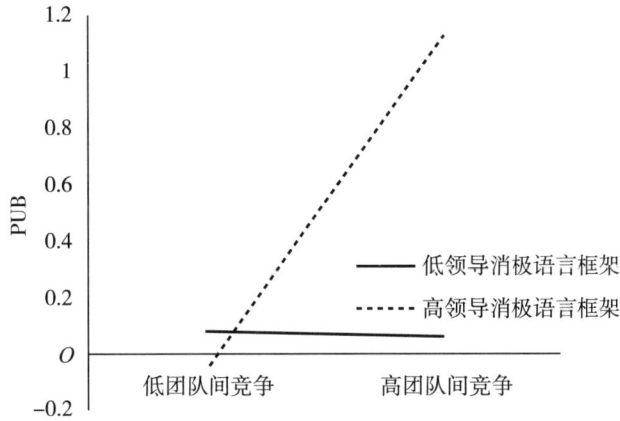

图 5　LLFX 对团队间竞争与 PUB 的调节效应

4.4.3　面子观的调节效应

表 3 中的 M5、M6、M11 和 M12 是面子观调节作用的检验结果。由 M5 可知，想要面子正向调节团队间竞争对个体创造力的影响（$\gamma = 0.191$，$p < 0.01$），故 H3a 得到验证。由 M11 可知，想要面子对团队间竞争与亲团队非伦理行为关系的调节效应不显著（$\gamma = -0.088$，$p > 0.1$），因此 H3b 没有得到支持。由 M6 可知，怕丢面子对团队间竞争与个体创造力关系的调节效应为正但不显著（$\gamma = 0.078$，$p > 0.1$），因此 H3c 也没有得到验证。由 M12 可知，怕丢面子负向调节团队间竞争对亲团队非伦理行为的影响（$\gamma = -0.162$，$p < 0.01$），因此 H3d 得到验证。图 6 和图 7 分别是想要面子、怕丢面子对团队间竞争与创造力、亲团队非伦理行为关系的调节效应示意图。

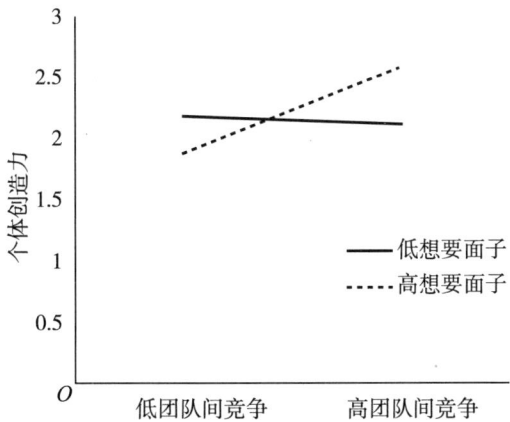

图 6　想要面子对团队间竞争与创造力的调节效应

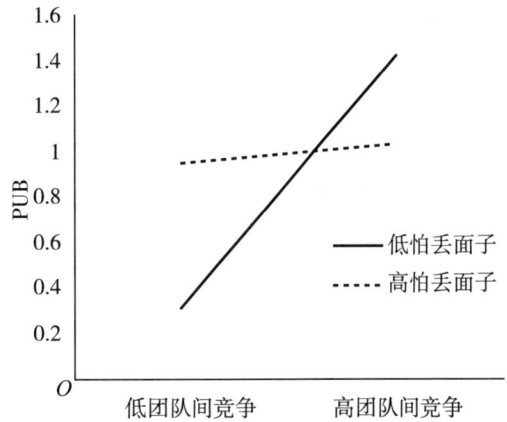

图 7　怕丢面子对团队间竞争与 PUB 的调节效应

5. 结论与讨论

5.1 研究结论

竞争无处不在，团队间竞争更是组织用于提升团队产出的重要管理策略(Marino & Zábojnhk, 2004)。基于调节焦点理论，聚焦于员工"非常规"行为，本文对团队间竞争与个体创造力和亲团队非伦理行为的关系及其边界条件进行了探讨，得到以下三点结论：(1)团队间竞争是一把"双刃剑"，既可以激发个体"出奇招"，使其表现出更多创造力，也可以诱发其"出阴招"，实施亲团队非伦理行为；(2)领导语言框架是团队间竞争影响个体创造力和亲团队非伦理行为重要的情境边界。在团队领导积极语言框架下，团队间竞争更能激发个体创造力；在领导消极语言框架下，团队间竞争更能诱发个体亲团队非伦理行为；(3)面子观是团队间竞争影响创造力和亲团队非伦理行为重要的个体边界。对于想要面子的个体，团队间竞争更能激发其创造力；对于怕丢面子的个体，团队间竞争可以有效抑制其亲团队非伦理行为。

此外，本文也有一些意外发现。首先，团队领导积极语言框架强化了团队间竞争对个体亲团队非伦理行为的影响($M9, \gamma = 0.116, p<0.1$)。这说明团队领导积极语言框架在推动个体对团队间竞争的趋利反应过程中也容易使其出现道德迷失，进而采取冒险、疯狂甚至是非伦理的趋近目标实现策略(Converse & Reinhard, 2016)。其次，团队领导消极语言框架强化了团队间竞争对个体创造力的影响($M4, \gamma = 0.157, p<0.05$)。这说明团队间竞争的消极刺激虽然不利于个体打开思路，但也可能让个体产生紧张感，进而急中生智(Binnewies & Wörnlein, 2011)；再加上消极情绪在中国文化背景下更有力量(Eid & Diener, 2001)，领导消极语言框架反而激发了团队成员不认输的斗志，从而积极刺激其产生创造力。最后，面子观的个别调节效应没有得到证实。一方面，想要面子并不能显著弱化团队间竞争对亲团队非伦理行为的影响，这可能是因为想要面子的个体虚伪、表面一套背后一套；另一方面，怕丢面子的个体也不能显著减少团队间竞争对创造力的影响，这可能是因为虽然怕丢面子阻碍个体对团队间竞争的趋利倾向，不利于发散思维，但强化了个体的避害反应，导致其注意力集中，对问题深入思考，有可能又刺激了创造力。上述结果表明，在团队间竞争情形下，"好"的条件有可能带来"坏"的结果，"坏"的条件也可能导致"好"的反应，而面子观的情况更为复杂，其背后隐藏的动机真假难辨。我们建议未来应加强对这些问题的深入探讨。

5.2 理论贡献

本研究的理论贡献主要有以下三点：其一，证实了团队间竞争对"非常规"行为的"双刃剑"效应。以往研究集中探讨团队间竞争对个体动机、团队协作和绩效等常规结果的影响(Swab & Johnson, 2019)，对其能否以及导致何种"非常规"行为关注不足。基于调节焦点理论，本文发现团队间竞争是一把"双刃剑"，既可以激发个体创造力，也可以诱发其实施亲团队非伦理行为。一方面，团队间竞争蕴含的积极信息可以推动个体的趋利反应，导致个体内部动机增加（Tauer & Harackiewicz，2004）、思维活跃，涌现出各种应对竞争挑战的奇思妙想。另一方面，团队间竞争包含的消极信息可以推动个体的避害倾向，导致个体的注意力范围变窄（张永军等，2019），诱导其为了避免不利后果而心术不正、动歪脑筋，实施亲团队非伦理行为。本文首次将创造力和亲团队非伦理行为两种性质迥异的行为纳入同一研究框架，证实了团队间竞争对两者的积极影响，从而拓展了团队间竞争对个体"非常规"行为的影响后果。

其二，挖掘了团队间竞争"双刃剑"效应的边界条件。团队间竞争好坏是有条件的（Tjosvold et al.，2003）。本文证实团队间竞争对创造力和亲团队非伦理行为的影响与团队领导语言框架和个体面子观有关。面对团队间竞争，领导积极语言框架更多激发个体创造力，而消极语言框架更多刺激亲团队非伦理行为；想要面子的个体表现更多创造力，而怕丢面子的个体则较少实施亲团队非伦理行为。这充分说明：（1）团队领导如何解读和传递团队间竞争信息十分关键。积极语言框架点燃积极认知，强化个体促进定向，而消极语言框架推动消极认知，强化回避定向（江宇晖等，2019）。当然，领导消极语言框架也有正面作用，它能唤起个体"绝地反击"的斗志和不服输的信念，从而激发了创造力。上述结论表明领导语言框架是团队间竞争重要的边界条件；领导积极语言框架正面作用明显，而领导消极语言框架却呈现一定的两面性。（2）不同面子观的个体对团队间竞争的认知和反应有差异。想要面子的个体容易将团队间竞争视为机会，趋利反应明显，而怕丢面子的个体容易将其视为威胁，回避反应更多。由此可见，不同面子观的个体对积极/消极刺激的敏感性和调节倾向反应不同（郭帅，银成钺，2015），是团队间竞争影响效果的重要边界条件之一。

其三，揭示了创造力和亲团队非伦理行为形成过程的共性。创造力和（亲团队）非伦理行为性质迥然，传统研究大多将两者分开讨论，探讨各自的形成过程（Treviño et al.，2014；Anderson et al.，2014）。本文发现团队间竞争对两者同时具有刺激作用，从而证实创造力和亲团队非伦理行为存在共同的前因变量，可视为个体在某些因素刺激下的"非常规"行为。因此，无论是创造力还是亲团队非伦理行为，可能都需要个体开动脑筋、打破常规，甚至冒险，但一个是往正处想，另一个是往歪处想。两者的关联性似乎也为高创造力个体更容易干坏事的结论间接提供了佐证（Keem et al.，2018）。

5.3 管理启示

本研究主要有以下三点管理启示：第一，加强团队间竞争管理。团队间竞争有利有弊，呈现出明显的"双刃剑"效应。因此，管理者在引入团队间竞争时，要加强公平、有序的竞争机制建设，对竞争目的、竞争关系、竞争手段等做出明确界定，倡导通过竞争提高创造力、增加组织绩效，摒弃恶性竞争、内讧以及由此引发的相互拆台、弄虚作假等消极反应。第二，团队领导要调整自己的语言风格。在竞争时，团队领导传递成功、收益等积极信号更能激发成员的积极反应。虽然领导消极语言框架可以诱发团队成员的非伦理行为，但其同样也可以激发团队成员"背水一战"的决心，进而使其产生更多创造力。考虑到消极情绪在中国更具建设性，团队领导在描绘团队竞争信息时可以积极语言框架为主，消极语言框架为辅，同时要强调伦理道德，减少伦理风险。第三，注重对不同面子观个体的引导。面子文化在中国根深蒂固，不同面子观并无好坏之分，只有思维模式和行为方式的差异。结合本文的研究结论，在团队间竞争情形中，加强对不同面子观个体的引导很有必要。一方面，引导想要面子的个体积极响应团队间竞争，鼓励他们通过富有创造性的表现来迎接挑战，从而赢得尊重；另一方面，虽然怕丢面子的个体可以抑制亲团队非伦理行为，但由于不够积极主动，创造力表现也可能会大打折扣。因此，团队领导应该鼓励怕丢面子的个体勇于尝试、敢于表达。

5.4　不足与展望

虽然本文得到了一些有价值的结论，但不足之处也非常明显。第一，样本量不多。由于资源有限，本文只采集了49个团队的196份有效数据，样本量不够大，可能会影响研究结果的普适性和稳定性。第二，研究方法存在局限性。由于可以操纵竞争强度和竞争情形，实验法是竞争研究最常见的方法。虽然问卷法能确保外部效度，但无法控制其他干扰因素，可能会对团队间竞争与创造力和亲团队非伦理行为的关系造成污染。第三，缺乏中介机制及其他边界条件的考察。本文只检验了团队间竞争如何以及何时影响创造力和亲团队非伦理行为，并没有考虑其中的中介机制，也没有涉及其他调节机制。鉴于此，未来可综合实验法和问卷法，扩大样本数量，直接检验促进和防御调节焦点在其中的中介作用，也可从领导风格、团队竞争规则以及个体伦理价值观等方面挖掘新的边界条件。

◎　参考文献

[1]曹元坤,徐红丹.调节焦点理论在组织管理中的应用述评[J].管理学报,2017,14(8).

[2]段光,庞长伟,金辉.面子、奖罚与知识共享的跨层次研究[J].科研管理,2018,39(8).

[3]郭帅,银成钺.基于调节定向的不同面子观消费者对营销信息框架的反应[J].管理学报,2015,12(10).

[4]黄光国.人情与面子.中国人的权力游戏[M]//杨国枢.中国人的心理.台北:桂冠图书公司,1985.

[5]江宇晖,尚玉钒,李瑜佳.时间压力是扼杀还是激发个体创造力？领导语言框架的调节作用[J].科学学与科学技术管理,2019,40(7).

[6]雷霁,唐宁玉.面子观、自我效能与寻求帮助行为的关系研究[J].中国人力资源开发,2015,13.

[7]李建华,江梓豪.陌生人社会与公共道德秩序的构建[J].中国治理评论,2020,1.

[8]李磊,尚玉钒,席酉民.基于调节焦点理论的领导语言框架对下属创造力的影响研究[J].科研管理,2012,33(1).

[9]林语堂.中国人:全译本[M].上海:学林出版社,1994.

[10]马蓓,胡蓓,侯宇.资质过高感对员工创造力的U型影响——能力面子压力的中介作用[J].南开管理评论,2018,21(5).

[11]陶诚,张海东.中国社会的社会凝聚及其影响因素——基于社会质量视角的实证研究[J].济南大学学报(社会科学版),2020,30(4).

[12] 张敏. 时间压力下项目创新行为实验研究——基于面子的调节作用[J]. 科学学研究, 2013,31 (3).

[13] 张新安. 中国人的面子观与炫耀性奢侈品消费行为[J]. 营销科学学报, 2012,8 (1).

[14] 张永军,江晓燕,李永鑫. 亲组织非伦理行为的形成机制:一个交互模型的检验[J]. 心理科学, 2019,42 (5).

[15] 赵新宇, 尚玉钒, 李瑜佳. 基于高校科研团队的领导语言框架、工作复杂性、认知评价与创造力关系研究[J]. 管理学报, 2016,13 (5).

[16] Anderson, N., Potočnik, K., Zhou, J. Innovation and creativity in organizations: A state-of-the-science review, prospective commentary, and guiding framework [J]. Journal of Management, 2014,40 (5).

[17] Baer, M.,Vadera, A. K., Leenders, R. T. A. J., et al. Intergroup competition as a double-edged sword: How sex composition regulates the effects of competition on group creativity [J]. Organization Science, 2013,25 (3).

[18] Bastons, M. The role of virtues in the framing of decisions[J]. Journal of Business Ethics, 2008,78 (3).

[19] Binnewies, C., Wörnlein, S. C. What makes a creative day? A diary study on the interplay between affect, job stressors, and job control[J]. Journal of Organizational Behavior, 2011, 32 (4).

[20] Byron, K., Khazanchi, S., Nazarian, D. The relationship between stressors and creativity: A meta-analysis examining competing theoretical models[J]. Journal of Applied Psychology, 2010,95 (1).

[21] Campion, M. A., Medsker, G. J., Higgs, A. C. Relations between work group characteristics and effectiveness: Implications for designing effective work groups [J]. Personnel Psychology, 1993,46 (4).

[22] Converse, B. A., Reinhard, D. A. On rivalry and goal pursuit: Shared competitive history, legacy concerns, and strategy selection[J]. Journal of Personality and Social Psychology, 2016,110 (2).

[23] Deutsch, M. A theory of co-operation and competition[J]. Human Relations, 1949 (2).

[24] Drach, Z. A., Erez, M. Challenge versus threat effects on the goal-performance relationship [J]. Organizational Behavior and Human Decision Processes, 2002,88 (2).

[25] Eid, M., Diener, E. Norms for experiencing emotions in different cultures: Inter and intranational differences[J]. Journal of Personality and Social Psychology, 2001,81 (12).

[26] Eisenberg, J., Thompson, W. The effects of competition on improvisers' motivation, stress, and creative performance[J]. Creativity Research Journal, 2011, 23(2).

[27] Farmer, S. M., Tierney, P., Kung-Mcintyre, K. Employee creativity in Taiwan: An application of role identity theory[J]. Academy of Management Journal, 2003,46 (5).

[28] Goette, L., Huffman, D., Meier, S. Competition between organizational groups: Its impact on altruistic and antisocial motivations[J]. Management Science, 2012,58 (5).

[29] Graham, K. A., Ziegert, J. C., Capitano J. The effect of leadership style, framing, and promotion regulatory focus on unethical pro-organizational behavior[J]. Journal of Business Ethics, 2015,126 (3).

[30] Higgins, E. T. Beyond pleasure and pain[J]. American Psychology, 1997,52(12).

[31] Johnson, D. W., Johnson, R. T.Cooperation and competition: Theory and research[M]. Edina, MN, US: Interaction Book Company, 1989.

[32] Keem, S., Shalley, C. E., Kim, E., et al. Are creative individuals bad apples? A dual pathway model of unethical behavior[J]. Journal of Applied Psychology, 2018,103 (4).

[33] Kouchaki, M., Desai, S. D. Anxious, threatened, and also unethical: How anxiety makes individuals feel threatened and commit unethical acts[J]. Journal of Applied Psychology, 2015,100 (2).

[34] Marino, A. M., Zábojnhk, J. Internal competition for corporate resources and incentives in teams[J]. Journal of Economics, 2004,35 (4).

[35] Mayfield, M., Mayfield, J. Leader talk and the creative spark: A research note on how leader motivating language use influences follower creative environment perceptions [J]. International Journal of Business Communication, 2017,54 (2).

[36] Mead, N., Maner, J. When me versus you becomes us versus them: How intergroup competition shapes ingroup psychology [J]. Social and Personality Psychology Compass, 2012,6 (8).

[37] Ohly, S., Fritz, C. Work characteristics, challenge appraisal, creativity, and proactive behavior: A multi-level study[J]. Journal of Organizational Behavior, 2010,31 (4).

[38] Palazzo, G., Krings, F., Hoffrage, U. Ethical blindness[J]. Journal of Business Ethics, 2011,109 (3).

[39] Pettit, N. C., Doyle, S. P., Lount, R. B., et al. Cheating to get ahead or to avoid falling behind? The effect of potential negative versus positive status change on unethical behavior [J]. Organizational Behavior and Human Decision Processes, 2016,137(6).

[40] Piccolo, R. F. Transformational leadership and follower risk behavior: An examination of framing and issue interpretation [D]. Gainesville: University of Florida, 2005.

[41] Swab, R. G., Johnson, P. D. Steel sharpens steel: A review of multilevel competition and competitiveness in organizations[J]. Journal of Organizational Behavior, 2019,40 (2).

[42] Tauer, J. M., Harackiewicz, J. M. The effects of cooperation and competition on intrinsic motivation and performance [J]. Journal of Personality and Social Psychology, 2004,88 (6).

[43] Thau, S., Derfler-Rozin, R., Pitesa, M., et al. Unethical for the sake of the group: Risk of social exclusion and pro-group unethical behavior[J]. Journal of Applied Psychology, 2015, 100 (1).

[44] Tjosvold, D., Hui, C., Hu, D. J. Conflict values and team relationships: Conflict's contribution to team effectiveness and citizenship in china [J]. Journal of Organizational

Behavior, 2003,24（1）.

［45］Treviño, L. K., Den Nieuwenboer, N. A., Kish-Gephart, J. J. （Un）ethical behavior in organizations［J］. The Annual Review of Psychology, 2014,65（1）.

The Influence of Inter-Group Competition on Individual'
Creativity and Pro-Group Unethical Behavior:
A Study Based on Regulatory Focus Theory

Zhang Yongjun[1]　Li Ya[2]　Deng Chuanjun[3]　Liu Zhiqiang[4]

（1, 2, 3　Business School, Henan University, Kaifeng, 475004;

4　School of Management, Huazhong University of Science and Technology, Wuhan, 430074）

Abstract: Based on regulatory focus theory, this paper discusses the influence of inter-group competition on individual' creativity and pro-group unethical behavior. The results of empirical analysis show that inter-group competition can not only positively affect individual creativity, but also induce individual pro-group unethical behavior. Leadership language framework and individual face view are the boundary conditions of the above process. Leadership positive language framework strengthens the influence of inter-group competition on individual creativity while negative language framework strengthens the influence of inter-group competition on pro-group unethical behavior. Inter-group competition can stimulate individual's creativity who want to gain face, and has an obvious inhibitory effect on the pro-group unethical behavior of individuals who are afraid of losing face.

Key words: Inter-group competition; Creativity; Pro-group unethical behavior; Leadership language framework; Face view

专业主编：杜旌

创业成功观量表开发及对创业
呼唤预测效度研究[*]

● 陈建安¹　芦梦婷²　武雪朦³

（1　武汉大学中国产学研合作问题研究中心　武汉　430072；

2，3　武汉大学经济与管理学院　武汉　430072）

【摘　要】围绕"成功对于创业者来说意味着什么"的核心议题，基于对 22 名学生创业者的访谈材料和两轮针对参加创业课程学习的在校大学生的大样本调查数据，编制了由经济回报导向、内在满足导向和社会影响力导向三个维度构成的创业成功观量表。基于 183 名学生创业者的调查数据，以创业呼唤为效标，揭示创业成功观的预测效度，结论如下：创业成功观正向预测创业呼唤，且创业进展感知增强创业成功观对创业呼唤的预测效度。从现象学视角对创业成功观的量表开发及预测效度的研究，拓宽了对创业成功认知从结果状态的标准论到价值取向的特质论的研究思路。

【关键词】经济回报导向　内在满足导向　社会影响力导向　创业呼唤　创业进展感知

中图分类号：F270　　　文献标识码：A

1. 引言

创业成功是每位创业者追求或利益相关者对创业者期待的结果，但是人们对创业成功的理解千差万别。因此，什么是创业成功以及如何测量创业成功，是否有统一的标准来衡量创业者的创业结果，或者成功对于创业者来说意味着什么，这些问题都是进行创业研究的关键议题。鉴于创业成功比较抽象，难以给人直观感受，实务界人士或理论界学者们试图提炼公认的创业成功标准。其中，关于可操作化的评价标准，客观创业成功是以外在客观的标准来评判达成的创业成功（如盈利、拥有注册办公室、拥有员工、创造就业岗位、

＊　基金项目：国家社会科学基金项目"中国大学生创业成功标准及其与创业行为的关联机制研究"（项目批准号：BIA150092），湖北省科技厅软科学研究项目"以'双创'平台促进湖北高质量创业者集聚对策研究"（项目批准号：2019ADC106）。

通讯作者：陈建安，E-mail：cja_818@126.com。

维持财务流动性、为员工提供福利、与客户维持长期合作)(Staniewski & Awruk，2018)；主观创业成功则是个体对已经获得的创业成果状态的积极评价，如对企业发展、顾客数量、员工完成任务结果、公司竞争力和已建企业发展目标达成的满意水平(Staniewski & Awruk，2018)。两者的差异在于，对达成的成功状态是采取客观参照点比较还是主体的主观评判。就创业成功的指向客体来说，研究对象存在创业企业和创业者，从而创业成功标准存在创业企业的成功(如企业存续、企业盈利能力、企业成长、企业形象、客户满意度、社会责任、企业创新、商业计划实施)(Wach et al.，2016；Wiktor & Mariola，2018；张秀娥和赵敏慧，2018)和创业者的成功(如个人的财富创造、成就感、社区影响力、创业满意度、生活满意度和心理幸福感)(Lau et al.，2007；Reijonen & Komppula，2007；Wach et al.，2016；Angel et al.，2018；Staniewski & Awruk，2018)。总体而言，这些研究旨在识别判断创业成功的状态标准，从具象学视角以第三人称的"观察"作为出发点，凸显创业成功的外在具体化、可感化。但是，基于标准的方法假设创业者以相同的方式来诠释创业成功的达成状态，忽视了创业者可能对公认的成功标准赋予不同的内涵及对不同成功标准的重视程度。

现象学方法则力求不带任何预设地直观认识"成功"，从第一人称经验(创业者自己的感受)出发去还原"成功"的本质，即回到原始的意识现象。遵循现象学的思路来诠释创业成功的主要优势在于能够揭示个人对创业成功理解的潜在差异，突出"成功"的价值观。价值观与目标的概念有关，意味着对目标的愿望和希求(Fayolle et al.，2014)。当然，相对于创业价值观，创业成功观指向的客体更加具有针对性，表现了创业者对于创业领域"成功"的价值认知。依据 Trope 和 Liberman(2010)的解释水平理论，时间距离将对创业的希求与可行性区分开来。当将一项新风险事业的成功达成解释为发生在遥远的未来而不是不久的未来时，创业者关注的是期望(目标)而不是可行性(Chen et al.，2018)。期望目标往往是创业者最普遍的初始信念，在很大程度上决定他们创业的内容(如商业项目创业或社会公益创业)和发展空间。因此，引入创业成功观，从现象学视角关注创业者对成功的理解和赋予意义，更有利于促进创业的持续发展。

随着政府和高校对学生的就业指导思想从鼓励就业拓宽到支持创业，在大学校园内外从事商业活动的在校学生创业者逐渐成为一个不可忽视的特殊群体。当然，试水创业既是他们创业成功观形成也是创业呼唤搜寻或被唤醒的关键期。因此，本文以学生创业者为调查对象，按照规范流程开发创业成功观的量表，并引入创业进展感知作为情境条件，揭示创业成功观对创业呼唤的预测效度。从基于标准的具象学方法向基于理解的现象学方法转变，便是从视象到心象的转换，从而拓宽了创业成功从结果状态论到价值观研究的新思路。

2. 创业成功观的量表编制

2.1 访谈编码与量表题库整理

创业成功观代表个体对于成功的需求(成功对于创业者来说意味着什么)，并非成功达成的评判标准。依据解释水平理论，对远心理距离的成功，创业者使用抽象、本质和整体的特征进行高水平解释，突出创业成功去情境化的价值观特征；对近心理距离的成功，创业者则以具体、表面和局部的特征开展低水平解释，强调创业成功的相对非结构化和情境化的状态标准特征。因此，本研究选择与成功心理距离比较远的 22 名在校大学生创业者进行半结构化访谈，旨在调查其对成功的本质理解。开放性问题包括：开始创业的动机是什么？当时设想的创业预期(目标)是什么？创业成功对你来说意味着什么？

2.1.1 开放式编码

初始编码之前，按照以下两个标准对访谈材料进行初步筛选：(1)访谈语句中所聚焦的中心点为创业成功观的测量，而不是创业动机或者创业意图；(2)访谈语句中所涉及的创业成功观能够应用于所有的创业情境，而不是只能针对某种特殊的情境。按照开放式编码的要求，对筛选完成后的原始访谈材料逐字逐句进行基础编码形成原始语句。本研究共得到 530 个原始语句，整理并摘录部分访谈观点如下："我想创业对我来说就是创造出一种独立运营的模式。帮助我能在社会中适应下来，能把想法实现，能够得到社会的认可，就可以视为创业成功""我认为创业成功即通过创业能够提升个人能力，实现个人的创业理想，看看是否有机会做成，但不一定要赚钱，能够实现短期收支平衡即可""我开始创业的动机来源于自己的想法和点子，之后召集老乡同学，希望实现自己的想法，属于成就感驱动，但属于玩的心态。所以创业成功对我来说就是尽力实现自己的想法，有经历体验就好，不一定要盈利赚钱"。在原始语句的基础上，采用双盲方式对原始语句分别编码，依据最大可能性原则和意思相同或相近原则，总结提炼代码，产生 50 个初始概念，并对初始概念进行分类组合获得 11 个子范畴，分别为个人经济收入、个人创业绩效、公司发展前景、公司财务状况、自我价值实现、能力培养与发展、社会关系积累、工作家庭平衡、生活满意度、社会身份认可和社会贡献，如表 1 所示。

表1　　　　　　　　　　　　访谈材料的编码分析结果

主范畴	子范畴	初始概念(题项)	原始语句
经济回报	个人经济收入	A1 通过创业获得丰厚的月收入	1. 通过创业，我能获得丰厚的月收入(10)
		A2 创业收入多于大多数同龄人	2. 通过创业，收入比身边大多数同学朋友的高(9)
		A3 作为一个商人，收入在同行中较高	3. 作为商人，通过创业获得的收入是同行中较高的(10)
		A4 通过创业实现财务自由	4. 通过创业获得财务独立和自由，想买什么就买什么(12)
		A5 我可以被认为是一个富有的人	5. 通过创业，我可以被看作是一个富有的人(11)
		A6 赚了很多钱	6. 通过创业，我的产品能挣很多钱(11)
	个人创业绩效	A7 创业工作表现非常好	7. 我在创业的过程中，总体工作表现非常好(12)
		A8 创业工作的质量很高	8. 我的每项创业工作的完成质量都很高(11)
		A9 每一步创业工作都完成得很好	9. 在创业的过程中，我的每一个步骤都完成得很好(11)
		A10 他人看到我在创业工作上有好的绩效	10. 每一个人都可以看到我在创业过程中有很好的绩效(11)
		A11 创业工作上的效率很高	11. 我创业的每一项工作都完成得很快，效率很高(12)

主范畴	子范畴	初始概念（题项）	原始语句
经济回报	公司发展前景	A12 所创公司正逐步发展	12. 在我的经营管理下，所创公司正逐步发展(12)
		A13 所创公司的发展很繁荣	13. 在我的管理下，所创的公司发展繁荣，蒸蒸日上(11)
		A14 所创公司很有希望	14. 总体来说，所创的公司发展有希望、有前途(12)
	公司财务状况	A15 所创公司的财务状况稳定	15. 创业不是做慈善，我所创办公司财务方面有稳定收入(11)
		A16 所创公司的订单很稳定	16. 所创办公司每月有稳定且逐步增长的顾客和订单量(10)
内在满足	自我价值实现	A17 在创业生涯中完成有价值的事情	17. 通过创业，我能实现创业的个人价值和社会价值(11)
		A18 在创业生涯中做成我想做的事情	18. 我有自己的想法，想通过创业尽力实现自己的想法(12)
		A19 有机会做自己最擅长的事	19. 我可以通过创业主导从事的工作，做自己擅长的事情(10)
		A20 创业中自己的理想得到实现	20. 我很小就有创业的理想，想通过创造出一种独立运营的模式实现创业理想(11)
		A21 创业中有热情有激情，感到充实	21. 我的内心热爱创业，创业让我感到有意义(11)
		A22 愿景和信仰在创业中得到证明	22. 我一直以来都有创业的想法，认为创业是一种价值观的选择，创业是我的信仰(11)
		A23 在创业中有独立、自由、自豪的感觉	23. 通过创业，我感到独立自由，感到自己能站在比同龄人更高的地方看世界(10)
	能力培养与发展	A24 有能力把创业做好，可以胜任创业	24. 通过创业做一些实践性强的工作来锻炼自己的能力，最终把企业做好(12)
		A25 对创业过程中能力提高的进度满意	25. 在创业过程中，抗压能力、问题解决能力和时间管理能力均得到较大提升(11)
		A26 潜力得到充分的发挥	26. 通过创业发现并发挥自己的潜力，更客观地认识自己(11)
		A27 得到充足的发展空间	27. 不喜欢循规蹈矩的生活，创业给我提供挑战和发展机会(11)
		A28 获得很多机会促进个人成长	28. 通过创业，内心更加成熟开放，可以实现自身持续发展(12)
	社会关系积累	A29 拓展了非常好的人脉	29. 通过创业，接触很多一线用户，拓展了自己的人脉(12)
		A30 在社会中获得任何层次的人的帮助	30. 在我需要的时候，可以从社会中获得任何层次的人的帮助(10)
		A31 拓展了相当多的社会联系	31. 通过创业的过程，我与社会中很多团体和个人有一些联系(10)
		A32 人际关系变得非常广	32. 认识了很多人，我的人际关系和圈子因为创业而变得更大(12)
	工作家庭平衡	A33 创业和家庭实现了平衡	33. 创业过程中，我能兼顾家庭，实现创业和家庭的平衡(8)
		A34 可以支配的自由时间增多	34. 通过创业，在工作和生活中，我可以自由支配的时间较多(10)
		A35 有时间和家人、朋友相处	35. 通过创业，有时间和家人、朋友相处，情感生活丰富(7)
		A36 在创业中对生活状况非常满意	36. 我在创业的过程中，对于自己的生活状态总体满意(12)
	生活满意度	A37 通过创业生活质量得到提高	37. 通过创业，我的生活质量提高(12)
		A38 通过创业感到活得自在舒服	38. 通过创业，我感到自己活得很自在舒服(11)
		A39 通过创业生活环境变得理想	39. 通过创业，我可以在理想的环境中生活(12)
		A40 在创业中孤独、沮丧等情绪减少	40. 在创业过程中，整体而言，我的情绪较为高涨，很少体验到孤独和沮丧(10)

主范畴	子范畴	初始概念(题项)	原始语句
社会影响力	社会身份认可	A41 我因为商人身份得到尊重	41. 我因为创业者或商人的身份得到社会上其他人的尊重(12)
		A42 创业给予我社会地位	42. 通过创业,我的社会地位得到提升(11)
		A43 同行中大多数人认为我是杰出商人	43. 通过创业,同行中大多数人认为我是一个杰出的商人(11)
		A44 创业同行中很多人知道我	44. 因为创业,在同行中许多人听过我的名字,知道我从事的创业项目(9)
		A45 我在创业同行中得到很好的声誉	45. 通过创业,我在同行中得到好声誉,他们对我评价很高(10)
		A46 其他人认可我的创业成就	46. 其他人对我的创业成果感兴趣,而且觉得我做得好(9)
		A47 朋友欣赏我通过创业获得的成就	47. 朋友和同学会欣赏、羡慕我通过创业所取得的成果(9)
	社会贡献	A48 通过创业为社会贡献很多	48. 通过创业,可以创造新兴的产品和模式来方便人们和解决相应社会问题(12)
		A49 通过创业对社会产生价值	49. 通过创业,产品和服务对社会产生了一定的价值(12)
		A50 通过创业可以回馈社会	50. 通过创业,可以解决人们的需求,让社会变得更好(11)

注:"原始语句"栏中,( )中的数字表示被试提到的事件频次,如(11)表示被试提到该事件 11 人次。

2.1.2 主轴编码

依据 11 个子范畴在概念内涵上的关联性和逻辑次序,经过反复比对分析,提炼出学生创业者在理解成功时的三类主范畴:经济回报、内在满足和社会影响力。"经济回报"强调创业者对高收入的追求和公司的经济绩效,包括:(1)创业者的个人经济收入;(2)创业者作为公司所有者的创业绩效表现;(3)公司发展前景;(4)公司财务状况。"内在满足"涉及创业者的心理体验,包括:(1)自我价值实现;(2)能力培养与发展;(3)社会关系积累;(4)工作家庭平衡;(5)生活满意度。"社会影响力"则描述创业者希望通过创业而获得的社会影响,包括:(1)社会身份认可;(2)社会贡献。其中,经济回报和内在满足属于个人取向的维度,社会影响力则属于社会取向的维度。

2.2 探索性因子分析

根据访谈材料编码的分析结果,编制创业成功观的初始问卷,每一条目采用李克特五分制。不管是在创业路上还是并没有投入创业的在校大学生,对创业成功体验的心理距离都大,从而他们对创业成功的理解更为抽象(Chen et al.,2018)。因此,参加创业课程学习的在校大学生作为编制量表的调查样本是合适的。第一轮数据收集共向在汉高校参加创业课程学习的在校大学生发放问卷 300 份,除去无效填答问卷 39 份,有效问卷为 261 份。其中,从性别来看,男性 150 人(占 57.5%),女性 111 人(占 42.5%);从学历来看,大一在读的 74 人(占 28.4%),大二在读的 61 人(占 23.4%),大三在读的 61 人(占

23.4%），大四在读的 62 人（占 23.8%），研一及以上在读的 3 人（占 1.1%）；从所学专业来看，理科类专业 52 人（占 19.9%），工科类专业 97 人（占 37.2%），医科类专业 5 人（占 1.9%），经济管理类专业 71 人（占 27.2%），文科类专业 32 人（占 12.3%），师范类专业 2 人（占 0.8%），其他专业 2 人（占 0.8%）；从创业计划来看，95 人今后打算从事创业活动（占 36.4%），166 人尚在观望（占 63.6%）；从家庭成员创业经历来看，98 人的家庭成员（父母亲或兄弟姐妹）有过创业经历（占 37.5%），163 人的家庭成员从未有过创业经历（占 62.5%）。

2.2.1 一阶探索性因子分析

创业成功观初始量表的 Cronbach's α 值为 0.937>0.70，表明该量表的总体信度较高。并且，探索性因子分析结果显示，KMO 值为 0.878>0.70，Bartlett 球形检验结果的 $\chi^2 =$ 6864.343，在 0.01 水平上显著，表明对 261 份数据进行探索性因子分析是适宜的。对初始问卷中的 50 个题项进行主成分分析，按照特征值大于 1 的原则抽取因子，并采用方差极大正交旋转法获得因子载荷矩阵，如表 2 所示。按照共同度低（小于 0.50）和多重高负荷（多个因子负荷超过 0.40 或多重负荷相差小于 0.20）的排除标准，共删除 18 个条目。其中，5 个条目的共同度低于 0.50，9 个条目因子载荷低于 0.50 和 4 个条目跨因子载荷超过 0.40 或多重负荷相差小于 0.20。删除这些条目之后，得到由 32 个条目构成的 9 维度结构，可以解释 67.558% 的总方差。

表 2　　　　　　　　　　　　一阶探索性因子分析结果

题项	共同度	因子 1	因子 2	因子 3	因子 4	因子 5	因子 6	因子 7	因子 8	因子 9
A1	0.704	0.825								
A2	0.630	0.729								
A3	0.571	0.687								
A4	0.592	0.696								
A5	0.530	0.680								
A7	0.703		0.800							
A8	0.662		0.746							
A9	0.616		0.716							
A11	0.515		0.609							
A12	0.655			0.635						
A13	0.744			0.780						
A14	0.730			0.786						
A15	0.704				0.745					
A16	0.775				0.833					
A22	0.621					0.663				

题项	共同度	因子1	因子2	因子3	因子4	因子5	因子6	因子7	因子8	因子9
A23	0.614					0.666				
A26	0.663					0.697				
A27	0.702					0.754				
A28	0.668					0.747				
A29	0.604						0.606			
A30	0.552						0.606			
A31	0.705						0.771			
A32	0.788						0.860			
A37	0.732							0.755		
A38	0.726							0.765		
A39	0.729							0.758		
A41	0.657								0.685	
A43	0.723								0.795	
A44	0.711								0.778	
A48	0.749									0.777
A49	0.746									0.788
A50	0.796									0.816
特征值		3.166	2.935	2.620	2.581	2.346	2.342	2.059	2.052	1.518
因子方差贡献率(%)		9.893	9.173	8.187	8.065	7.332	7.319	6.433	6.412	4.743
累计方差贡献率(%)		9.893	19.067	27.254	35.318	42.650	49.970	56.403	62.815	67.558

因子1被命名为"个人经济收入"，描述创业者对于创业给自己带来的收入和财富的看法和诉求。因子2被命名为"个人创业绩效"，描述创业者在创业成功方面对于个人工作的绩效和质量的看法。因子3被命名为"公司发展前景"，描述所创公司的未来发展预期和空间。因子4被命名为"公司财务状况"，描述所创公司的经营状况，主要是财务方面的盈利和稳定性。因子5被命名为"自我价值实现"，描述创业者在创业过程中理想实现和个人成长的追求。因子6被命名为"社会关系积累"，描述创业者通过创业希望追求的人际交往和人脉联系。因子7被命名为"生活满意度"，描述创业者通过创业对于生活质量提升的诉求。因子8被命名为"社会身份认可"，描述创业者在社会中地位和身份的追求。因子9被命名为"社会贡献"，描述创业者希望通过创业为社会带来影响和贡献的诉求。

总体来说，探索性因子分析结果与访谈材料编码结果基本吻合，创业成功观由"个人经济收入""个人创业绩效""公司发展前景""公司财务状况""自我价值实现""社会关系积累""生活满意度""社会身份认可"和"社会贡献"九个维度构成。其中，访谈材料编码中"自我价值实现"" 能力培养与发展"合并为探索性因子分析中的"自我价值实现"维度；"工作家庭平衡"在探索性因子分析中并没有得到体现，可能原因在于：第一，调查对象是参与创业课程学习的在校大学生，学生身份使其距离构建独立的家庭尚远，因此在理解创业成功之时并未过多考虑家庭因素；第二，虽然中国人的家庭观念很强，但是创业异常复杂和充满风险，为创业投入大量的时间、精力和资源导致家庭和创业难以兼顾。甚至，家庭和创业的二元对立思想让艰辛的创业者为追求创业成功而牺牲家庭的和谐。

2.2.2 二阶探索性因子分析

鉴于创业成功观是一个组合型多维构念，对其的测量从成功取向维度展开。根据访谈材料编码结果，创业成功观在九个因子的基础上存在更高阶的维度。并且，九因子的 KMO 值为 0.819，Bartlett 球型检验结果在 0.01 水平上是显著的，说明一阶因子中确实存在共享的高阶因子。因此，基于主成分分析法和方差极大正交旋转，获得二阶因子载荷矩阵，如表 3 所示。

表3 二阶探索性因子分析结果

	二阶因子 1	二阶因子 2	二阶因子 3
个人经济收入	0.811		
个人创业绩效	0.659		
公司发展前景	0.689		
公司财务状况	0.788		
自我价值实现		0.799	
社会关系积累		0.739	
生活满意度		0.568	
社会身份认可			0.728
社会贡献			0.651
特征值	2.227	1.853	1.593
因子方差贡献率(%)	24.746	20.594	17.695
累计方差贡献率(%)	24.746	45.339	63.035

二阶因子 1 被命名为"经济回报"，由"个人经济收入""个人创业绩效""公司发展前景"和"公司财务状况"构成，描述个体对创业带来的与经济回报有关的期望。二阶因子 2 被命名为"内在满足"，由"自我价值实现""社会关系积累"和"生活满意度"构成，描述个体在创业过程中对心理体验的期待。二阶因子 3 被命名为"社会影响力"，由"社会身份认可"和"社会贡献"构成，描述个体通过创业所追求的社会认可。整体来看，二阶因子的结构维度与访谈材料编码的三类主范畴：经济回报、内在满足和社会影响力是一致的，方差解释率为 63.04%。

2.3 验证性因子分析

根据探索性因子分析的结果，编制由 32 个条目构成的创业成功观正式量表，每一条目采用李克特五分制。第二轮数据收集共向在汉高校参加创业课程学习的在校大学生发放问卷 250 份，剔除无效问卷 38 份，有效问卷为 212 份，有效问卷回收率为 84.8%。从性别分布来看，男性被试 109 人（占 51.4%），女性被试 103 人（占 48.6%）；在学历分布上，大一在读的 27 人（占 12.7%），大二在读的 62 人（占 29.2%），大三在读的 44 人（占 20.8%），大四在读的 15 人（占 7.1%），研一及以上在读的 63 人（占 30.2%）；从所学专业分布来看，理科类专业 24 人（占 11.3%），工科类专业 69 人（占 32.5%），农科类专业 1 人（占 0.5%），医科类专业 6 人（占 2.8%），经济管理类专业 99 人（占 46.7%），文科类专业 8 人（占 3.8%），其他专业 5 人（占 2.4%）；从创业计划来看，57 人今后打算从事创业活动（占 26.9%），155 人今后无创业计划（占 73.1%）；从家庭成员创业经历来看，74 人的家庭成员（父母亲或兄弟姐妹）有过创业经历（占 34.9%），138 人的家庭成员从未有过创业经历（占 65.1%）。

为了检验探索性因子分析得到的一阶九因子结构和二阶三因子结构，验证性因子分析采用 AMOS 20.0 处理 212 份样本的有效数据，结果如表 4 所示。其中，一阶单因子模型、一阶三因子模型、一阶四因子模型、一阶九因子模型和二阶单因子模型（仅列举代表性的因子模型）的拟合指数均不甚理想，GFI、NFI、IFI、CFI 均未达到 0.80，RMSEA 大于 0.08；然而，二阶三因子模型中，$\chi^2/df = 1.98 < 3$，GFI = 0.801、IFI = 0.883 和 CFI = 0.880，均大于 0.80，RMSEA 小于 0.08，达到可接受标准。由此推断，创业成功观的二阶三因子结构得到验证。

表 4 验证性因子分析模型拟合指数

	χ^2	df	χ^2/df	GFI	NFI	IFI	CFI	RMSEA
一阶单因子	2599.423	464	5.602	0.492	0.350	0.396	0.391	0.148
一阶三因子	2138.548	461	4.639	0.550	0.465	0.526	0.521	0.131
一阶四因子	1949.161	458	4.256	0.583	0.513	0.579	0.574	0.124
一阶九因子	1419.181	449	3.161	0.673	0.645	0.727	0.723	0.101
二阶单因子	1224.957	443	2.765	0.710	0.694	0.780	0.777	0.091
二阶三因子	847.610	428	1.980	0.801	0.788	0.883	0.880	0.068

2.4 信效度分析

为了确保量表中各条目在所属构念或维度中的一致性，基于第二轮收集的数据，开展 Cronbach's α 信度分析。分析结果表明，创业成功观量表整体的 Cronbach's α 系数为 0.903，具有较高的可靠性。对于创业成功观各维度的信度检验，采取组合信度 C. R. 值分析。结果表明，九个一阶因子的 C. R. 值均大于 0.70，达到可接受标准。量表的收敛效度和区分效度分析结果如表 5 所示，32 个题项在相应一阶因子上的标准化因子载荷均大于 0.50，且均达到显著水平；所有一阶因子的 AVE 值均在 0.50 至 0.759 之间，满足要求。因此，该量表具有良好的收敛效度，一阶九因子结构有较好的区分效度。

表 5 　　　　　　　　　　　创业成功观量表效度分析

变量	题项	标准化因子载荷	标准化系数平方（SMC）	标准化残差（1-SMC）	C. R.	AVE
个人经济收入	A1	0.754	0.569	0.431	0.837	0.508
	A2	0.778	0.605	0.395		
	A3	0.722	0.521	0.479		
	A4	0.665	0.442	0.558		
	A5	0.634	0.402	0.598		
个人创业绩效	A7	0.694	0.482	0.518	0.809	0.515
	A8	0.749	0.561	0.439		
	A9	0.741	0.549	0.451		
	A11	0.684	0.468	0.532		
公司发展前景	A12	0.673	0.453	0.547	0.793	0.562
	A13	0.779	0.607	0.393		
	A14	0.792	0.627	0.373		
公司财务状况	A15	0.911	0.830	0.170	0.863	0.759
	A16	0.830	0.689	0.311		
自我价值实现	A22	0.609	0.371	0.629	0.847	0.532
	A23	0.570	0.325	0.675		
	A26	0.792	0.627	0.373		
	A27	0.833	0.694	0.306		
	A28	0.801	0.642	0.358		
社会关系积累	A29	0.742	0.551	0.449	0.885	0.660
	A30	0.727	0.529	0.471		
	A31	0.903	0.815	0.185		
	A32	0.864	0.746	0.254		
生活满意度	A37	0.817	0.667	0.333	0.870	0.691
	A38	0.853	0.728	0.272		
	A39	0.823	0.677	0.323		

变量	题项	标准化 因子载荷	标准化系数平方 （SMC）	标准化残差 （1-SMC）	C. R.	AVE
社会身份认可	A41	0.742	0.551	0.449	0.757	0.510
	A43	0.750	0.563	0.438		
	A44	0.646	0.417	0.583		
社会贡献	A48	0.669	0.448	0.552	0.852	0.662
	A49	0.828	0.686	0.314		
	A50	0.923	0.852	0.148		

3. 创业成功观对创业呼唤的预测效度

对于人与创业关系的认知，存在谋生、职业及呼唤三种倾向类型。前两类倾向将创业视为谋生或获取权力和威望的工具，呼唤则希望从创业中获得生命的意义和找寻自身的价值感，强调对创业活动带来的意义、价值的内在感知和认同。由于环境的不确定性和事项的复杂性，创业者在创业过程中尤其需要呼唤的驱动与激励，才能在困难重重的应对之中坚持不懈（Zhang et al.，2015；Chen et al.，2018）。来自内心的呼唤能够增强个体对创业的关注、好奇心和信心，进而使其创业成功。一方面，呼唤倾向的创业者可能更敬业。呼唤是个体在某一职业领域中感受到的一种强烈、有意义的激情（Dobrow & Tosti-Kharas，2011；Dobrow，2013），具有热情、认同、做这件事的必要性/紧迫性、投入意识、持久、意义感和自尊的特征。拥有强烈呼唤的个体能够体验到职业领域的意义与乐趣，往往将生命与工作融为一体，这意味着更加积极的态度、自我效能和行为（Berg et al.，2010；Dobrow & Tosti-Kharas，2012）。因此，呼唤倾向的创业者在创业中投入大量时间和精力，并将创业视为他们生活的核心构成部分。另一方面，创业者体验创业角色的方式影响投资者的信心，即呼唤倾向的创业者会主动搜索资源，从而外部投资者更愿意将资金投入该创业者所创企业（Jardim et al.，2018）。甚至有学者认为把创业作为一种呼唤就意味着心理成功的最高水平（Hall & Chandler，2005）。但是，并非每位创业者均把创业视为一种呼唤来追求，例如有的创业者可能仅把创业体验为一份谋生的工作或职业。并且，创业者对呼唤追求的程度存在极大的差异，例如一些创业者积极寻找，另一些创业者存在呼唤并试图将其付诸实践，甚至还有一些创业者可能并没有意识到呼唤是与其相关的构念。创业呼唤形成并非逐步推进、水到渠成，而是一个需要在尚未成熟或者未知的范围内进行前瞻性探索的动态过程。已有研究表明，呼唤倾向属于认知范畴，其形成是个体和环境相互作用的结果，包括感觉到呼唤领域的能力、自信、自我意识、清晰的身份感、内在虔诚和寻找意义的强烈欲望，及近期工作经历（如增加工作挑战性需求）、参与学习、家庭影响和社会支持。然而，创业呼唤作为一种对人与创业关系的认知，更是由创业者的价值观决定的。鉴于此，本文以创业呼唤作为效标，并引入创业进展感知作为情境变量，以检验创业成功观量表的预测效度。

3.1 理论基础与假设的提出

3.1.1 创业成功观对创业呼唤的预测

创业成功观意味着每位创业者对于成功的不同理解，这些不同的理解隐含着他们在进行创业追求的过程中所秉持的价值取向。根据目标追求的差异化，创业成功观在内容属性上存在三种主要价值取向：第一种为经济回报导向，拥有此种导向的创业者会认为通过创业旨在获得经济回报，实现财务自由则意味着创业成功；第二种为内在满足导向，拥有这种导向的创业者认为创业是自我价值实现的过程，通过创业可以获得自身潜力的开发，积累社会关系，以及提高生活满意度，只有实现了这些心理体验才可以视为创业成功；第三种为社会影响力导向，拥有这种导向的创业者认为通过创业可以获得社会的认可并对社会做出贡献，只有提升了自身的社会影响力才可以视为创业成功。上述三种价值取向依据强度属性构成创业者的成功观价值系统，即创业成功观中经济回报、内在满足和社会影响力的层次性。

创业呼唤是经过灵活识别之后追寻的一种结果，包括呼唤搜寻和呼唤存在，其中呼唤搜寻涉及个体正在寻求呼唤的程度，呼唤存在涉及个人正在感知呼唤的程度（Dik & Dully，2009；Dik et al.，2012）。跟随"真实自我"是寻找呼唤的重要手段（Fayoll et al.，2014），创业呼唤的搜寻和感知是"寻找真实的自我""自我实现"的过程。呼唤的形成与个体特质相关，例如自信、自我意识、清晰的身份感、内在虔诚和寻找意义的强烈欲望（Elangovan et al.，2010；Dik et al.，2012）。例如，对职业前途有明确认识的个体，更有可能随着时间的推移发展出一种呼唤。

依据自我一致性理论，价值取向意味着创业者把自己看重的某种价值作为行动的准则和追求的目标。创业成功观的上述三种价值取向中，非经济性导向（内在满足、社会影响力）的创业者享受创业过程的体验，经济性导向的创业者则享受创业达成的结果。个体对从事创业所诉求目标的重视程度越高，创业者就越有可能制订行动计划来实现目标（Fayoll et al.，2014）。专注于特定的任务可能会激发一种呼唤感，即使个体一开始并未意识到这是一种呼唤（Esteves & Lopes，2017）。因此，创业成功观能够预测创业呼唤的形成。综合上述分析，得到以下假设：

H1：创业成功观与创业呼唤正相关。

3.1.2 创业进展感知的调节效应

创业进展被定义为一个创业阶梯，有五个连续的步骤：从不考虑创业、思考创业、采取步骤、经营新创企业和经营成熟企业（Peter et al.，2013）。这五个连续步骤意味着客观的创业进展状态。但是，感知进展能够比实际进展更有效地解释创业者的态度与行为（Soman & Shi，2003）。从创业成功观到创业呼唤的形成是创业者不断进行自我调节的理性思考过程。在此调节过程中，从自我观察的视角来说，与组织内的员工不同，创业者处于所创企业的最高层，缺乏来自上级的标准化定期反馈，通常依赖于自己在创业过程中的看法来评判取得的进展（Uy et al.，2015）。从自我判断的视角来说，创业者以自己在创业过程中达成的当前状态与追求目标之间的比较来评判自己的创业进程。依据解释水平理论，创业进展感知意味着创业者对创业成功的心理距离（如时间距离和空间距离）的缩短，心理距离的变化进而引起创业者对创业成功心理表征从高水平解释向低水平解释转移，将追求的目标具体化，从而当感知到自己取得进展时，即使是经历日常渐进式进展的小步骤也会对创业者产生积极的内心体验和自我效能感（Amabile & Kramer，2011）。在实现目标的可能性更大时，创业者更会依循内在兴趣和核心价值观来追求目标。兴趣强化创业者对创业的内心认同与强烈渴望，进而有助于找寻呼唤和感知呼唤。因此，创业进展感知能够强化创业成功观对创业呼唤的预测效度，即创业进展感知越高，创业成功观和创业呼唤之间的一致性越显著。由此，提出如下假设：

H2：创业进展感知能够正向调节创业成功观与创业呼唤的正相关关系。

3.2 研究设计

3.2.1 研究被试

鉴于学生创业者的创业成功观和创业呼唤均在形成之中，被试选择来源于湖北、甘肃、海南、四川、江苏、湖南等地高校的学生创业者。通过学生联系正在创业的同学、课题组成员联系高校的辅导员和创业中心导师等，共向在湖北、甘肃、海南、四川、江苏、湖南等省高校的在校学生创业者（包括本科生和硕士生）发放问卷 220 份。其中 212 份问卷为纸质版问卷，18 份问卷为以微信工具发放的电子版问卷。根据"填写不完整或连续 6 个题项评价相同"的剔除标准，共排查出 37 份无效问卷，最终确认 183 份有效问卷，问卷有效回收率为 83.18%。男性创业者占大多数（114 人，62.3%），女性创业者有 69 人，占 37.7%；所在年级分布比较均衡，目前处于大一、大二、大三、大四或硕士研究生阶段的样本分别占 14.8%（27 人）、24.6%（45 人）、26.2%（48 人）、20.2%（37 人）和 14.2%（26 人）；被试的专业背景集中分布在经济管理类和理工科类（理工科类学生占 33.7%，经济与管理类学生占 39.8%），其他（文科类、医学类、师范类、艺术类、法律类等）占 26.5%；79.8% 的被试（146 人）采用团队形式开展创业活动，20.2%（37 人）的被试通过个人独立创业。

3.2.2 测量工具

（1）创业呼唤。对于创业呼唤的测量，本研究以 Dobrow 和 Tosti-Kharas（2011）开发的特定职业呼唤量表为基础，遵循他们的建议：将题项中"音乐"对音乐家的职业领域调整为"创业者"对创业领域。该量表共 12 个题项，如"即使遇到阻碍或失败，我仍然会做一名创业者"。创业呼唤的 Cronbach's α 系数为 0.901。

（2）创业成功观。根据开发的创业成功观量表，个人经济收入、个人工作绩效、公司发展前景、公司财务状况作为经济回报导向的衡量；自我价值实现、社会关系积累和生活满意度用来测量内在满足导向；社会身份认可和社会贡献作为社会影响力导向的测量。经济回报导向、内在满足导向和社会影响力导向的 Cronbach's α 系数分别为 0.864、0.884 和 0.805。创业成功观量表整体的 Cronbach's α 系数为 0.929。

（3）创业进展感知。依循 Uy 等（2015；2017）的做法，本研究采用 Brunstein（1993）提出的目标进展来测量创业进展感知，并将条目中的"该目标"调整为"创业"。该量表由进步、结果和阻碍三个维度构成，每个维度分别有 2 个条目，其中有 4 个条目是反向计分。

具体条目如"目前，我的创业是富有成效的"和"目前，创业情况远不如我所希望达到的那样"。创业进展感知的 Cronbach's α 系数为 0.798。

3.2.3 同源偏差分析

鉴于分析的数据来自被试的自我报告，开展同源偏差分析尤为必要。本研究采用 Harman 单因素检验法，未旋转的探索性因子分析结果显示：特征根大于 1 的因子共有 11 个，其中最大因子解释总变异的 21.848%（累积总变异的 68.983%），这表明本研究中共同方法偏差并不严重。

3.2.4 验证性因子分析

验证性因子分析基于 Amos 21.0 软件计算，单因子模型、二因子模型、三因子模型、四因子模型和五因子模型（仅列代表性的因子模型）的拟合指标如表 6 所示。结果显示：五因子模型中 $\chi^2/df = 1.594 < 3$，RMSEA $= 0.055 < 0.080$，CFI、IFI 和 NFI 均大于 0.900，各项拟合指标均达到标准，且拟合度最高，说明问卷整体结构效度良好。

表 6 所有变量的验证性因子分析结果

因子模型	因子组合	χ^2/df	RMSEA	CFI	IFI	NFI
单因子模型	ER+IS+SI+EC+EP	15.253	0.270	0.434	0.441	0.425
二因子模型	ER+IS+SI，EC+EP	7.726	0.185	0.736	0.739	0.712
三因子模型	ER+IS+SI，EC，EP	6.161	0.162	0.802	0.805	0.775
四因子模型	ER+IS，SI，EC，EP	4.936	0.142	0.854	0.856	0.826
四因子模型	ER+IS，SI，EC，EP	4.162	0.127	0.883	0.885	0.853
四因子模型	ER，IS+SI，EC，EP	3.715	0.118	0.899	0.901	0.869
五因子模型	ER，IS，SI，EC，EP	1.594	0.055	0.979	0.979	0.947

注：ER=经济回报导向；IS=内在满足导向；SI=社会影响力导向；EC=创业呼唤；EP=创业进展感知。

3.3 研究结果

3.3.1 相关分析

如表 7 所示，创业成功观与创业呼唤显著正相关（$r = 0.250$，$p < 0.01$）；经济回报导向与创业呼唤不相关（$r = 0.124$，$p > 0.05$），内在满足导向、社会影响力导向分别与创业呼唤显著正相关（$r = 0.210$，$p < 0.01$；$r = 0.332$，$p < 0.01$）；创业进展感知与创业呼唤不相关（$r = 0.110$，$p > 0.05$）。

表 7 各变量的均值、标准差和相关系数

	变量	均值	标准差	1	2	3	4	5	6	7	8	9	10
1	经济回报导向	3.244	0.598	—									

	变量	均值	标准差	1	2	3	4	5	6	7	8	9	10
2	内在满足导向	3.560	0.620	0.596**	—								
3	社会影响力导向	3.439	0.709	0.544**	0.631**	—							
4	创业成功观	3.416	0.538	0.880**	0.881**	0.787**	—						
5	创业呼唤	3.842	0.684	0.124	0.210**	0.332**	0.250**	—					
6	创业进展感知	3.119	0.580	0.028	0.107	0.144*	0.118	0.110	—				
7	性别	1.40	0.490	−0.056	−0.141*	−0.055	−0.135*	−0.222**	−0.125	—			
8	学历	2.02	0.491	0.015	0.061	0.012	0.005	−0.207**	−0.149*	0.102	—		
9	年级	2.95	1.262	0.173*	0.150*	0.183*	0.176**	−0.094	−0.040	−0.083	0.480**	—	
10	专业	3.88	1.878	−0.094	−0.093	0.026	−0.072	−0.070	0.072	0.288**	0.088	−0.078	—

注：* 表示 $p<0.05$，** 表示 $p<0.01$，*** 表示 $p<0.001$，下表同。

3.3.2 回归分析

本研究采用层级线性回归分析来检验创业成功观对创业呼唤的预测作用及创业进展感知的调节效应，如表 8 所示。为了检验创业成功观对创业呼唤的主效应，按照以下三步开展分析：第一步，在模型 1 中，所有控制变量对创业呼唤的回归分析结果表明：仅有性别与创业呼唤是显著负相关的（$\beta=-0.298$，$p<0.01$）。第二步，在模型 2 中，在控制人口学变量后创业成功观对创业呼唤的回归分析结果表明：创业成功观对创业呼唤的影响显著（$\beta=0.274$，$p<0.001$）。由此推断，H1 得到数据支持。第三步，进一步分析创业成功观各维度对创业呼唤的影响，即在控制人口学变量后创业成功观各维度对创业呼唤的回归分析如模型 3 所示。结果表明：经济回报导向和内在满足导向对创业呼唤的预测都不显著（$\beta=0.093$，$p>0.05$；$\beta=0.019$，$p>0.05$）；社会影响力导向对创业呼唤具有显著的正向影响（$\beta=0.371$，$p<0.001$）。

表 8　　　　　　　　　　　　　**层级线性回归分析结果**

变量类型	模型 1	模型 2	模型 3	模型 4	模型 5
截距	−0.016	−0.024	−0.025	−0.035	−0.025
性别	−0.298**	−0.215*	−0.267*	−0.250**	−0.224**
学历	−0.218	−0.220*	−0.188	−0.191*	−0.200*
所在年级	−0.018	−0.019	−0.053	−0.005	−0.010
专业	−0.001	−0.003	−0.013	−0.013	−0.022
经济回报导向			0.093		0.110
内在满足导向			0.019		0.023

变量类型	模型 1	模型 2	模型 3	模型 4	模型 5
社会影响力导向			0.371***		0.274***
创业成功观		0.274***		0.159**	
创业进展感知				0.051	0.043
经济回报导向×创业进展感知					0.316*
内在满足导向×创业进展感知					0.430*
社会影响力导向×创业进展感知					−0.188
创业成功观×创业进展感知				0.565***	
R^2	0.079	0.118	0.186	0.199	0.259
调整 R^2	0.058	0.101	0.153	0.177	0.226
ΔR^2	0.079**	0.118***	0.107***	0.123***	0.085***
ΔF	3.793**	6.842***	7.703***	12.926***	9.489***

旨在检验创业进展感知在创业成功观与创业呼唤之间的调节作用,按照以下三步开展分析:第一步,将所有变量(创业成功观及其三维度、创业进展感知和创业呼唤)进行中心化处理;第二步,以创业呼唤为因变量,将控制变量、创业成功观和创业进展感知及两者的交互项加入回归方程,得到模型 4。结果表明,创业进展感知在创业成功观和创业呼唤之间发挥正向调节作用($\beta = 0.565$,$p < 0.001$),由此推断 H2 得到数据支持;第三步,以创业呼唤为因变量,将控制变量、创业进展感知、创业成功观及其三维度分别与创业进展感知的交互项加入回归方程,得到模型 5。结果表明,创业进展感知在经济回报导向、内在满足导向分别预测创业呼唤之中均发挥显著的正向调节($\beta = 0.316$,$p < 0.05$;$\beta = 0.430$,$p < 0.05$),然而在社会影响力导向预测创业呼唤之中的调节作用不显著($\beta = -0.188$,$p > 0.05$)。

4. 研究结论与讨论

4.1 创业成功观的结构及量表的信效度

本研究从具象学和现象学视角区分主观创业成功标准和创业成功观,严格按照心理测量学的原则编制了创业成功观的量表,并获得了以经济回报导向、内在满足导向和社会影响力导向三个维度为核心的正式量表。与创业成功标准是主观还是客观的争论相比,创业成功观作为一种导向性概念,与创业者的价值观联系了起来。虽然本研究提出的三维结构和 Angel 等的四维结构均兼具个人取向和社会取向,能概括个体对创业成功的理解。但是,Angel 等(2018)提出的个人导向(如个人成就)、顾客导向(如顾客关系)、市场导向

(企业成长)和社会导向(社区影响)四维结构突出创业者围绕利益相关者来理解创业成功,更倾向于主观创业成功标准;本研究提出的经济回报导向、内在满足导向和社会影响力导向则强调创业者围绕自身诉求来理解创业成功,更倾向于创业价值观。经过预试的探索性因子分析和正式测试的验证性因子分析,量表获得较好的信效度,并且经济回报、内在满足和社会影响力三个维度分别反映创业者对成功追求的不同价值取向。在以创业呼唤为效标的预测效应实证研究中,创业成功观中三个维度之间在内容和结构上存在区别,各分量表的内部一致性均大于 0.70,整体构念的内部一致性为 0.929,表明测量是可靠的。

4.2 创业成功观与创业呼唤的关系

对于职业呼唤的前因,研究对象集中在医生、音乐家、教师等职业,研究内容集中在个体特质如能力、自信、动机等。然而,将创业情境和呼唤结合起来探讨的研究微乎其微,并且忽视了从深层次的价值观来诠释呼唤形成。本研究从价值观视角来挖掘创业呼唤的前因,结果发现:创业成功观正向预测创业呼唤,并且创业进展感知能强化两者之间的预测效度。其中,社会影响力导向对创业呼唤的预测作用最大;内在满足导向和经济回报导向对创业呼唤的预测作用存在情境依赖性。形成该结论的原因在于中国传统文化中集体主义价值观的影响。个人主义文化中,创业者更多强调财务自由和自我的意义感(内在满足),从而将创业视为一种实现财务自由或内在满足的手段;然而,集体主义文化中,创业者更多强调社会贡献,看重自己被他人和社会认可的程度,从而更可能将创业体验为一种呼唤。因此,具有典型集体主义文化价值观的中国创业者更重视自己对他人与社会的贡献,其创业呼唤可能更多源自社会需求,即创业成功观中的社会影响力导向。社会影响力导向的创业者更会从解决社会问题和满足社会需求出发,追求社会价值目标,经济回报只是该类创业者的手段而不是终极目的。此外,感知创业进展较快意味着对创业目标的心理距离较近和对创业进展较满意。对创业满意的经济回报或内在满足导向创业者更有可能随着时间的推移,从关注如何设置目标转向关注如何达成目标,在达成目标过程中搜寻生活的意义和有意自我完善,进而形成创业呼唤(Bott & Duffy, 2015)。

4.3 管理启示

(1)引导学生创业者怎样理解成功对于预测创业呼唤的形成是至关重要的。与社会上的全职创业者相比,学生创业者兼具学生和创业者身份,其中学生身份允许学生延迟承担自己需要去承担的责任,花时间去思考自我。学生在校期间的试水创业活动更多的是在为未来正式创业或进行职业探索做准备,他们并不会孤注一掷地投入创业活动,甚至随时可能退出创业活动。在"双创"战略掀起新一轮大学生创业热潮之下,众多高校开设创业课程或创业学院来激发学生创业,但是这些创业教育重在为学生提供创业的技能及资源,很少涉及创业成功观的培育与引导。创业成功观是本文提出的一个新概念,意指创业者心目中理解成功对自己意味着什么的价值取向,能够预测个体的创业呼唤形成。来自内心的创业呼唤能够增强创业者对创业活动的关注和信心,进而创业成功。因此,创业教育中需要引导学生形成正确的创业成功观。在内容属性上,尤其需要注重引导学生创业者在创业之初形成社会影响力导向的成功观而不是财务自由至上的经济回报导向和自我取向的内在满足导向，从而使其在创业旅途中不忘创业初心，持续践行创业的使命。

（2）引导个人取向的创业者设立阶段性目标和开展目标进展的自我评价，有利于创业呼唤的形成。与全职创业者相比，学生创业者拥有的经验、资源等相对比较欠缺，但是受到社会和学校的多重支持和呵护，尤其是众多高校利用教师资源和校友资源为学生创业者配备了创业导师。因此，与全职创业者相比，学生创业者更容易通过创业导师等多渠道获得外界的反馈。对于创业呼唤的形成，以经济回报和内在满足为创业追求目标的自我导向型创业者具有强烈的自我感、欲望，容易受到创业进展感知的影响；以社会影响力为创业追求目标的利他导向型创业者则往往受到别人期望的影响，对创业进展感知并不敏感。并且，相比待完成的目标发展信息，已达成的目标进展信息对自我导向型创业者在创业呼唤形成中的影响更高。因此，创业导师在提供辅导过程中需要引导自我导向型学生创业者定期开展创业进展评估，积极看待创业进展和结果，这更有利于创业呼唤的形成。

4.4 局限性及未来展望

本文局限在于：（1）样本的局限性。从解释水平理论视角来说，虽然以尚未经历创业成功体验的学生创业者和参加创业教育的在校学生为被试来开发创业成功观量表是合适的，但是该样本群体兼具学生和创业者身份，且他们的成功观正处于探索和形成阶段，存在不确定性；（2）预测效标选择的局限。从自我一致性理论来说，创业成功观和创业呼唤在终极上是一致的。但是，依据三元交互决定论，在现实情境中两者之间会存在不同程度的冲突。因此，本研究以态度领域的创业呼唤作为创业成功观的预测效标可能存在局限。

未来可以从以下方面扩展研究：（1）以社会上的全职创业者为样本开发和检验本研究编制的创业成功观量表，使其具备跨对象、跨情境的适应性；（2）引入创业投入、创业绩效等行为或结果构念，扩展创业成功观的预测效标和作用机制。

◎ 参考文献

[1] 高岭，余吉双，杜巨澜. 雇员薪酬溢价对企业创新影响的异质性研究[J]. 经济评论，2020(6).

[2] 孙计领，王国成. 阶层认知偏差对再分配偏好和幸福感的影响研究[J]. 江西财经大学学报，2019(2).

[3] 张秀娥，赵敏慧. 创业成功的内涵、维度及其测量[J]. 科学学研究，2018,36(3).

[4] Amabile, T. M., Kramer, S. J. The power of small wins[J]. Harvard Business Review, 2011,89(5).

[5] Angel, P., Jenkins, A., Stephens, A. Understanding entrepreneurial success: A phenomenographic approach[J]. International Small Business Journal, 2018,36(6).

[6] Berg, J. M., Grant, A. M., Johnson, V. When callings are calling: Crafting work and leisure in pursuit of unanswered occupational callings[J]. Organization Science, 2010,21(5).

[7] Bott, E. M., Duffy, R. D. A two-wave longitudinal study of career calling among

undergraduates: Testing for predictors[J]. Journal of Career Assessment, 2015,23(2).

[8]Brunstein, J. C. Personal goals and subjective well-being: A longitudinal study[J]. Journal of Personality and Social Psychology, 1993(65).

[9]Chen, S. H., Mitchell, R. K., Brigham, K. H., et al. Perceived psychological distance, construal processes, and abstractness of entrepreneurial action [J]. Journal of Business Venturing, 2018,33(3).

[10]Chen, J., May, D. R., Schwoerer, C. E., et al. Exploring the boundaries of career calling: The moderating roles of procedural justice and psychological safety[J]. Journal of Career Development, 2018,45(2).

[11]Dik, B. J., Dully, R. D. Calling and vocation at work: Definitions and prospects for research and practice[J]. The Counseling Psychologist, 2009,37(3).

[12]Dik, B. J., Eldridge, B. M., Steger, M. F., et al. Development and validation of the calling and vocation questionnaire(CVQ) and brief calling scale(BCS) [J]. Journal of Career Assessment, 2012,20(3).

[13]Dobrow, S. R. Dynamics of calling: A longitudinal study of musicians [J]. Journal of Organizational Behavior, 2013,34(4).

[14]Dobrow, S. R., Tosti-Kharas, J. Calling: The development of a scale measure [J]. Personnel Psychology, 2011,64(4).

[15]Dobrow, S. R., Tosti-Kharas, J. Listen to your heart? Calling and receptivity to career advice[J]. Journal of Career Assessment, 2012,20(3).

[16]Elangovan, A. R., Pinder, C. C., McLean, M. Callings and organizational behavior[J]. Journal of Vocational Behavior, 2010,76(3).

[17]Esteves, T., Lopes, M. P. Crafting a calling: The mediating role of calling between challenging job demands and turnover intention[J]. Journal of Career Development, 2017, 46(8).

[18]Fayolle, A., Liñán, F., Moriano, J. A. Beyond entrepreneurial intentions: Values and motivations in entrepreneurship [J]. International Entrepreneurship and Management Journal, 2014, 10(4).

[19]Hall, D. T., Chandler, D. E. Psychological success: When the career is a calling[J]. Journal of Organizational Behavior, 2005, 26(2).

[20]Jardim, D. P. P., Pereira, L. M., Ferreira, A. T. Entrepreneurship as a calling: A pilot study with aspiring entrepreneurs[J]. The Journal of Entrepreneurship, 2018, 27(2).

[21]Lau, V. P., Shaffer, M. A., Au, K. Entrepreneurial career success from a Chinese perspective: Conceptualization, operationalization and validation[J]. Journal of International Business Studies, 2007, 38(1).

[22]Peter, V. D. Z., Verheul I., Thurik R., et al. Entrepreneurial progress: Climbing the entrepreneurial ladder in Europe and the United States[J]. Regional Studies, 2013,47(5).

[23]Reijonen, H., Komppula, R. Perception of success and its effect on small firm performance

[J]. Journal of Small Business and Enterprise Development, 2007,14(4).

[24] Soman, D., Shi, M. Virtual progress: The effect of path characteristics on perceptions of progress and choice[J]. Management Science, 2003,49(9).

[25] Staniewski, M. W., Awruk, K. Questionnaire of entrepreneurial success: Report on the initial stage of method construction[J]. Journal of Business Research, 2018(88).

[26] Trope, Y., Liberman, N. Construal-level theory of psychological distance[J]. Psychological Review, 2010(117).

[27] Uy, M. A., Foo, M. D., Ilies, R. Perceived progress variability and entrepreneurial effort intensity: The moderating role of venture goal commitment [J]. Journal of Business Venturing, 2015,30(3).

[28] Uy, M. A., Sun, S., Foo, M. D. Affect spin, entrepreneurs' well-being, and venture goal progress: The moderating role of goal orientation[J]. Journal of Business Venturing, 2017, 32(4).

[29] Wach, D., Stephan, U., Gorgievski, M. More than money: Developing an integrative multi-factorial measure of entrepreneurial success[J]. International Small Business Journal, 2016,34(8).

[30] Wiktor, R., Mariola, L. Dimensions of entrepreneurial success: A multilevel study on stakeholders of micro-enterprises[J]. Frontiers in Psychology, 2018(9).

[31] Zhang, C., Hirschi, A., Herrmann, A., et al. Self-directed career attitude as predictor of career and life satisfaction in Chinese employees [J]. Career Development International, 2015,20(7).

Entrepreneurial Success Value: Scale Development and Its Predictive Effect on Entrepreneurial Calling

Chen Jianan[1]   Lu Mengting[2]   Wu Xuemeng[3]

(1   Research Center for China Industry-University-Research Institute Collaboration,
Wuhan University, Wuhan, 430072;

2, 3   Economics and Management School, Wuhan University, Wuhan, 430072)

Abstract: Focusing on the core issue of "what does success mean to an entrepreneur", we developed the scale of entrepreneurial success value (ESV) based on interviews with 22 studentpreneurs and two-rounds data from college students who participated in entrepreneurial courses. Our findings indicated that ESV consists of three dimensions: economic-return orientation, intrinsic-satisfaction orientation and social-impact orientation. Finally, based on the survey data of 183 studentpreneurs, the predictive validity of ESV is revealed by using entrepreneurial calling as a criterion. The findings are as follows: ESV can positively predict entrepreneurial calling, and perceived entrepreneurial progress enhances the predictive effect. From the perspective of phenomenology, those studies on the scale development and predictive validity test of ESV broaden the recognition of entrepreneurial success from the standardism of outcome state to the trait view of value orientation.

Key words: Economic-return orientation; Intrinsic-satisfaction orientation; Social-impact orientation; Entrepreneurial calling; Perceived entrepreneurial progress

专业主编：杜旌

中国情境勇敢追随行为的量表开发及检验[*]

● 曹元坤[1]　周　青[2]　祝振兵[3,4]　熊　立[5]

（1，2，3，5　江西财经大学产业集群与企业发展研究中心　南昌　330013；
4　江西理工大学商学院　南昌　330013）

【摘　要】 勇敢追随行为（courageous followership behavior，CFB）对绩效和组织成功、培养模范领导力具有促进作用，对破坏性领导力和毒性组织具有抑制作用。国内学者对勇敢追随行为研究趋增，但缺乏本土化测量工具，国外研究量表题项也不尽统一。本文通过访谈、开放式问卷调查，参考国外关于 CFB 结构维度和测量的研究成果，开发并检验了中国情境 CFB 量表。结果表明，中国情境的勇敢追随行为包含勇于负责、勇于服务、勇于创新、勇于挑战和勇于采取道德行为五维构念，与国外研究有一定差异；所开发量表为 19 个题项，具有良好的信度和效度，拓展了追随力和领导力研究领域；关联效标希望和自我效能对勇敢追随行为具有激励作用，为组织培养勇敢追随者提供了理论依据。

【关键词】 勇敢追随行为　量表开发　希望　自我效能

中图分类号：C93　　　　　　文献标识码：A

1. 引言

　　Chaleff 于 1995 年提出的勇敢追随行为（courageous followership behavior，CFB）模式，提倡以勇敢的良知、勇于负责的追随精神服务于组织和领导者。当领导行为与组织目标相向、与伦理道德相符时，勇敢追随者给予支持；反之，予以挑战。为规避职场勇敢行为的风险，Chleff（2015）也强调追随者要有智慧地不顺从（intelligent disobedience）。

　　国外研究发现，有良知的追随者（Kelley，2008）和勇敢追随者（Chaleff，2009）是对抗破坏性领导和毒性组织的主要捍卫者（Thoroughgood 等，2012），勇敢追随行为对绩效和组织成功（Rich，2008；Sok，2014；Whyte，2015）、培养模范领导力（Ghias 等，2018）具有促进作用。当前国外学者对于其测量方式、前因和后果有诸多探索，但仍存在几个问题，

---

　　* 本文是国家自然科学基金资助项目（编号：71562018）和江西省 2018 年度研究生创新专项资金项目（编号：YC2018-B036）的阶段性成果。

　　通讯作者：周青，E-mail：gmdm2009@163.com。

其一，现有研究量表的测量条目多随情境而变化，并未达成一致；其二，题项内容过于抽象、晦涩，如 Rickeston(2008)在对 Dixon(2003)的量表进行预测试后，发现答题者反映量表部分表述难以理解；其三，勇敢追随研究多集中于西方组织文化，与个体主义的西方文化相比，中国文化更强调上下有别且有更高的权力距离，在中国组织情境下勇敢追随的具体表现怎样仍未可知。

为弥补现有研究的不足，本研究基于 Chaleff 的 CFB 模式，立足中国文化对勇敢的理解，从最基本问题着手进行研究：一是确定中国情境下 CFB 结构维度内容；二是制定可信、适用、有效的量表，以期达到拓展追随力和领导力研究领域，并为组织培养勇敢追随者提供理论依据的目的。

2. 文献回顾

2.1 勇敢追随行为的概念、结构

当代关于勇敢的论述有两大主流观点：一是将勇敢视为一种性格特质、美德或性格；二是将勇敢视为对环境或事件的行为反应(Chilpzand 等，2015)。CFB 模式既是美德(道德勇气)的实践，也是性格特质(尽心尽责、乐于奉献)的外显，以及情境应对(挑战、变革)能力的体现。Hopper(2008)将勇敢追随行为视作追随者自发的尽责行为，可以助推组织形成批判性的、深思熟虑、具有洞察力和公正明断的文化；国外许多学者称勇敢追随者对组织成功具有关键贡献(Sok，2014；Whyte，2015)。

勇敢追随行为包括勇于负责、勇于服务、勇于挑战、勇于变革、勇于离开 5 种行为(Chaleff，1995)。2009 年，Chleff 将"勇于离开"变更为"勇于采取道德行为"。Chaleff(1995)视追随行为为积极过程，在这一过程中追随者和领导者为了共同目标(组织利益)而努力，并保持密切而勇敢的关系。Chleff(2009)强调领导者要有倾听追随者的勇气，以鼓励工作场所中的勇敢追随行为；Chleff(2015)以导盲犬和人类的关系比喻领导-追随关系，当追随者被要求执行错误指令时，要学会智慧地说"不"；Chleff(2016)认为追随者有必要自我评估追随风格(执行者、合作伙伴、盲从者、个人主义)，不宜固守某种风格，如尚未获得领导信任或决策并非不可逆转，不妨选择被动追随。

自 Chaleff 于 1995 年提出 CFB 概念后，许多学者对其内涵进行了解读和丰富。大致分为 3 类：一是对内容结构的丰富。Whyte(2015)结合研究对象的助理岗位，认为以诚实和信任为特征的良好人际关系有利于"助理"发挥其作用，建议增加"勇于谦卑"维度。

二是对勇敢追随行为五维度的解读。例如：关于勇于负责，Dixon(2006)强调追随者应基于主人翁精神对组织和个人负责，并采取行动来改善组织流程、寻求解决方案，以实现组织目标和愿景；关于勇于服务，勇敢追随者肩负辅佐领导者和为组织目标而工作 2 个使命，通过提高效率和支持领导的方式节省领导者的精力(Mclachlan，2012)；关于勇于变革，追随者不仅要参与和倡导必要的组织变革，且个人也应在各方面与时俱进(Dixon，2006)；关于勇于挑战，并非指刻意和领导对着干，而是质疑其不当指令或行为的勇气(Chaleff，1996；Collinson，2006；Thomas 和 Berg，2014)以及追随者挑战自我(Switzer，

86

2000）；关于勇于采取道德行为，追随者在坚持勇敢良知捍卫原则时，可能阻止了丑闻、诉讼、损失，但也可能因"吹哨子"行为损害个人职业前途甚至遭解雇（Collinson，2006）。

三是对勇敢追随行为模式的评价。Thomas 和 Berg（2014）认为 CFB 模型强调了追随者对权力说真话的需要，Whyte（2015）认为该模式探讨了勇敢追随者对领导者予以挑战和支持的程度，Tolstikov-Mast（2016）认为勇敢追随行为模式表明，领导者和追随者的角色具有情境性，并非一成不变，"在不同情况下，我们都是追随者或领导者"，因而个体要依据角色定位实施领导或追随行为。Ghias 等（2018）基于追随者是领导能力的共同生产者的观点，提出勇敢追随行为有助于拓展领导力技能、培养模范的领导力。国内学者曹元坤等（2019）归纳前人观点后，将勇敢追随行为定义为"追随者为达到辅佐领导共同实现组织目标但又不违背良知的目的，与领导者建立密切互动的关系，并采取主动负责、勇于服务、勇于挑战、勇于变革和采取道德行为（离开）等一系列行为"。

2.2 勇敢追随行为实证研究现状和测量

国内外相关研究均遵循了 Chaleff 的勇敢追随行为理论，基本采用了勇于负责、勇于服务、勇于挑战、勇于变革和采取道德行为（或勇于离开）五维度。国外实证研究主要分两类：一是验证其影响因素，包括：交易型领导和变革型领导、仆人式领导与勇敢追随行为的关系（Rickeston，2008；Williams，2015；Robynne，2015；Lincoln，2016）；酒店、旅游和餐饮从业员工的勇敢追随行为表现水平（Rickeston，2008；Dealed 等，2016）；不同组织层级的勇敢追随行为水平（Dixon，2003，2006；Ray，2006）、管理角色与勇敢追随行为的关系（Muhlenbeck，2012；Whyte，2015）、组织文化与勇敢追随行为的关系（Na-Nan，2016）；谦卑和希望因素对勇敢追随行为的影响（Whyte，2015；Muhlenbeck，2012）。二是探究其作用机制，包括：主管感知到的员工勇敢追随行为和主管感知到的员工绩效的关系（Rich，2008），勇敢追随行为对工作满意度的影响（Fobbs，2010），勇敢追随行为对组织绩效的影响（Minea，2014），勇敢追随行为对模范领导力的影响（Ghias 等，2018）。目前，国内勇敢追随行为研究限于概念分析和理论探讨。

表 1 列明了勇敢追随行为的测量工具，首先，国外研究虽大多使用 Dixon（2003，2008）版的量表 The Follower Profile（TFP），但并未就具体测量内容达成共识。其次，TFP 部分题项内容比较抽象，Rickeston（2008）在对 Dixon（2003）量表进行预测试后，发现答题者反映量表部分表述难以理解。因此，有必要立足本土情境探析测量方法，以推动中国勇敢追随行为的实证研究。

表 1 　　　　　　　　　　　　**勇敢追随行为测量工具汇总**

作者（年份）	维度	测量工具	题数	题项举例
Dixon （2003，2006）	勇于负责、勇于服务、勇于挑战、勇于变革、采取道德行为（勇于离开）	The Follower Profile	56	当规则阻碍了工作使我陷入困境时，我仍承担责任（勇于负责） 对不称职的领导会实施夺权行为（勇于采取道德行为）

作者(年份)	维度	测量工具	题数	题项举例
Rickeston (2008)	勇于负责、勇于服务、勇于挑战、勇于变革、勇于采取道德行为	The Follower Profile(Dixon, 2003)	56	指出与公司价值观不匹配的破坏行为(勇于采取道德行为) 我主动担责即使该任务未列入我的职务说明书(勇于负责)
Dixon (2008)		The Follower Profile(Dixon, 2008)	19	组织不适合自身发展时,我会选择离开(勇于离开) 挑战不得体行为,以得体行为为榜样(勇于挑战)
Rich (2009)			19	在按时完成任务和信守承诺方面,我能自我管理(勇于负责) 保护上级不受到攻击(勇于服务)
Mcclure (2009)			21	我积极主动,即使该任务不属于我的职责范围(勇于负责) 我避免给上级造成不必要的压力(勇于服务)
Minea (2014)		问卷调查和访谈的混合方法	24	我建立了强化变革流程的相应机制(勇于变革) 我不会因保住工作而放弃伦理道德(勇于采取道德行为)
Whyte (2015)		开放式问题的半结构式访谈	/	
Robynne (2015)		The Follower Profile(Dixon, 2003)	56	向他人解释上级的说辞(勇于服务) 面对群体(勇于挑战)
Dealed 等 (2016)			56	略
Na-Nan (2016)	勇于负责、勇于听从指令、勇于挑战、勇于奉献、勇于在更高道德层面上行动	问卷调查	24	遵守企业相关规定,发挥主观能力创造性完成工作(勇于负责) 不畏艰辛地完成上级交代的工作(勇于在更高道德层面上行动)
Lincoln (2016)	勇于负责、勇于服务、勇于挑战、勇于变革、勇于采取道德行为	The Follower Profile(Dixon, 2008)	20	我对工作充满激情,且对工作十分投入(勇于负责) 为使上级不受我行为的影响,我会辞职(勇于服务)
Ghias 等 (2018)			19	对自己的绩效进行评估(勇于负责) 营造支持变革的环境(勇于变革)

3. 研究一:勇敢追随行为量表开发

研究一的目的是构建中国情境勇敢追随行为量表并对该量表的建构效度和信度进行

检验。

3.1 勇敢追随行为量表的构建

本研究量表编制流程如下：(1)梳理国外研究量表题项，汇总成调查问卷用于预调研；(2)开展问卷调查及半结构化访谈，对勇敢追随行为范畴和题项进行归纳和对比；实施德尔菲专家调查，确定勇敢追随行为的维度和题项，形成初测量表；(3)运用初测量表进行预测，对量表进行修正、检验后，形成正式施测量表。

(1)收集题项。本研究收集勇敢追随行为量表项目的渠道：一是与 Dixon 博士取得联系并获其书面同意本研究使用 TFP 量表；二是总结梳理文献中的量表项目，如 Mine(2014)、Rich(2009)等；三是归纳厘清勇敢追随行为概念，如 whyl(2015)和曹元坤等(2019)。最后形成了包含 53 个题项的勇敢追随行为问卷。

(2)编制初测问卷。首先，依据便利原则，邀请了不同行业、不同职位的 26 位人员进行预调研，在 53 个题项中勾选出他们认为最具代表性的 20 个选项(每个维度 4 项)，选择了其中 10 位受访者进行访谈，让其列举身边的勇敢追随者及相关表现。其次，邀请了企业高管、学校教授、公务员共 6 位，运用德菲尔法对 53 个题项进行评价，并对 1 个问题作答："调查表中的 5 种勇敢追随行为属性和题项是否具有代表性？如不是，请补充您的意见"。经过 3 轮会谈，以及结合对前述 26 位人员的预调研结果，达成如下共识：

一是确定了维度，分别为勇于负责、勇于服务、勇于挑战、勇于创新和勇于采取道德行为五个维度。该维度划分是基于 Chaleff(2009)的勇敢追随五种行为属性，本研究舍弃了其"勇于变革"维度，另择"勇于创新"。我们认为，在当下的中国组织中，勇于创新比勇于变革更具有时代意义和迫切性。已有研究也指出了创新行为的重要性：Diliello 等(2011)认为"创造力和创新是当今许多成功组织的命脉"。Slatten(2014)表示，创新是企业应对不稳定环境所必需的活动。Lan(2019)强调，在竞争全球化和云计算时代，不断创新已经成为企业应对动态和复杂变化的重要策略。Ahmad 等(2019)指出，勇气促进了积极的、深思熟虑的创业精神。德鲁克将创新视为企业家的标志，认为创新是使组织基业长青的最好方法，是管理者的职业保障和事业有成的基础。此外，对于个体，创新行为比变革更具自主性。

二是提炼了各维度的核心思想。Chaleff 认为勇敢追随者不同于一般追随者，并不仅局限于追随领导者，而是与领导者"共舞"，共同致力于组织目标。因此，勇敢追随者对领导者既有支持，也有挑战。勇于负责、勇于服务、勇于创新属于支持范畴，勇于挑战和勇于采取道德行为属于挑战范畴。本文将勇于担当、忠诚作为勇于负责维度的核心，勇敢追随者富有效率、对组织忠诚(Ghias 等，2018)，并善于发现、创造机会以实现组织目标(Chaleff，1995)。勇于服务的对象包括组织和领导，我们将"信任、奉献"作为其核心词。勇于创新反映了个体改变现状的意愿，包括创新观念的形成、推广和实施(Lan，2019)，故新方法、新思维为其关键词。勇于挑战强调坚持、正直、智慧，不但要及时指正领导者的不当言行，而且还须注意方式方法。勇于采取道德行为以正义、良知为核心，意味着不盲目追随，并具有坚持道德价值观和承担风险的勇气。

三是完善了题项。根据各维度的核心思想，以及预调研和德尔菲专家调查的结果，在前述收集到的53项量表题项基础上，增加、删除或合并了部分题项，修改了部分表述，增加了勇于创新维度题项，最终形成了初测量表的30个题项。

3.2 勇敢追随行为量表的建构效度检验

本研究建构效度检验包括探索性因子分析、验证性因子分析、模型适配度评价、竞争模型比较以及信度检验、效度检验。本阶段开展了三次问卷调查，为力争分析结果可靠，每次样本量与量表题项数量的比率大于或等于10∶1。

（1）探索性因子分析。为评估初始量表质量和"纯化"题项，本研究通过网络发放问卷，共收回问卷321份，剔除答题时间低于1分钟、明显乱填、有规律填答等无效问卷后，得到有效问卷263份，有效回收率为81.93%。样本分布情况为：男性占46.39%、31～40岁占66.16%，本科学历占47.53%、大专学历占34.98%，工龄6～10年占53.61%，技术岗占35.63%、管理岗占24.71%、中层管理者占39.61%、基层管理者占29.66%，民企员工占44.87%、国企占29.66%。

利用spss 25.0软件对30个题项进行信度检测、KMO值分析和Bartlett球形度检验。信度方面，α系数值为0.923，高于0.8，说明数据信度质量高。KMO为0.905，大于0.8；Bartlett球形度检验，$p<0.05$；说明数据适合进行因子分析。

在上述检测基础上，对30个题项进行第一次探索性因子分析。鉴于勇敢追随行为属性由5个维度构成，因此直接设定提取5个因子。其他因子分析的选项为：特征根大于1、最大方差法、按大小排序、排除小系数（绝对值小于0.50），分析结果显示：题项2、7、10、14、15、17、21、23、25、28的公因子方差值小于0.50，予以删除。对剩余20个题项进行第二次探索性因子分析，题项4与所在因子的其他题项内容不一致，存在意义偏差，予以删除。由表2可知，剩余19个题项的公因子方差介于0.640～0.791，因子载荷介于0.713～0.813，无交叉载荷，累计方差解释贡献率为71.745%，高于60%的最低可接受标准（Ford等，1986）。然后，对5个因子以及量表整体再次做信度分析，量表的总体信度为0.923，具体如表2所述，较好地满足了量表信度要求，形成了包含19个题项的勇敢追随行为量表，其中第11项、第30项为反向计分。

表2　　　　　　　　　　　　探索性因子分析结果

题项	因子载荷系数					共同度（公因子方差）
	因子1	因子2	因子3	因子4	因子5	
	勇于负责	勇于服务	勇于创新	勇于挑战	勇于采取道德行为	
1. 当规则妨碍工作时，会打破规则去履行职责	0.751					0.640
3. 对于存在困难，甚至有风险的问题，不畏艰难，有赴汤蹈火的勇气	0.812					0.732

题项	因子载荷系数					共同度(公因子方差)
	因子1	因子2	因子3	因子4	因子5	
	勇于负责	勇于服务	勇于创新	勇于挑战	勇于采取道德行为	
5. 对于边界不清楚或需要多部门配合的工作积极主动承担	0.719					0.646
6. 对自己的绩效进行评估	0.711					0.673
8. 即使领导曾经辱骂过我,在情势危急时我也会支持他		0.779				0.740
9. 自愿做许多有利于公司的工作		0.787				0.735
11. 当遭受领导辱骂后,我不会付出加倍努力帮助公司成功		0.801				0.791
12. 上级与其他人员发生冲突时出面协调		0.752				0.677
13. 通过逆向思维想出解决问题的新方法			0.749			0.773
16. 因为创新性主意获得上级表扬			0.765			0.739
18. 全身心地投入成功创新所必需的持之以恒、充满挫折的工作中			0.747			0.697
19. 质疑上级不正确的观点和意见				0.744		0.695
20. 选择适当时机和领导者可接受的方式建言				0.795		0.761
22. 对领导不当言行及时指正				0.813		0.789
24. 直言单位存在的严重问题				0.740		0.707
26. 指出与公司价值观不匹配的破坏行为					0.810	0.669
27. 不会因保住工作而放弃伦理道德					0.724	0.744
29. 对上级违法乱纪行为予以举报					0.742	0.690
30. 对为逐利而违背职业操守的行为,我既不会质疑、也不会划清界限					0.771	0.733
特征根	2.747	2.990	2.153	3.001	2.740	
累积解释方差变异(%)	45.991	31.531	71.745	15.792	60.413	
KMO值	0.905					
Bartlett球形度检验(显著性)	0.000					
α系数	0.923					

对比本研究开发的量表和西方的 CFB 量表，主要区别如下：

一是结构维度的差异性。在预调研和德尔菲专家调查中，本研究采用了 Chaleff 提出的勇敢追随行为 5 维构念，即勇于负责、勇于服务、勇于挑战、勇于变革和勇于采取道德行为，经专家提议，结合中国组织实际，如前述，本研究以"勇于创新"替代了"勇于变革"维度。主要考量是：创新和变革均为企业发展新常态，但变革在某种程度上是外部驱动因素，大多自上而下，作为追随者迎接变革的概率高于主动变革；而创新可在角色内进行（Tuffs，2016），结合当前中国"万众创新"政策和创新对经济发展的引擎作用，勇于创新显然更加适合中国情境，与员工职业发展和企业对员工的期望更加契合。

二是题项表述中式化。最初，本研究拟在国外实证研究使用最广泛的 Dixon 所开发量表"The Followership Profile"的基础上完善，但预调研结果显示，排名前 20 的题项仅有 7项与 Dixon（2008）版的 TFP 选项相同。对于自英文文献汇总整理的 53 个量表题项，受访者觉得有些题项表述不清晰，有些选项与维度关联度不高，有些选项易产生歧义，可能因文化差异、理解和认知不同而导致。虽然中西方传统文化均认为"勇"集美德、智慧、能力为一体，但西方之勇突出个人，具张扬性，如保罗·蒂里希、尼采、斯宾诺莎等人从自我肯定方面探讨勇气问题（陈树林，2005）；中国传统文化中的"勇"注重礼仪规范，具内敛性，如儒家的"知耻而后勇"、老子的"慈故能勇"、二程的义理之勇等，新时代赋予了勇新的内涵，勇是敢战能胜，敢于斗争、善于斗争、勇于担当。对勇敢的不同诠释，以及中国组织中的集体主义、高权力距离背景、服从权威的传统和不丢"面子"、给"面子"的文化，可能影响西方量表在中国情境中测量的有效性。因而，本研究依据调研、访谈结果，并借鉴国内研究相近概念的量表，重新整理了 30 项初测题项。又经探索性因子分析，形成了由勇于负责、勇于服务、勇于创新、勇于挑战和勇于采取道德行为 5 个维度 19 个题项构成的 CFB 量表。

（2）验证性因子分析、模型适配度评价、竞争模型比较。对勇敢追随行为量表的验证性研究包括验证性因子分析、模型适配度评价、竞争模型比较。为进一步验证量表的结构稳定性，本研究通过网络展开了第二次施测，共得到有效问卷 528 份。样本分布情况为：男性占 53.6%、女性占 46.4%；30 岁以下占 45.5%、31~40 岁占 20.8%、41~50 岁占24.6%、51 岁以上占 9%；高中（或中专）及以下学历占 34.8%、大专占 27.5%、本科占31.4%、研究生占 6.3%；高层管理者占 7.2%、中层管理者占 18.8%、基层管理者占20.8%、一般员工占 53.2%。管理岗占 33.9%、服务岗占 17.6%、技术岗占 15%；民企占 13.4%、国企占 36.6%。

验证性因子分析采用 AMOS 25.0 软件处理数据，结果分别如图 1、表 3 所示。由图 1知，各变量具有充分的收敛效度。各观测变量的标准化系数介于 0.624~0.971，均在0.5~1，均通过 t 检验，均在 $p<0.001$ 上显著。由表 3 知，5 因子模型拟合度较好，x^2/df为 5.174；RMSEA 小于 0.08，CFI、NFI 和 TLI 均大于 0.90。其中，x^2/df 稍大于 5，鉴于样本量较大时，卡方值会变大，本文结合其他拟合指标进行判断。与其他模型相比，5 因子模型（M_0）的各项拟合指标基本在可接受范围内，模型与数据拟合良好，因此，5 因子模型（M_0）为最佳模型。

表 3
竞争模型拟合情况比较($n=528$)

模型	χ^2	df	χ^2/df	GFI	IFI	CFI	NFI	RMSEA
M_0 5 因子模型			5.174	0.858	0.938	0.938	0.925	0.067
M_1 4 因子模型	1660.956	**146**	11.376	0.706	0.842	0.842	0.830	0.140
M_2 4 因子模型	2380.964	**152**	15.664	0.650	0.768	0.768	0.756	0.167
M_3 3 因子模型	2818.725	149	18.919	0.592	0.722	0.722	0.711	0.184
M_4 2 因子模型	3876.032	151	25.669	0.522	0.612	0.611	0.603	0.216
M_5 单因子模型	6649.533	152	43.747	0.362	0.324	0.322	0.319	0.285

注：19 个题项归为 5 个维度，形成 5 因子模型(M_0)；勇于负责、勇于挑战 2 个维度合并，形成 4 因子模型(M_1)；勇于挑战、勇于采取道德行为 2 个维度合并，形成 4 因子模型(M_2)；勇于负责、勇于挑战、勇于创新 2 个维度合并，形成 3 因子模型(M_3)；勇于负责、勇于挑战、勇于创新 3 个维度合并，同时将勇于挑战、勇于采取道德行为 2 个维度合并；19 个题项归为一个因子，为单因子模型(M_5)。

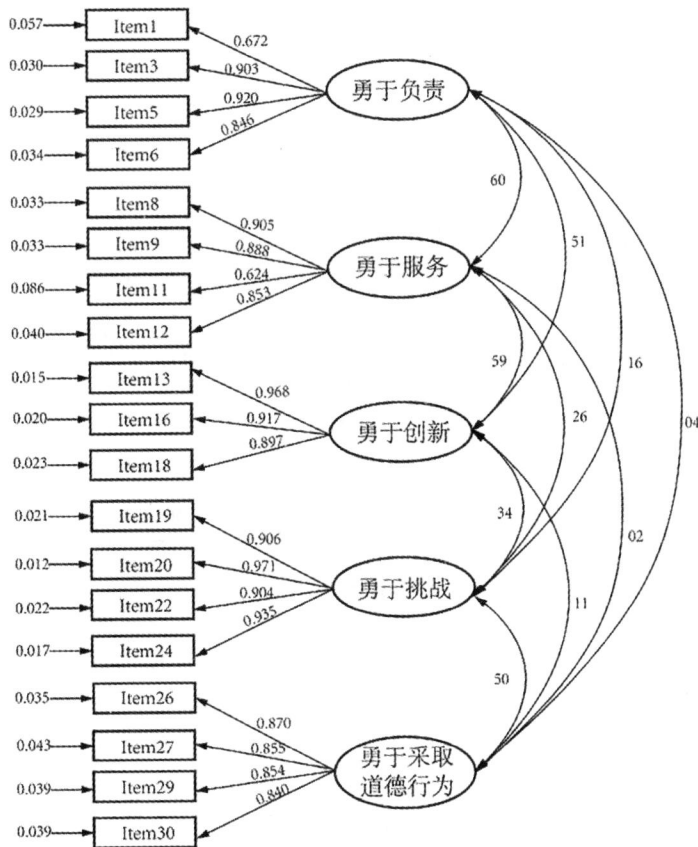

图 1 验证性因子分析

（3）信度检验。信度评估分为整体信度、潜变量信度评估。整体信度根据克隆巴赫 Alpha 值判断，潜变量信度根据克隆巴赫 Alpha 值和组合信度 CR 值综合判断。结果表明，整体信度为 0.895，各维度 α 值和组合信度 CR 值见表 4，均高于 0.8。据此认为，量表通过了信度检验。

表4　　　　　　　　　　　　各维度 α 值和组合信度 CR 值

因子	克隆巴赫 Alpha 值	组合信度
勇于负责	0.902	0.905
勇于服务	0.887	0.893
勇于创新	0.948	0.949
勇于挑战	0.962	0.962
勇于采取道德行为	0.915	0.916

（4）效度检验。本研究主要对内容效度、结构效度和效标效度进行评估。对校标效度的检验将在研究二中具体阐述。

内容效度：本研究采取如下措施以确保所开发的中国情境下的勇敢追随行为量表具有较高的内容效度：一是具有相应的理论基础，基于 Chaleff 提出的勇敢追随行为理论，并在西方实证研究所使用题项的基础上梳理了预测问卷的题项；二是根据半结构化访谈结果，以及 3 轮德尔菲专家讨论意见，厘清了中国情境下勇敢追随行为各维度的核心思想，完善了量表的测量题项。

结构效度：本研究通过收敛效度和区分效度验证所开发量表的结构效度。验证性因子分析的标准化因子载荷及其显著性结果反映了量表的收敛效度。由表 5 知，本研究开发量表的因子载荷、AVE 值均大于 0.5 且 CR 值大于 0.7，说明量表具有较好的收敛效度。区分效度是对比 AVE 平方根值与其他因子的相关系数，若 AVE 平方根值大于该因子与其他因子间的相关系数，表示具有良好的区分效度。由表 6 知，各维度相关系数均小于 0.7 且小于 AVE 平方根值，说明量表的区分效度较好。

表5　　　　　　　　　　　收敛效度：因子标准化载荷与 AVE 值

因子	标准化载荷	AVE	CR
勇于负责	0.672～0.920	0.705	0.905
勇于服务	0.624～0.905	0.666	0.894
勇于创新	0.897～0.968	0.862	0.949
勇于挑战	0.904～0.971	0.860	0.962
勇于采取道德行为	0.840～0.870	0.740	0.916

表6　　　　　　　　　　区分效度：Pearson 相关与 AVE 平方根值

	勇于负责	勇于服务	勇于创新	勇于挑战	勇于采取道德行为
勇于负责	(0.840)				
勇于服务	0.527	(0.816)			

94

	勇于负责	勇于服务	勇于创新	勇于挑战	勇于采取道德行为
勇于创新	0.478	0.533	(0.928)		
勇于挑战	0.124	0.217	0.325	(0.927)	
勇于采取道德行为	0.031	0.003	0.074	0.462	(0.860)

注：斜对角线上的数字为 AVE 平方根值。

为进一步检验量表，本研究还进行了与已有量表区分效度和拟合度的检验。鉴于尚未有勇敢追随行为本土化量表，也未发现同时涵盖与负责、服务、创新、挑战和道德行为 5 个维度相近概念的量表，本研究参照李群等（2020）的做法，选择了 Farh 等（1991）的责任行为、Scott 和 Bruce（1994）的创新行为、宋继文等（2017）的积极挑战行为以及 May 等（2014）的道德勇气量表中的相关变量。其中，责任行为量表为单维 4 个题项，本文选择了"在干好干坏一个样的情况下，都认真负责地工作"等 3 个题项，并推测责任行为量表与勇敢追随行为的勇于负责、勇于服务维度显著相关。创新行为量表为单维 6 个题项，本文选择了"我常提出有创新的点子与想法"等 3 个题项，并推测创新行为量表与勇敢追随行为的勇于创新行为维度显著相关。积极挑战行为量表为单维 5 个题项，本文选择了"出于公司或团队考虑，我指出了领导做法中可能存在的风险与不妥之处"等 3 个题项，并推测积极挑战行为量表与勇敢追随行为的勇于挑战维度显著相关。道德勇气量表为单维 4 个题项，本文选取了"我会为正义的事业挺身而出，即使这事业不被大家看好"等 3 个题项，并推测道德勇气量表与勇敢追随行为的勇于采取道德行为维度显著相关。

本研究通过网络展开了第三次施测，共得到有效问卷 310 份。其中，男性占 67.1%，女性占 32.9%；30 岁以下占 21%、31~40 岁占 28.4%、41~50 岁占 37.4%、51 岁以上占 13.2%；高中（或中专）及以下学历占 20%、大专占 28.4%、本科占 43.5%、研究生占 8.1%；高层管理者占 7.4%、中层管理者占 24.8%、基层管理者占 24.5%、一般员工占 43.2%。管理岗占 43.9%、服务岗占 21.3%，技术岗占 15.2%；民企占 18.4%、国企占 50%。

表 7 显示，9 个因子分别对应的 AVE 平方根值最小为 0.560，大于因子间相关系数的最大值 0.440，意味着研究数据具有良好的区分效度。其中，责任行为和勇于负责、勇于服务之间的相关系数呈现出 0.05 水平的显著性，说明责任行为和勇于负责、勇于服务显著正相关。创新行为与勇于创新呈显著相关性，相关系数值是 0.245，意味着创新行为与勇于创新显著正相关。挑战行为与勇于挑战之间的相关系数值是 0.281，呈现出 0.01 水平的显著性，意味着挑战行为与勇于挑战显著正相关。道德勇气与勇于采取道德行为呈显著相关性，相关系数值是 0.127。

表 7　　　　　　　　　与已有量表的区分效度：Pearson 相关与 AVE 平方根值

	责任行为	创新行为	挑战行为	道德勇气	勇于负责	勇于服务	勇于创新	勇于挑战	勇于采取道德行为
责任行为	(0.861)								

	责任行为	创新行为	挑战行为	道德勇气	勇于负责	勇于服务	勇于创新	勇于挑战	勇于采取道德行为
创新行为	0.197**	(0.824)							
挑战行为	0.217**	0.175**	(0.808)						
道德勇气	0.014	−0.055	−0.02	(0.560)					
勇于负责	0.144*	−0.077	−0.093	0.066	(0.922)				
勇于服务	0.126*	−0.002	−0.02	0.072	0.397**	(0.862)			
勇于创新	0.11	0.245**	0.083	0.033	0.222**	0.414**	(0.945)		
勇于挑战	0.057	0.024	0.281**	0.096	−0.105	0.024	0.211**	(0.937)	
勇于采取道德行为	−0.003	−0.056	−0.085	0.127*	−0.042	−0.027	0.148**	0.440**	(0.881)

注：斜对角线上的数字为 AVE 平方根值，* 表示 $p<0.05$，** 表示 $p<0.01$。

采用 AMOS25.0 软件对勇敢追随行为与责任行为、创新行为、挑战行为和道德勇气 4 个变量进行验证性因子分析。表 8 显示各项拟合指标基本在可接受范围内，模型与数据拟合良好。

表 8 　　　　　　　　勇敢追随行为和相关构念的拟合度情况（$N=310$）

模型	χ^2/df	IFI	GFI	CFI	NFI	RMSEA
单因子模型（A+B+C+D+E）	2.584	0.904	0.911	0.903	0.853	0.072

注：A 表示勇敢追随行为，B 表示责任行为，C 表示创新行为，D 表示挑战行为，E 表示道德勇气。

4. 研究二：勇敢追随行为的效标效度检验

研究二的目的是以希望和自我效能作为校标，考察勇敢追随行为量表的效用。选择希望和自我效能作为效标的原因有：一是它们均有成熟量表且具有良好信度和效度，二是现有研究表明，希望和自我效能对勇敢追随行为具有促进作用。勇气的来源之一是对自我能力提高的信心和对成功的希望（Steve，2018），自我效能具有增强道德勇气和克服恐惧的作用（Khelil 等，2018），自我效能、期望结果和实现目标的路径等因素强化了个体的道德勇气，激发了勇敢行为（Sekerka 和 Charnigo，2009）。鉴于此，本研究以自我效能和希望作为校标，并分别基于期望理论和社会认知理论，以希望和自我效能作为校标进一步验证量表效度。

4.1 研究假设

勇气并非与生俱来，勇气也并不必然引发勇敢行为。Robert 和 Doud（2019）指出，勇气的根源在于希望，希望促成了许多勇敢而重要的事迹。期望理论（Vroom，1964）假设人们经常根据期望结果的概率行动。Sekerka 和 Bagozzi（2007）确认，对成功实施道德勇敢行为的期望值越高，实施勇敢行为的愿望就越强烈。Pury 等（2007）证明，个体行为越能改善现状和取得成功，就越会被评价为勇敢。Sekerka 和 Bagozzi（2010）还发现，由于希望对实现目标和取得成功具有积极推动作用，而具有道德勇气的个体倾向于考虑其行为是否有助于个人和组织，因此希望能促使个体在面对职场道德挑战时勇于采取道德行为。

职场中，希望往往与工作目标联系，当员工对积极结果持较高期望时，员工对组织的情感承诺增强，将更致力于组织（Tillman 等，2018）。高期望还激发了员工的创新行为（Kim 等，2018），因为希望是"现实地、合理地、高尚地运用想象力"（Goodson，2018），充满希望的个体通常会更努力去达成目标（Yu 等，2019），并试图寻求多种途径实现目标（Avey 等，2006）。希望以目标导向，包含个人有能力找到达成目标的有效途径的信念（路径思维）和个人沿着既定目标前进的信念（动力思维），有助于勇敢追随者实现目标（Muhlenbeck，2012）。因此，基于期望理论，本研究提出以下假设：

H1：希望对勇敢追随行为及其各维度具有积极影响。

除了希望，自我效能感也被视为勇敢行为的前兆（Hannah 等，2007）。自我效能感是 Bandura（1982，1986）社会认知理论中的核心概念，通常与自信相关，与个体自身拥有的技能无关，是个体对自己完成特定任务的能力的评判。它被描述为"决定人们在面对重大挑战时的努力和坚持程度的重要因素"（Rice，1998），具体表现为对自我设定目标的挑战、全力以赴、对困难任务的选择以及逆境中的毅力（Goud，2005；Youssef 和 Luthans，2012），因而，自我效能程度高的个体在面临恐惧时，会感到较少的压力和威胁，即使受到威胁，仍然坚持不懈（Khelil 等，2018）；自我效能程度高的个体勇于承担具有挑战性的任务，投入努力和资源以实现目标（Yu 等，2019），并在工作中实践创新（Zahra 等，2017）。根据 Hannah 等（2010）的研究，自我效能感与对成功结果的预期（Bandura，1997）和目标导向行为的鼓励有关。因此，自我效能程度高的个体勇于全力以赴完成相关任务，并倾向于预期成功，从而导致积极的绩效（Wood 和 Bandura，1989；Kelly 等，2014）。

Chemers 等（2000）认为自我效能感对道德勇气至关重要，因为自我效能感"不仅影响人们对自己所拥有技能的认知，还影响人们对自身如何利用技能的判断"。Sekerka 和 Bagozzi（2010）也发现，自我效能感激励个体保持应对负面事件和逆境的毅力，进而激发其采取道德行为的愿望。由此，基于社会认知理论，本研究提出以下假设：

H2：自我效能对勇敢追随行为及其各维度具有积极影响。

4.2 样本概况和量表选择

本次分析使用第二次施测获得的数据样本。希望和自我效能量表采用了 Luthans 等（2007）的心理资本 PCQ-24 量表中的希望和自我效能子量表，各 6 个题项。本次测量中，自我效能量表的 α 值为 0.958，希望量表的 α 值为 0.944，均大于 0.7，表明该两量表的信度较好。

鉴于性别、年龄、任职时间等人口统计学变量对勇气具有显著影响（Howard 和 Cogswell，2018），以及勇敢追随行为水平随组织文化（Na-Nan，2016）、职位和职级（Dixon，2006）变化，因而我们将性别、年龄、文化、工龄、岗位性质、职位、单位性质作为控制变量。

4.3 结果分析

(1)验证性因子分析。为验证模型拟合度，采用 AMOS25.0 软件进行验证性因子分析，如表9所示。对比单因子、2因子模型，3因子模型拟合效果更好。

表9　　　　　　　　　　　　　验证性因子分析结果($N=528$)

模型	x^2/df	IFI	GFI	CFI	NFI	RMSEA
单因子模型(A+B+C)	6.272	0.924	0.849	0.911	0.924	0.100
2因子模型(A+B、C)	6.049	0.928	0.857	0.928	0.915	0.098
2因子模型(A、B+C)	4.420	0.951	0.866	0.951	0.938	0.081
2因子模型(A+C、B)	6.020	0.928	0.858	0.928	0.915	0.098
3因子模型(A、B、C)	4.201	0.955	0.895	0.955	0.942	0.078

注：A表示勇敢追随行为，B表示自我效能，C表示希望。

为测试共同方法偏差，采用 Harman 单因素检验法，未旋转的情形下，第一个因子的总方差解释占比为40.952%，小于50%的经验标准，说明数据不存在严重的共同方法偏差。

(2)相关分析。表10给出了本研究变量的均值、标准差和变量间的相关系数。由数据知，在控制性别、年龄、文化、工龄、岗位性质、职位、单位性质变量后，自我效能、希望分别与勇敢追随行为各维度显著正相关。数据初步支持了 H1 和 H2。

表10　　　　　　　　　各变量的均值、标准差和相关系数($N=528$)

变量	Y_1	Y_2	Y_3	Y_4	Y_5	Y	M_1	M_2
Y_1 勇于负责	(0.840)							
Y_2 勇于服务	0.527***	(0.816)						
Y_3 勇于创新	0.478***	0.533***	(0.928)					
Y_4 勇于挑战	0.124**	0.217***	0.325***	(0.927)				
Y_5 勇于采取道德行为	0.031	0.003	0.074*	0.462***	(0.860)			
Y 勇敢追随行为	0.658***	0.695***	0.699***	0.678***	0.512***			
M_1 自我效能	0.294***	0.324***	0.475***	0.391***	0.146**	0.493***	(0.893)	
M_2 希望	0.296***	0.344***	0.471***	0.375***	0.118**	0.484***	0.831***	(0.828)
平均量	2.899	3.285	3.338	3.316	2.668	3.089	3.793	3.705
标准偏差	1.136	1.174	1.160	1.213	1.170	0.762	0.933	0.922
组合信度	0.905	0.894	0.949	0.962	0.916		0.958	0.944

注：* 表示 $p<0.1$，** 表示 $p<0.05$，*** 表示 $p<0.01$，斜对角线上的数字表示 AVE 平方根值。

（3）回归分析。为进一步检验 H1、H2，进行了回归分析，如表 11 所示。将自我效能纳入模型并控制相关变量后，自我效能分别与勇敢追随行为各维度呈显著正相关（β 分别为 0.304、0.326、0.475、0.399、0.148、0.496，$p<0.01$）；希望分别与勇敢追随行为各维度呈显著正相关（β 分别为 0.305、0.346、0.470、0.382、0.120、0.120，$p<0.01$）。H1 和 H2 得到支持。

表 11 自我效能、希望对勇敢追随行为及各维度的回归结果

变量	Y_1 勇于负责			Y_2 勇于服务			Y_3 勇于创新		
性别	-0.061	-0.038	-0.032	-0.154***	-0.130**	-0.121**	-0.198***	-0.163***	-0.154***
年龄	-0.141*	-0.178*	-0.169*	0.047	0.007	0.014	0.052	-0.006	0.008
文化	-0.05	-0.055	-0.050	0.067	0.061	0.066	0.025	0.018	0.025
工龄	0.198**	0.205**	0.205**	-0.061	-0.054	-0.053	-0.027	-0.016	-0.016
岗位性质	0.014	0.013	0.018	-0.005	-0.006	0.000	0.092*	0.090*	0.098*
职位	0.012	0.059	0.050	0.032	0.083*	0.076	-0.076**	-0.002**	-0.016**
单位性质	-0.068	-0.051	-0.039	-0.138**	-0.119**	-0.104**	0.128	-0.102	-0.083
M_1 自我效能		0.304***			0.326***			0.475***	
M_2 希望			0.305***			0.346***			0.470***
R^2	0.019	0.104	0.105	0.066	0.164	0.176	0.079	0.276	0.283
ΔR^2		0.085	0.086		0.098	0.111		0.208	0.204

变量	Y_4 勇于挑战			Y_5 勇于采取道德行为			Y 勇敢追随行为		
性别	-0.063	-0.033	-0.027	-0.053	-0.042	-0.041	-0.155**	-0.118**	-0.041**
年龄	0.122	0.073	0.086	0.119	0.101	0.108	0.063	0.002	0.108
文化	0.096*	0.089**	0.096**	0.088*	0.086*	0.088*	0.073	0.064	0.088*
工龄	-0.127	-0.118	-0.118	-0.005*	-0.001	-0.002	-0.008	0.003	-0.002
岗位性质	0.113	0.112	0.118	0.011	0.011	0.013	0.066	0.065	0.013
职位	-0.172**	-0.110**	-0.123**	-0.087*	-0.064*	-0.072	-0.090*	-0.012	-0.072
单位性质	0.032**	0.054**	0.069**	0.073	0.081	0.084*	-0.062	-0.035	0.084
M_1 自我效能		0.399***			0.148***			0.496***	
M_2 希望			0.382***			0.120***			0.120***
R^2	0.037	0.184	0.172	0.045	0.065	0.058	0.063	0.291	0.283
ΔR^2		0.147	0.135		0.02	0.013		0.228	0.22

注：* 表示 $p<0.1$，** 表示 $p<0.05$，*** 表示 $p<0.01$，β 为标准化系数。

5. 结论与讨论

5.1 主要结论

根据理论分析和实证研究结果，本文得出如下结论：首先，勇敢追随行为本质上是一种以组织目标、道德价值观为核心的积极追随行为，是追随者对领导者的向上管理。向上管理不仅需要勇气，而且需要拥有相匹配的能力、资源以及道德立场。因而，勇气贯穿行为始终，包括勇于负责、勇于服务、勇于创新、勇于挑战、勇于采取道德行为，研究一的分析表明，CFB 量表具有良好的信度与建构效度。其次，与已有量表区分效度和拟合度的检验结果显示，具有责任行为、建言行为、创新行为和道德勇气的员工，其勇敢追随行为水平也较高，CFB 量表的效度获得进一步验证。最后，基于期望理论和社会认知理论视角，研究二探讨并验证了希望和自我效能在勇敢追随行为中扮演的重要角色，希望、自我效能与勇敢追随行为显著正相关，表明 CFB 量表具有较好的效标效度。

5.2 主要理论贡献

本研究从哲学视角、积极心理学视角分析了勇敢追随行为，为勇敢追随行为后续本土化研究提供了测量工具，拓展了追随力和领导力研究领域。首先，本研究在现有成果的基础上结合中国组织实际完善了勇敢追随行为的内容结构，提炼了 5 个维度的核心思想，梳理了各维度的具体表现，开发了 CFB 本土化量表，丰富了勇敢追随行为的研究文献。其次，曹元坤等（2019）提出，中国传统文化注重群体关系，强调秩序及和谐氛围，西方勇敢追随理论是否适合中国情境下的组织文化？本研究经半结构化访谈、德尔菲专家法、问卷填答、数据分析，对国内职场中勇敢追随行为进行了调查，并进一步分析了个体差异如希望、自我效能对勇敢追随行为的激励作用，探索了本土化实证研究。再次，基于领导-追随关系的动态、共生关系（Hollander 和 Webb，1995），以及领导力和追随力在本质上具有流动性：个体可能在 A 场合中实践领导力，在 B 情形中实践追随力（Carsten 等，2017），勇敢追随行为模式提倡追随者要以组织目标为导向以及追随者要负责、要奉献、有担当、有道德、有勇气，这可视为从追随者角度研究领导力，丰富了领导力研究视角。最后，鉴于探讨希望、自我效能等积极情感对勇敢追随行为的作用，以及基于哲学视角解读勇敢追随行为的研究比较有限，本研究对相关领域也具有相应贡献。

5.3 主要实践意义

本研究对管理实践具有一定指导意义。一方面，提高勇敢追随行为水平实质上也是领导力技能的提高。真正的领导是领导行为和追随行为的结合（Tsakeni 和 Jeti，2017），良好的追随技能提升了有效领导力（Collinson，2006；Hurtwiz 和 Hurtwiz，2015），Ghias 等（2018）证明，勇敢追随行为有利于模范领导能力的培养，这点也与 Dixon（2003）和 Chaleff（1995）的论断一致，即优秀领导者通常是勇敢追随者。另一方面，提高员工的勇敢追随技能有助于营造风清气正的企业文化。学者们将领导失败与性格缺陷、道德沦丧相联系，追随者缺乏勇气也被认为是不良领导力的罪魁祸首（Rijamampianina，2018），而勇敢追随者面对群体思维不会"沉默是金"，面对领导不当言行不会无底线地退让。若领导者一直执迷不悟，则勇敢追随者会离开组织甚至成为"吹哨人"。因而，勇敢追随者勇于挑战、勇于采取道德行为起了震慑作用，助推了领导者树立不踩红线的底线思维。此外，本研究验证了希望和自我效能对勇敢追随行为的作用，组织可采取有效措施激励员工提升勇敢追随行为水平，例如为员工提供实现目标的路径，增强员工对预期成功的希望；组织相关培训以提高员工的自我效能、道德自律能力。

6. 研究局限和展望

6.1 局限性

虽然本研究遵循了比较严格的程序，但是仍然存在一定的局限性：①本研究支持了希望和自我效能是勇敢追随行为前因的观点，但所收集数据为横截面数据，对研究变量之间的因果关系有一定的局限性。未来可考虑纵向研究，为因果关系的预测提供进一步的支持。②研究中的数据收集都是采用自我报告的形式，可能造成社会赞许性效应。为尽量减少社会赞许性效应，本研究开发的勇敢追随行为量表设置了反向计分题。今后可采用更客观的方法，例如由主管或同事评估目标对象的勇敢追随行为水平，以减少社会赞许性效应。

6.2 研究展望

①国内有关量表开发的研究多数选用结果变量进行效标效度检验，本研究选择了前因变量，今后可选择勇敢追随行为的结果变量作为效标，以进一步验证量表的效标效度。②勇敢追随行为对不良领导力具有"中和"作用（Ghias 等，2018），鉴于积极和消极在任何给定的环境中都是潜在的共存现象（Luthans 和 Avolio，2009；Agarwal，2019），今后可展开负向领导行为与勇敢追随行为的双向实证研究，以期发现彼此的互动效应。③西方研究表明，处于不同组织层级、不同组织文化的追随者拥有不同的勇敢追随行为属性，鉴于中国组织情境、文化有别于西方，未来研究可考察岗位、企业性质、年龄、性别等人口统计学变量对勇敢追随行为的影响。

◎ 参考文献

[1]伊拉·夏勒夫.与老板共舞:做个勇敢的部属[M].深圳:海天出版社,1999.

[2]曹元坤,周青,刘善仕,等.勇敢追随行为研究述评与展望[J].外国经济与管理,2019(9).

[3]李群,唐芹芹,张宏如,等.制造业新生代农民工工匠精神量表开发与验证[J].管理学报,2020(1).

[4]Agarwal, U. A. Examining links between abusive supervision, PsyCap, LMX and outcomes

［J］. Management Decision, 2019,57(5).

［5］Ahmad, J., Athar, M. R., Azam, R. I., et al. A resource perspective on abusive supervision and extra-role behaviors: The role of subordinates' psychological capital［J］. Journal of Leadership & Organizational Studies, 2019,26(1).

［6］Carsten, M., Bligh, M., Epitropaki, O., et al. At the interface of leader and follower. Serving as a leader to some and a follower to others［J］. Academy of Management Annual Meeting Proceedings, 2017(1).

［7］Chaleff, I. Intelligent disobedience［J］. Leadership Excellence, 2014,31(12).

［8］Chaleff, I. In praise of followership style assessments［J］. Journal of Leadership Studies, 2016,10(3).

［9］Deale, C. S., Schoffstall, D. G., Brown, E. A. What does it mean to follow? An exploration of a followership profile in hospitality and tourism［J］. Journal of Teaching in Travel & Tourism, 2016,16(4).

［10］Dixon, G., Westbrook, J. Followers revealed［J］. Engineering Management Journal, 2003, 15(1)

［11］Dixon, G. The relationship of organizational level and measures of follower behaviors［C］// Proceedings of the 2006 IJME-INTERTECH Conference.

［12］Ghias, W., Hassan, S., Masood, M. T. Does courageous followership contribute to exemplary leadership practices: Evidence from pakistan?［J］. Research Journal of Business Management, 2018,13(1).

［13］Rossetto, K. R., Lannutti, P. J., Smith, R. A. Investigating self-efficacy and emotional challenge as contributors to willingness to provide emotional support［J］. Southern Communication Journal, 2014,79(1).

［14］Khelil, I., Akrout, O., Hussainey, K., et al. Breaking the silence: An empirical analysis of the drivers of internal auditors' moral courage［J］. International Journal of Auditing, 2018,22(2).

［15］Kim, T. T., Karatepe, O. M., Lee, G. Psychological contract breach and service innovation behavior: Psychological capital as a mediator［J］. Service Business, 2018,12(2).

［16］Lan, X. How psychological capital promotes innovative behavior: A mutilevel modeling［J］. American Journal of Industrial and Business Management, 2019,9(12).

［17］Lincoln, S. The impact of servant leadership on courageous followership and supervisor-related commitment［J］. Dissertations & Theses-Gradworks, 2016.

［18］Sok, M. The effectiveness between courageous follower to the work performance in the organization, case study comparison between national polytechnic institute of cambodia (cambodia) and rajamangala university of technology thanyaburi(thailand)［D］. Thailand : Rajamangala University of Technology Thanyaburi, 2014.

［19］Muhlenbeck, L. B. Following after hope: An examination of the relationship between the goal-directed affects of hope and the dimensions of courageous followership as measured in the healthcare industry[J]. Dissertation Abstracts International Section A: Humanities and Social Sciences, 2013,73.

[20] Na-Nan, K. The relationship between organizational cultures and courageous followership behaviors: What's the relationship and why does it matter? [J]. International Business Management, 2016,18(10).

[21] Hannah, S. T., Avolio, B. J., Walumbwa, F. O. Relationships between authentic leadership, moral courage, and ethical and pro-social behaviors[J]. Business Ethics Quarterly, 2011,21(4).

[22] Howard, M. C., Cogswell, J. E. The left side of courage: Three exploratory studies on the antecedents of social courage[J]. Journal of Positive Psychology, 2019,14(3).

[23] Rijamampianina, R. Leaders and decision making: A study of the drivers of courage[J]. Problems & Perspectives in Management, 2018,16(1).

[24] Doud, R, E. Hope and the courage to become and overcome[J]. Way, 2019,58(3).

[25] Schilpzand, P., Hekman, D. R., Mitchell, T. R. An inductively generated typology and process model of workplace courage[J]. Organization Science, 2015,26(1).

[26] Steve, C. Fear, faith, hope, and courage[J]. Schizophrenia Bulletin, 2018,44(4).

[27] Thomas, T. A., Berg, P. Followership: Exercising discretion[J]. Journal of Leadership Education, 2014,13(4).

[28] Tillman, C. J., Gonzalez, K., Crawford, W. S., et al. Affective responses to abuse in the workplace: The role of hope and affective commitment[J]. International Journal of Selection and Assessment, 2018,26(1).

[29] Tolstikov-Mast Y. Global followership: The launch of the scholarly journey[M]//Advances in global leadership. Bingley, UK: Emerald Group Publishing Limited, 2016.

[30] Tsakeni, M., Jita, L. Followership and sustainability of school leadership for Science and Mathematics: A distributive perspective[J]. Journal of Education, 2017(69).

[31] Tuffs, J. L. What factors contribute to acts of courage in workplace settings? [D]. Chicago: Adler School of Professional Psychology, 2016.

[32] Whyte, A. N. J. An exploration of the role of the "Assistant to" in student affairs using the courageous follower model[J]. Dissertations & Theses-Gradworks, 2015.

[33] Williams, J. A. The relationship between leadership style and courageous followership behavior among United States Air Force senior noncommissioned officers[J]. Dissertations & Theses-Gradworks, 2015.

[34] Wu, M., Peng, Z., Estay, C. How destructive leadership influences compulsory organizational citizenship behavior[J]. Chinese Management Studies, 2018,12(2).

[35] Yu, X., Li, D., Tsai, C. H., et al. The role of psychological capital in employee creativity [J]. Career Development International, 2019,24(4).

[36] Zahra, T. T., Ahmad, H. M., Waheed, A. Impact of ethical leadership on innovative work behavior: Mediating role of self-efficacy[J]. Journal of Behavioural Sciences, 2017,7(1).

Scale Development and Validation of Courageous Followership Behavior in Chinese Context

Cao Yuankun[1] Zhou Qing[2] Zhu Zhenbing[3,4] Xiong Li[5]

(1, 2, 3, 5 Research Center of Cluster and Enterprise Development,
Jiangxi University of Finance & Economics, Nanchang 330013;
4 School of Management, Jiangxi University of Science and Technology, Nanchang 330013)

Abstract: Courageous Followership Behavior(CFB) plays an important role to develop exemplary leadership, preventing bad leadership and increasing the following ability. CFB research in China is growing, but always lacks local situation measurement tools, and the scale items of foreign research are too many to cause confusion. To solve this problem, 53 initial items of CFB are obtained by combining interview text analysis and the existing scales from foreign studies. Based on deep-interviews and open-ended questionnaire surveys conducted on a sample of Chinese workplace, we design primary Scale of CFB of 19items, which includes five dimensions consisting of Courage to take responsibility, courage to serve, courage to innovate, courage to challenge and courage to take moral action. Exploratory factor analysis(EFA) and confirmatory factor analysis (CFA) are carried out. The empirical test shows that hope and self-efficacy has an effective promotion on CFB. It provides a theoretical basis for Chinese organization to guide the management practice of developing Courageous Followership and exemplary leadership.

Key words: Courageous followership behavior; Scale development; Hope; Self-efficacy

专业主编：杜旌

在线评论解释对消费者购买意愿的影响研究[*]

● 乔晓娇[1]　石　丹[2]　宫　媛[3]　李　响[4]

（1　天津理工大学管理学院　天津　300384；2，3　大连理工大学商学院　盘锦　124221；
4　南开大学经济与社会发展研究院　天津　300071）

【摘　要】消费者网络购买意愿受到多种因素的影响，而在线评论已经成为其中最为关键的影响因素。现有研究多关注消费者提供的评论数量、评论得分和评论内容，而鲜少探究商家做出的在线评论解释及解释类型对消费者购买意愿的影响。为此，本文基于对比情境的调查问卷，通过实证分析研究在线评论解释对消费者购买意愿的影响。研究发现，消费者对于是否包含在线评论解释在感知有用性方面存在显著差异；评论解释类型与评论效价的交互作用对感知有用性有显著影响；对于负面评论，个性化的评论解释对消费者感知有用性影响更为显著；产品类型、评论解释类型与评论效价的交互作用对感知有用性的影响并不显著；评论感知有用性作为中介变量显著影响消费者购买意愿。研究结论为商家充分利用评论解释，提高消费者购买意愿，促进平台经济健康发展提供了参考借鉴。

【关键词】购买意愿　感知有用性　在线评论解释　对比实验

中图分类号：F063.2　　文献标志码：A

1. 引言

随着互联网普及率的提高，基础客户资源保有量的稳步提升，特别是各类网络社区的兴起，我国在电子商务领域获得长足发展，跻身世界前列。《中国互联网络发展状况统计报告》显示，截至 2019 年 6 月，我国网络购物用户规模达到 6.39 亿（CNNIC，2019）。相对于实体店铺消费者，网络电商消费者在其消费意愿形成和改变的过程中更关注网络口碑、价格、网站/商家信誉；其中对产品口碑的关注度高达 77.5%（CNNIC，2016）。一般

＊ 基金项目：教育部人文社会科学研究青年基金项目"数据驱动的产品众筹消费需求动态感知与众筹模式创新研究"（项目批准号：17YJC630113），国家自然科学基金项目"基于政府规制和市场驱动的企业绿色制造和运营模型研究"（项目批准号：71702021），国家自然科学基金项目"考虑消费者行为的O2O 服务企业决策优化与供应链协同研究"（项目批准号：71772095），国家自然科学基金项目"考虑善因营销的企业运营策略优化与供应链协同研究"（项目批准号：72072094）。

通讯作者：石丹，E-mail：shidan56@dlut.edu.cn。

认为，相对于文本广告和电视广告，基于消费者消费体验形成的产品口碑更能够影响消费者的购买意愿(余航和王战平，2013)。在天猫、京东、唯品会等国内知名电商积极接入微博、抖音、微信等活跃社交媒体后，产品口碑的形成路径、运行模式日趋多元化，构成了消费者购买决策的多源信息参考。相关研究表明，产品口碑极大地影响了消费者对该产品的购买意愿(王建军等，2019)。

在线评论是产品口碑形成的最重要路径之一(汪旭辉等，2017)，对消费者形成购买意愿具有关键影响。消费者在线搜索商品，并决定是否购买前，通常会浏览在线评论。在线评论一般被认为是商品页面信息的有益补充，降低了消费者评估商品能否满足其预期的难度。然而，在线评论信息的发布者可能提供过量信息，甚至为了牟利而充当网络水军发布正面(沈超等，2020)或负面的虚假评论(郑春东等，2016)，极大限制了在线评论对消费者购买意愿形成的积极作用。学术研究逐渐从在线评论对消费者购买意愿影响机理的研究，转入如何提高在线评论有用性，更好地服务于消费者选择以及保护商家的合法利益。电商平台随之积极跟进，完善了商家回应即商家针对在线评论进行解释的功能，从而丰富了在线评论对消费者购买意愿研究的内核，具有更强的商业实践价值。

有鉴于当前关于在线评论对消费者购买意愿的影响研究主要集中于消费者提供在线评论的视角(余航和王战平，2013)、消费者视角下在线追加评论(李琪和任小静，2017)以及针对在线评论内容暗含的消费者视角的解释(汪旭辉等，2017)；而实践方面已经认识到商家对在线评论做出解释的重要性，并将商家回应纳入在线评论虚拟社区的构建，本文研究了商家围绕在线评论做出的解释对消费者购买意愿影响的问题。立足于在线评论解释，本文首先研究了商家在线评论解释与感知有用性之间的关系；然后进一步细化，围绕正面和负面的评论效价，设计了提供一致化解释和个性化解释的对比情景，考察了评论效价、在线评论解释的互动与感知有用性之间的关系；在此基础上，将产品类型纳入考量，研究了产品类型、评论效价和在线评论解释三者互动与感知有用性之间的关系；最后研究了感知有用性在在线评论解释和消费者购买意愿之间的中介效应。本研究丰富了消费者在线评论的研究内容，拓展了网络口碑的形成路径，规范了电商的在线评论参与，为电商借助在线评论引导消费者有效消费提供了参考，对消费者有效利用在线评论辅助决策提供了思路，一定程度上有助于我国互联网购物环境和平台经济的健康发展。

2. 相关研究

与本研究问题相关的内容主要有两个方面：一部分研究聚焦在线评论，主要分析消费者在评论中对其所购买产品或服务的动机、行为和实际感受的解释；另一部分研究则致力于考察消费者的购买意愿及其影响因素和影响路径。

2.1 在线评论的相关研究

在线评论的相关研究最初集中于在线评论的内涵界定，包括在线评论的定义(Park & Lee，2009)、类型(严建援等，2012)、传播渠道和传播机制(金立印，2007)等，这些研究从产品网络口碑形成的视角凸显了在线评论在线上消费中发挥的重要作用(殷国鹏，

2012；Korfiatis，2012）。围绕此作用，学者们开展了一系列的研究：从做出购买决策前的消费者行为切入，Schlosser(2011)认为消费者通常依赖于既有消费者的在线评论做出是否购买的决策，于是相关研究转入在线评论对消费者购买决策的影响。其中，一些研究关注在线评论的本身特征，即在线评论的数量、文本内容、文本长度和评论来源（Mudambi &Schuff，2010；崔楠等，2014；江晓东，2015），并据此分析在线评论的统计性特征对消费者购买意愿的影响(李启庚等，2017)。另有一些研究深入剖析在线评论所折射的消费者心理，进而从心理学层面如解释水平(李健等，2018)、解释距离(汪旭辉等，2017)和矛盾解释(刘冰莹和李若男，2019)等角度分析消费者感知的在线评论质量。然而此类研究以其计算复杂度和分析难度在实践中很难普及。因此，一些研究开始逐步关注实际存在的正面评论、负面评论，对比分析消费者阅读相关评论前后其购买意愿或购买行为的变化，由此评论效价的相关研究取得了长足进展。Zhang 等(2019)发现消费者总是在立即购买和延迟购买中权衡，而评论效价有助于激励消费者做出最终决策；但连续评论之间的时间间隔抑制了消费者做出决策的效率。此外，还有一些研究发现，在线评论的评价变化、产品类型差异对消费者购买决策也存在着不同程度的影响（Filieri et al.，2018；Von et al.，2018）。

2.2 消费者购买意愿的相关研究

消费者在线购买意愿的相关研究主要涉及网络口碑、价格、网站/商家信誉。相关研究在论证在线评论形成并传播网络口碑的同时，更关注在线评论作为网络口碑的表征如何影响消费者购买意愿。一部分研究着眼于消费者的选择依据在于对消费品的价值评估，从感知有用性的角度展开研究。感知有用性刻画了在线评论对消费者购买决策的劝说效果和利用价值(Schlosser，2011)，从而无论是主观感知刻画(Mudambi & Schuff，2010)还是销量的实际变化(Korfiatis et al.，2012)，关于感知有用性与消费者购买意愿的相关研究都逐渐引起学界的重视；相关学者结合具体消费产品的消费意愿形成和实际购买决策过程，提出了以在线购买决策影响模型(张艳辉和李宗伟，2016；魏华和黄金红，2017)为代表的决策模型。另一部分研究则关注消费者购买意愿影响的实现路径，即在线评论是否有用以及如何发挥作用。Von 等(2018)研究了在线评论有用性的消费者群体差异性，发现老年人更容易被负面评论所左右。聂伟和田娟娟(2017)着眼于认知需求，研究了认知需求对感知有用性的影响。无论是基于中心路径的认识，还是借助传递隐含信息的边缘路径认识，都成为消费者购买意愿影响路径的研究热点。此外，还有一些研究基于在线评论做出购买决策的效果展开分析，借助归因理论挖掘在线评论中关于消费行为的解释，对消费反应的说明以及追加评论的动机等。

综上，无论是关注在线评论本身，还是在线评论效价，以及在线评论所反映出的消费者在消费过程中的行为差异、反应差异以及产品类型差异，相关研究都致力于探究在线评论是否影响消费者在线购买决策；如果有影响，什么样的在线评论会对消费者购买决策产生相对更大的影响；这种影响的机理或路径又是如何实现的等一系列问题。然而，鲜有研究考察商家对于在线评论做出的解释或回应是否影响以及如何影响消费者决策；李爱国等(2017)考察了商家是否回复和回复篇幅、回复偏重精神还是物质对消费者购买意愿与购买行为的影响;这恰是强调以消费者和商家价值共创作为决策引领的在线消费中急需补充的部分。本文将在引入商家做出在线评论解释的基础上,综合考察解释类型、评论效价、产品类型对感知有用性的影响,并验证感知有用性在商家在线评论解释对消费者购买意愿影响路径中的中介作用,从而丰富在线评论对消费者购买意愿影响的研究。

3. 研究假设

3.1 在线评论解释与感知有用性

电商平台或网站在运营过程中不断完善商家与消费者的互动方式和互动途径,甚至添加了商家回复板块。这在一定程度上解决了消费者的信息不对称问题,并拓宽了潜在消费者获取信息的渠道;同时可能为商家带来更多的浏览量、曝光率和运营收入。本文将商家针对消费者的好评或差评而做出的回应称为在线评论解释。根据解释类型的差异性,我们将在线评论解释划分为一致化的评论解释和个性化的评论解释。其中,一致化的评论解释是指商家并不区分消费者的评论内容和评论效价而做出统一的模板化回复;与之对应,个性化的评论解释则是指商家会考虑消费者评论内容的差异,做出针对性的回应以期补充商品信息或者安抚消费者情绪等。鉴于 Cheung 等(2012)的研究已经明确表明在线评论内容会影响消费者的感知有用性,而事实上商家做出的在线评论解释将进一步丰富消费者从在线评论中获取的信息,因此,本文提出以下假设:

H1:消费者对于是否包含在线评论解释在感知有用性方面存在显著差异。

3.2 评论效价、在线评论解释类型与感知有用性

在线评论解释对消费者感知有用性的影响路径较为复杂(汪旭辉等,2017),商家做出的在线评论解释则基于消费者评论的效价和商家的解释类型影响消费者的感知有用性。评论效价是指消费者在线评论的整体情感倾向性;根据消费者购买体验与预期符合程度的差异,可以分为正面评论、中性评论和负面评论。有鉴于中性评论兼具正面评论与负面评论的特点,因此从本研究设计中予以剔除。

关于在线评论的效价对消费者感知有用性具有显著影响,学界已基本达成共识(Ludwig et al., 2013;任小静和李琪,2019)。无论正面评价还是负面评价,都会影响消费者对评论有用性的感知(Cheung et al., 2012;Von et al. 2018),并最终影响消费者的购买决策;但关于正面评论和负面评论对消费者感知有用性的影响强度仍存有一定的争议。一方面,针对正面评论,评论质量的不确定性使得消费者认为这些评论可能受到外部条件(沈超和刘士伟,2020)如商家返还红包的影响,从而影响其感知有用性。另一方面,针对负面评论,可能存在出于消费者的主观判断(刘冰莹和李若男,2019)如对管理者偏见、恶意差评牟利等目的而做出的评价,从而影响了消费者的感知有用性。引入商家在线评论解释后,消费者可能借此消除围绕在线评论形成的信息不对称,从而最终影响其购买意愿。针对不同的评论效价,消费者所希望获取的商家解释类型也可能存在差异。这是因为消费者基于在线评论做出购买决策(Okada,2005)时,如果有相应的商家评论解释,则消

费者能够基于一致化的解释和个性化的解释而提取相关信息并更新其对在线评论的理解，从而最终影响其购买意愿：针对正面评论，消费者需要从商家解释中获取的信息相对较少，特别是如前所述（沈超和刘士伟，2020）的情况，商家做出个性化的评论解释反而可能更会增加消费者顾虑；而针对负面评论，消费者则可能更希望商家能够做出有针对性的个性化解释，从而从中获取更多的信息以调整其感知有用性。综上所述，消费者评论感知有用性受到在线评论的效价和商家做出的评论解释类型影响。由此，本文提出以下假设：

H2：评论效价与解释类型的交互作用对消费者评论感知有用性有显著影响。

H2a：对于正面评论，一致化的评论解释比个性化的评论解释对感知有用性影响更显著。

H2b：对于负面评论，个性化的评论解释比一致化的评论解释对感知有用性影响更显著。

3.3 产品类型、评论效价、在线评论解释类型与感知有用性

除评论效价和在线评论解释类型外，消费者对评论有用性的感知还受到产品类型的影响。鉴于消费者通常通过搜索或体验获取产品的相关信息来评估产品价值，一般将产品类型划分为搜索品和体验品（Nelson，1970）。针对搜索品，如具有技术参数说明的数码相机和智能手机，消费者会综合分析商家提供的商品信息和在线评论信息，从而实现对商品的评估并做出决策。针对体验品，如难以被统一理解的某颜色、某触感的背包或者某主题、某内涵的电影，可供消费者决策参考的在线评论表现出很强的个体差异：使用主体差异导致使用体验不同，进而形成了不同的评价结果。因此，消费者需要尽可能多渠道的信息来进行综合判断，这其中就包括商家针对在线评论做出的解释。

关于产品类型差异对在线评论感知有用性影响是否显著尚无定论。一些学者认为，在线评论对消费者感知有用性在体验品方面存在显著影响，但对搜索品的影响并不显著（石文华等，2018）；也有一些学者认为，产品类型差异的影响主要体现在消费者围绕这类产品希望从在线评论中获取的决策参考信息方面（汪旭辉等，2017）。基于对评论效价、在线评论解释与感知有用性的分析，可以发现，消费者围绕体验品在线评论希望从商家在线评论解释中得到更多的信息，以进一步补充、修正其感知有用性，进而做出最终的购买决策；而相对于在实际消费和体验前较容易获取到客观数据信息的搜索品来说，消费者也希望商家能够有针对性地做出解释。综上所述，产品类型、评论效价和解释类型影响了消费者的感知有用性，因此，本文提出以下假设：

H3：产品类型、评论效价和解释类型的三项交互作用对消费者感知有用性有显著影响。

H3a：相对于一致化的评论解释，搜索品负面评论的个性化的评论解释对消费者的感知有用性有显著影响。

H3b：相对于个性化的评论解释，搜索品正面评论的一致化的评论解释对消费者的感知有用性有显著影响。

H3c：相对于一致化的评论解释，体验品负面评论的个性化的评论解释对消费者的感知有用性有显著影响。

H3d：相对于个性化的评论解释，体验品正面评论的一致化的评论解释对消费者的感知有用性有显著影响。

3.4 感知有用性与消费者购买意愿

结合 Schlosser（2011）的观点，在线评论感知有用性可以被界定为信息接收者对信息传播者所传播的信息理解程度；消费者能够通过处理这些信息不断更新自身对目标产品或服务的态度，直至形成购买意愿。关于感知有用性与购买意愿关联的相关研究多集中于在线评论的星级评分、平均星级以及评论总量等方面（Mudambi & Schuff，2010）。Maslowska 等（2017）提出，在线评论内容与产品价格共同作用从而极大提升了消费者对在线评论的感知有用性，并影响其购买决策。消费者使用在线评论的主要原因是在线评论能够拓展消费者的信息获取渠道，使其获取更多信息，并最终优化其购买决策。综上，从在线评论及其相应的商家解释对消费者购买意愿的影响路径中，消费者感知有用性发挥了重要作用。由此，本文提出以下假设：

H4：感知有用性作为中介变量对消费者的购买意愿产生显著影响。

综合上述研究假设，得到本研究的概念模型如图 1 所示。

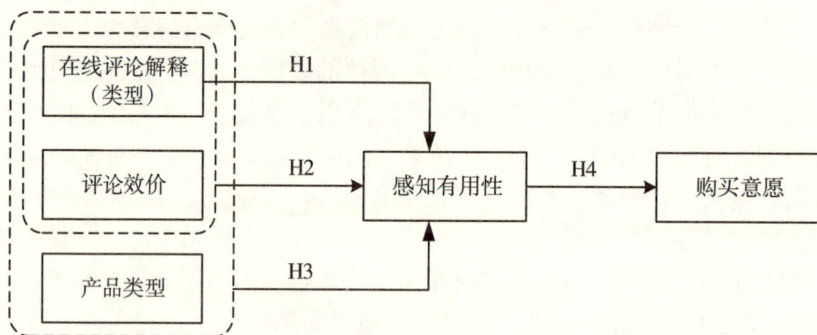

图 1　在线评论解释对消费者购买意愿影响的概念模型

4. 研究设计

本研究主要关注以下几个方面：验证在线评论解释是否影响消费者的感知有用性；分析在线评论解释影响消费者决策的具体路径；验证评论效价、解释类型和产品类型三者之间的交互作用对消费者评论感知有用性的影响以及感知有用性的中介效应。考虑到实验手段能够相对有效地控制外部因素对在线评论有用性的影响，本研究借鉴了对比实验手段，以问卷为载体，基于回收的数据统计结果考察在线评论解释对消费者购买意愿的影响。

4.1 实验材料

在实验情境方面，本文采用两种产品类型（搜索品与体验品）×两种评论效价（正面评论与负面评论)×两种评论解释类型(一致化与个性化)的三因子组间实验。在被试选择方面，考虑到网购消费者的主体年龄、对问卷的理解和配合，以及尽量避免人口统计学变量对实验结果的影响，本文选用了群体同质性较高的问卷星用户群体。在实验产品选择方面，本研究考察了前人实验品的选择，并综合考虑调查对象的性别、相关消费者的知识水平，最终在被频繁用于实验研究的台式电脑、微单、智能手机、数码相机、移动硬盘等典型搜索品中选择了智能手机；在电影、杂志、服饰、背包、门票等典型体验品中选择了背包。

关于在线评论，结合电商平台实际提取高频评论属性，并进行相应改写。通过浏览分析国内主要电商平台如天猫、京东和苏宁易购等关于智能手机和背包的评论数据可以发现：消费者对搜索品智能手机的评价主要集中于产品本身(这与搜索品的特点界定契合)，并主要集中于关注电池续航能力、屏幕大小、分辨率、重量、处理器操作性能、性价比、相机的拍摄像素和物流服务等；对体验品背包的评价主要集中在消费者的主观体验(这也与体验品的概念界定契合)，并主要集中于是否与预期质量匹配、大小是否适中、颜色是否符合预期、手感是否合乎质量、是否存在异味和物流服务等。据此，在描述在线评论时，本研究对评论指向的产品品牌进行虚拟化，并提取高频属性对既有评论进行改写，从而尽可能保证被试的真实意思表达。针对实验中商家在线评论解释的设置，本研究围绕消费者在线评论所关注的焦点，基于商家在线评论解释的实际，筛选出一类模板式的一致化解释如"感谢您选择本产品，对在此过程中给您带来的不便深感抱歉，期待您的再次光临!"以及一类针对具体诉求的个性化解释，并进行适当改写。为控制相关描述对实验调查的影响，商家的个性化解释主要围绕外观预期、使用(体验)预期和物流预期三个方面：针对搜索品的正面评论，商家提供的个性化解释关注于肯定"所见即所得；标准认可；合作物流负责"；针对体验品的正面评论，商家提供的个性化解释关注于肯定"标准拍摄；使用口碑；合作物流负责"；针对搜索品的负面评论，商家提供的个性化解释关注于解释"差异原因；第三方检验；物流追踪"；针对体验品的负面评论，商家提供的个性化解释关注于解释"差异原因；改进/补偿方案；物流追踪"；并结合在线评论所指向的具体内容进行了相应的细化。

最后，基于变量操控(一致化解释与个性化解释、正面评论与负面评论、搜索品与体验品)完全随机设计对比情境，完成问卷设计；生成 8 类问卷后，完成问卷发放和回收；在完成变量测量后，按照假设的检验顺序，分类整理数据并验证本文所提假设。

4.2 变量测量

本研究使用问卷星平台企业版发放问卷 280 份，有效问卷为 261 份，回收率达到 93.21%。得到的统计性分析结果如下：男性 125 人(47.89%)；女性 136 人(52.11%)；高中及以下 43 人，大专 41 人，本科生 157 人，研究生 20 人；18 岁及以下 5 人，10~30 岁 125 人，30~50 岁 107 人，50 岁以上 24 人；有过网购经验的被试高达 100%；有在购物决策前浏览在线评论习惯的被试占比达到 96.43%。总体来看，女性样本略高于男性，但大体较为均衡；年龄分布偏年轻化；整体文化水平足以理解问卷内容；购买频次适中，且对在线评论较为熟悉，针对情境做出的回应具有可靠性。综上，被试能够代表网络购物的消费群体，为后续研究分析奠定了基础。

本研究主要变量的测量方法均得到较好的验证，具体量表内容如表1所示。

表1 构念及测量量表

变量	题项	问题	参考文献
购买意愿	4	我会考虑购买该产品 我很强烈地想购买该产品 我会考虑像周围朋友推荐购买该产品 我购买该产品的可能性很大	Park & Kim(2000)
感知有用性	3	评论解释降低了我的信息搜索成本 评论解释帮助我更好地选择产品 评论解释帮助我更全方位地了解产品	Davis(1989)

（1）购买意愿。基于表1，测量评论后的购买意愿 Cronbach's α 值为 0.953，商家在线评论解释后的购买意愿 Cronbach's α 值为 0.921，鉴于 Cronbach's α 值介于 0.8~0.9 为非常好的研究共识，能够确认变量测量内部一致性非常高。对量表进行因子分析，评论后购买意愿的 KMO 值为 0.864，Bartlett 球形度检验为 1112.611，累计解释率为 87.687%；相对应的解释后购买意愿的 KMO 值为 0.839，Bartlett 球形度检验为 795.737，累计解释率为 81.138%；鉴于一般认为累计解释率大于 50% 即表明量表具有很好的效度，因此，本研究量表的变量操控效果较好。

（2）感知有用性。基于表1，测量评论后的感知有用性 Cronbach's α 值为 0.720，商家在线评论解释后的感知有用性 Cronbach's α 值为 0.785，鉴于 Cronbach's α 值介于 0.7~0.8 为相当好的研究共识，能够确认变量测量内部一致性非常高。对量表进行因子分析，评论后感知有用性的 KMO 值为 0.651，Bartlett 球形度检验为 176.419，累计解释率为 65.397%；相对应的解释后购买意愿的 KMO 值为 0.691，Bartlett 球形度检验为 229.485，累计解释率为 70.105%；鉴于一般认为累计解释率大于 50% 即表明量表具有很好的效度，因此，本研究量表的变量操控效果较好。

5. 假设检验与结果分析

5.1 假设检验

本研究采用三因子组间实验，以问卷为载体对本文所提出的假设进行检验。首先对在线评论解释前后的感知有用性进行成对样本 t 检验，$t=0.983$，$P=0.327$，$M_{diff}=0.0613>0.05$，如表2所示。由此，H1 得到支持，消费者对于是否包含在线评论解释在感知有用性方面存在显著差异。

表 2

配对样本检验	平均值	标准偏差	标准误差平均值	置信区间		t	自由度	Sig.
				下限	上限			
解释感知有用性-评论感知有用性	0.061	1.007	0.062	−0.062	0.184	0.983	260	0.327

表 2　　　　　在线评论解释前后感知有用性比较

MANOVA 分析结果表明,三个变量产品类型、评论效价、评论解释类型的主效应均显著:产品类型($F = 4.82$,$P = 0.029$)、评论效价($F = 14.933$,$P = 0.000$)、评论解释类型($F = 64.785$,$P = 0.000$)。鉴于 P 值均小于 0.05,可以得到上述三个变量对解释后的评论感知有用性有显著影响。Two-way 交互项方面,评论效价和评论解释类型的交互结果显著($F = 34.306$,$P = 0.000$),这说明评论解释类型的一致化与个性化调节不同效价的评论,对消费者评论感知有用性存在显著影响,从而 H2 得到支持。然而,Three-way 交互项分析结果($F = 0.766$,$P = 0.382$)则说明产品类型、评论效价和评论解释类型三者之间的交互影响作用可以不予考虑,从而 H3 被拒绝。多因素方差分析具体结果如表 3 所示。

表 3　　　　　解释后感知有用性主体间效应检验

	Ⅲ类平方和	自由度	均方	F	显著性
修正模型	38.734[a]	7	5.533	16.633	0
截距	3016.497	1	3016.497	9067.071	0
产品类型(PT)	1.604	1	1.604	4.82	0.029
评论效价(RE)	4.968	1	4.968	14.933	0
评论解释类型(ET)	21.553	1	21.553	64.785	0
PT×RE	0.253	1	0.253	0.759	0.384
PT×ET	0.012	1	0.012	0.036	0.849
RE×ET	11.413	1	11.413	34.306	0
PT×RE×ET	0.255	1	0.255	0.766	0.382
误差	84.17	253	0.333		
总计	3185.077	261			
修正后总计	122.904	260			

在此基础上,本文分析了评论效价与评论解释类型对感知有用性交互效应的边界条件。鉴于问卷中对比情境的设计是基于自变量影响因素完全随机设计的,为此采用简单效应检验方法,结果如表 4 所示。根据多重比较调节斯达克法,当评论效价为正面评论时,显著性未通过检验,即正面评论与解释类型间的相互作用并不显著,H2a 被拒绝;当评论效价为负面评论时,显著性通过检验,即负面评论与解释类型间的交互效应影响显著。考

虑到个性化与一致化的平均差值为 0.998，证明负面评论效价下，个性化的解释类型比一致化的解释类型对消费者感知有用性影响更大，H2b 得到支持。

表4　　　　　　　　　　　　　　解释感知有用性均值的成对比较

评论效价	解释类型 i	解释类型 j	平均值差值 $i-j$	标准误差	显著性	置信区间	
						下限	上限
正面评论	个性化	一致化	0.154	0.101	0.126	-0.044	0.352
	一致化	个性化	-0.154	0.101	0.126	-0.352	0.044
负面评论	个性化	一致化	0.998 *	0.103	0	0.796	1.2
	一致化	个性化	-0.998 *	0.103	0	-1.2	-0.796

注："﹡"代表显著性水平为 0.05。

在分析产品类型之前，我们对问卷数据进行分类整理，得到表 5；然后围绕感知有用性进行进一步分组，得到表 6。

表5　　　　　　　　　　　　　　按照产品类型的分组数据

	搜索品：智能手机				体验品：背包			
	感知有用性(B)	感知有用性(A)	$A-B$	样本数	感知有用性(B)	感知有用性(A)	$A-B$	样本数
正面评论的一致化解释	3.488	3.444	-0.044	30	3.353	3.490	0.137	34
正面评论的个性化解释	3.447	3.552	0.105	35	3.343	3.696	0.353	34
总和	3.466	3.503	0.037	65	3.348	3.593	0.245	68
负面评论的一致化解释	3.398	2.624	-0.774	31	3.310	2.919	-0.391	29
负面评论的个性化解释	3.409	3.695	0.286	35	3.162	3.838	0.676	33
总和	3.404	3.192	-0.212	66	3.231	3.409	0.178	62

表6　　　　　　　　　　　　　　解释后感知有用性

	搜索品：智能手机			体验品：背包		
	均值	方差	样本数	均值	方差	样本数
正面评论的一致化解释	3.444	0.542	30	3.490	0.683	34
正面评论的个性化解释	3.552	0.542	35	3.696	0.648	34

	搜索品：智能手机			体验品：背包		
	均值	方差	样本数	均值	方差	样本数
总和	3.503	0.547	65	3.593	0.669	68
负面评论的一致化解释	2.624	0.514	31	2.919	0.442	29
负面评论的个性化解释	3.695	0.623	35	3.838	0.541	33
总和	3.192	0.785	66	3.409	0.606	62

基于上述分析结果，检验不同产品类型在不同评论效价下的不同解释类型对消费者感知有用性的影响。当产品类型为搜索品时，处于评论效价为正面评论情境下的被试在查看了商家的一致化解释后，其感知有用性无显著变化；而在查看了个性化解释后，其感知有用性仅有轻微上升，两相比较(0.108)，从而拒绝 H3b。处于评论效价为负面评论情境下的被试在查看了商家的一致化解释后，其感知有用性表现出显著下降趋势；而在查看了个性化的商家解释后，其感知有用性表现出明显上升趋势，两相比较(1.071)，从而支持 H3a。当产品类型为体验品时，处于评论效价为正面评论情境下的被试在查看了商家的一致化解释后，其感知有用性无显著变化；而在查看了个性化解释后，其感知有用性有轻微上升，两相比较(0.206)，从而拒绝 H3d。处于评论效价为负面评论情境下的被试在查看了商家的一致化解释后，其感知有用性表现出下降趋势，而在查看了个性化的商家解释后，其感知有用性表现出明显上升趋势，两相比较(0.919)，从而支持 H3c。

搜索品和体验品关于感知有用性的评论效价与解释类型的交互影响分别如图 2 和图 3 所示。

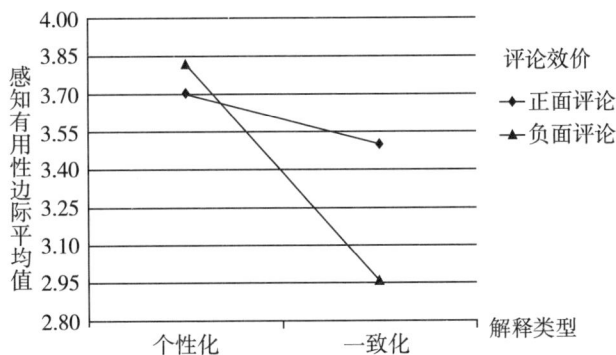

图 2　搜索品的评论效价与内容解释的交互关系

接下来检验感知有用性的中介效应。感知有用性的方差分析如表 7 所示，其($F = 13.564$，$P = 0$)显著性小于 0.05，证明其对购买意愿有显著影响，直观显示如图 4 所示。为了验证感知有用性在模型中的中介效应，采用 Bootstrap 的中介变量检测法，检验结果如表 8 所示。中介效应为 -0.3758，检验结果置信区间为(-0.5128，-0.2617)，说明感知

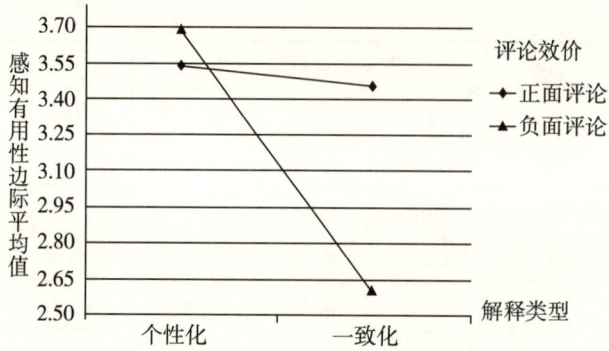

图 3 体验品的评论效价与内容解释的交互关系

有用性的中介效应显著。除此之外，直接效应的系数为 0.0847，$P = 0.3357$，区间为 $(-0.0882, 0.2576)$，直接效应不显著，即解释类型对因变量购买意愿的直接作用不显著。因此感知有用性在解释类型对消费者购买意愿的影响中发挥中介作用，H4 得到支持。

表 7 感知有用性的方差分析

	Ⅲ类平方和	自由度	均方	F	显著性
修正模型	55.744[a]	10	5.574	13.564	0
截距	864.473	1	864.473	2103.539	0
购买意愿	55.744	10	5.574	13.564	0
误差	102.74	250	0.411		
总计	2918.313	261			
修正后总计	158.485	260			

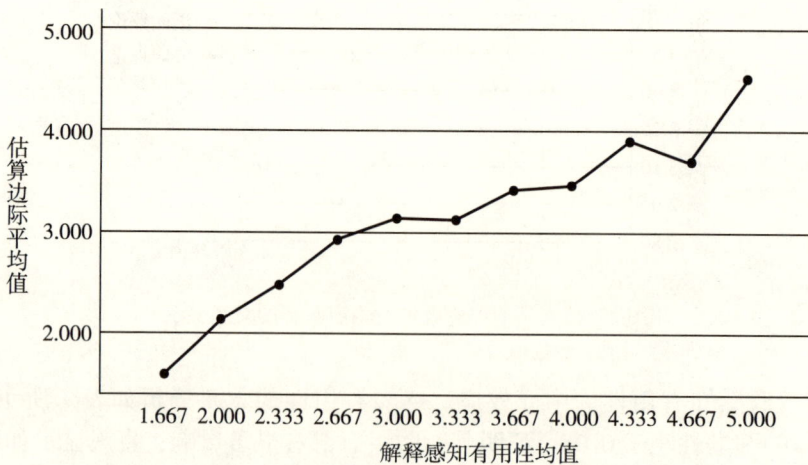

图 4 感知有用性与购买意愿的关系

表 8   **感知有用性的 Bootstrap 中介效应检验结果**

影响	Effect	SE	LLCI	ULCI	P
直接影响	0.0847	0.0878	−0.0882	0.2576	0.3357
间接影响	−0.3758	0.065	−0.5128	−0.2617	

5.2　检验结果

综上，得到所有假设的检验结果如表 9 所示。

表 9   **假设检验结果**

序号	假设内容	结果
H1	消费者对于是否包含在线评论解释在感知有用性方面存在显著差异	支持
H2	评论效价与解释类型的交互作用对消费者评论感知有用性有显著影响	支持
H2a	对于正面评论，一致化的评论解释比个性化的评论解释对感知有用性影响更显著	不支持
H2b	对于负面评论，个性化的评论解释比一致化的评论解释对感知有用性影响更显著	不支持
H3	产品类型、评论效价和解释类型的三项交互作用对消费者感知有用性有显著影响	不支持
H3a	相对于一致化的评论解释，搜索品负面评论的个性化的评论解释对消费者的感知有用性有显著影响	支持
H3b	相对于个性化的评论解释，搜索品正面评论的一致化的评论解释对消费者的感知有用性有显著影响	不支持
H3c	相对于一致化的评论解释，体验品负面评论的个性化的评论解释对消费者的感知有用性有显著影响	支持
H3d	相对于个性化的评论解释，体验品正面评论的一致化的评论解释对消费者的感知有用性有显著影响	不支持
H4	感知有用性作为中介变量对消费者的购买意愿产生显著影响	支持

6. 研究结论与讨论

在网络购物盛行且在社会消费中占比不断扩大的背景下，本文研究了在线评论解释对消费者购买意愿影响的问题。立足于商家针对在线评论做出解释的行为，本文主要尝试回答以下三个研究问题：在线评论解释对消费者购买意愿产生影响的主要原因、在线评论解释影响消费者购买决策的具体路径、商家和消费者围绕在线评论解释提升决策绩效的理论参考与实践建议。借助三因子组间对比实验形式以 8 种情境的问卷调查研究了正面评论与负面评论，一致化在线评论解释和个性化在线评论解释，搜索品消费和体验品消费在评论感知有用性方面的差异及其最终对消费者购买意愿的影响。研究发现，评论效价、解释类型和产品类型对感知有用性均有显著影响，特别是是否存在在线评论解释对消费者感知有用性的影响差异显著。研究还发现评论效价与解释类型的交互作用对感知有用性存在显著影响。此外，评论效价、产品类型与在线评论解释三者的交互对感知有用性无显著影响，而在此检验的过程中较为有趣的结论是，当评论效价为负面评论时，商家做出的一致化解释在面对不同的产品类型时效果不同：对搜索品的评论感知有用性影响显著，但对体验品无显著影响。最后，研究证实了在线评论感知有用性的中介效应。

本文在以下几个方面取得了较为显著的理论贡献。首先，扩展了消费者购买意愿影响因素的研究范畴。相较于此前研究，本文从评论数量、评论内容、评论结果得分、评论情感倾向等评论本身外延到商家针对在线评论做出的解释对消费者购买意愿的影响，提高了消费者购买意愿影响因素分析的系统性。其次，拓宽了产品口碑的形成路径。在此前购买者于平台发布评论、第三方测评、意见领袖带动消费如直播带货等各种网络口碑形成路径的基础上，本文将商家这一网络购物核心利益相关者纳入分析范围，结合其发布的一致化解释和个性化解释对消费者对在线评论感知有用性的影响，补充了产品口碑的相关研究。最后，丰富了在线评论研究方法。在此前实证研究的基础上，本文借鉴详尽解释理论模型和归因理论构建概念模型，选取三因子组间对比模拟实验与问卷调查相结合的方式，借助多因素方差分析的方法，完善了在线评论的研究方法。综上所述，从研究对象、研究主体到研究方法的全方面拓展性努力，使得本研究结果对消费者选择理论与商家利用在线评论引导消费者购物的实践均有所助益。

尽管本研究通过实证分析对所提出的假设进行了较好的验证，但受限于研究样本和模拟实验手段，未来可从以下几个方面继续开展研究。第一，在样本选取方面，加入网站销售数据，探究商家在实施一致化或个性化在线解释前后产品销量的变化；在销售数据驱动下分析在线评论解释对消费者购买意愿深层次的影响。第二，在研究手段方面，在条件允许的情况下，寻求与商家的合作，于真实购物环境中进行对比试验；且需要在丰富产品类型后开展进一步的研究，从而使得研究结论适用于更多提供其他产品的电商，更好助力指导电子商务实践。第三，在研究设计方面，关于在线评论解释类型、产品类型和评论效价三者的交互作用还可以在结合商户特征和时间属性之后继续研究，从而丰富在线评论解释对消费者感知有用性、消费者购买意愿影响方面的理论研究。

◎ 参考文献

[1] 崔楠，张建，王菊卿.不仅仅是评分——在线评论文本内容对评论有效性影响研究[J].珞珈管理评论，2014(1).

[2] 金立印.网络口碑信息对消费者购买决策的影响：一个实验研究[J].经济管理，2007，29(22).

[3] 江晓东.什么样的产品评论最有用？——在线评论数量特征和文本特征对其有用性的影响研究[J].外国经济与管理，2015(4).

[4] 李健，张军，苑清敏，等.在线商品评论对消费者效用的改进分析——基于信息质量和消费者满意度理论视角[J].情报科学，2018，36(7).

[5]李琪,任小静.矛盾性追加评论对感知有用性的影响效应研究[J].管理科学,2017,30(4).

[6]李启庚,赵晓虹,余明阳.服务型产品在线评论信息特征对评论感知有用性与购买意愿的影响[J].工业工程与管理,2017,127(6).

[7]刘冰莹,李若男.矛盾性复合评论对消费者购买意愿的影响研究及文献综述[J].企业改革与管理,2019(8).

[8]聂伟,田娟娟.在线评论对消费者购买意愿影响的实证研究[J].技术与创新管理,2017,38(5).

[9]任小静,李琪."负面偏见"对平台认证型评论感知有用性的影响[J].中国管理科学,2019,27(9).

[10]沈超,刘士伟,徐滔.商家诱导评论下消费者在线购物评论行为研究[J].信息资源管理学报,2020,10(3).

[11]石文华,张绮,蔡嘉龙.在线评论矛盾性对消费者矛盾态度和购买意愿的影响研究[J].管理评论,2018,30(7).

[12]汪旭晖,聂可昱,陈荣."解释行为"还是"解释反应"?怎样的在线评论更有用[J].南开管理评论,2017,20(4).

[13]王建军,王玲玉,王蒙蒙.网络口碑、感知价值与消费者购买意愿:中介与调节作用检验[J].管理工程学报,2019,33(4).

[14]严建援,张丽,张蕾.电子商务中在线评论内容对评论有用性影响的实证研究[J].情报科学,2012,30(5).

[15]魏华,黄金红.在线评论对消费者购买决策的影响——产品卷入度和专业能力的调节作用[J].中国流通经济,2017,31(11).

[16]殷国鹏.消费者认为怎样的在线评论更有用?——社会性因素的影响效应[J].管理世界,2012,12.

[17]余航,王战平.网络口碑影响的研究综述[J].情报杂志,2013,32(6).

[18]张艳辉,李宗伟.在线评论有用性的影响因素研究:基于产品类型的调节效应[J].管理评论,2016,28(10).

[19]郑春东,韩晴,王寒.网络水军言论如何左右你的购买意愿[J].南开管理评论,2015,18(1).

[20]Cheung, C., Sia, C. L., Kuan, K. Is this review believable? A study of factors affecting the credibility of online consumer reviews from an ELM perspective [J]. Journal of the Association for Information Systems, 2012,13(8).

[21]Filieri, R., Mcleay, F., Tsui, B., et al. Consumer perceptions of information helpfulness and determinants of purchase intention in online consumer reviews of services [J]. Information & Management, 2018,55(8).

[22]Korfiatis, N., García-Bariocanal, E., Sanchez-Alonson, S. Evaluating content quality and helpfulness of online product reviews: The interplay of review helpfulness vs. review content [J]. Electronic Commerce Research and Applications, 2012,11(34).

[23] Ludwig, S., Ruyter, K., Friedman, M., et al. More than words: The influence of affective content and linguistic style matches in online reviews on conversion rates[J]. Journal of Marketing, 2013,77(1).

[24] Maslowska, E., Malthouse, E. C., Viswanathan, V. Do customer reviews drive purchase decisions? The moderating roles of review exposure and price[J]. Decision Support Systems, 2017(98).

[25] Mudambi, S. M., Schuff, D. What makes a helpful online review? A study of customer reviews on Amazon.com[J]. MIS Quarterly, 2010,34(1).

[26] Nelson, P. Information and consumer behavior[J]. Journal of Political Economy, 1970,78(2).

[27] Okada, E. M. Justification effects on consumer choice of hedonic and utilitarian goods[J]. Journal of Marketing Research, 2005, 42(1).

[28] Park, C., Lee, T. M. Antecedents of online reviews' usage and purchase influence: An empirical comparison of U.S. and Korean consumers[J]. Journal of Interactive Marketing, 2009,23(4).

[29] Schlosser, A. Can including pros and cons increase the helpfulness and persuasiveness of online reviews? The interactive effects of ratings and arguments[J]. Journal of Consumer Psychology, 2011, 21(3).

[30] Von, H. B., Abramczuk, K., Kopec, W., et al. Influence of consumer reviews on online purchasing decisions in older and younger adults[J]. Decision support systems, 2018,113.

[31] Zhang, Z., Liang, S., Li, H., et al. Booking now or later: Do online peer reviews matter? [J]. International Journal of Hospitality Management, 2019,77.

Research on the Effect of Online Comment Explanation on Consumers' Purchase Intention

Qiao Xiaojiao[1] Shi Dan[2] Gong Yuan[3] Li Xiang[4]

(1 School of Management, Tianjin University of Technology, Tianjin, 300384;

2, 3 School of Business, Dalian University of Technology, Panjin, 124221;

4 College of Economic and Social Development, Nankai University, Tianjin, 300071)

Abstract: Consumers' purchase intention is affected by many factors, among which online comments have taken the most significant role. Recent works on online comments mainly concern the number of comments, comment scores and comment content. Seldom research explores the impact of comment explanations. Therefore, based on the questionnaire of comparative scenarios, this paper studies the effect of online comment explanation on consumers' purchase intention through empirical analysis. It is found that online comment explanation positively affects consumer's perceived usefulness. Moreover, the interaction between comment explanation content and comment valence has a significant impact on perceived usefulness. Especially, personalized comment interpretation has a more significant impact on perceived usefulness for negative comments. However, the interaction among product type, comment explanation content and comment valence does not have a significant impact on perceived usefulness. Besides, comment perceived usefulness acts as an intermediary variable and has a significant impact on consumer's purchase intention. The results also provide a reference for enterprises to promote consumers' purchase intention by making full use of comment explanation.

Key words：Purchase intention；Perceived usefulness；Online comment explanation；Comparative experiment

专业主编：寿志钢

"美丽魔法"的失灵

——美观程度对加工食品健康性感知的影响[*]

● 赵 晶[1] 李名智[2] 谢志鹏[3]

(1，2 武汉大学经济与管理学院 武汉 430072；

3 华中师范大学经济与工商管理学院 武汉 430072)

【摘 要】食品健康性与人体健康息息相关，是影响消费者食品购买决策的关键因素之一。虽已有大量文献指出了"美丽外表"为人或产品带来的溢价，但鲜有研究关注食品本身的视觉优势是否会对食品健康性感知带来负面影响。文章基于常人理论探讨了外观美丽程度对加工食品健康性感知的影响。通过三个实验发现，对于加工食品，外观美丽程度负向影响了消费者对其健康性的评价，在其中天然性感知起到了中介作用。此外，研究还发现企业沟通策略(享乐导向、健康导向)调节了外观美丽程度对加工食品健康性感知的影响。本文的研究结论既丰富了食品健康领域的研究，也为企业产品设计、沟通策略选择提供了借鉴。

【关键词】加工食品美观性 常人理论 天然性感知 健康性判断

中图分类号：F713.50   文献标识码：A

1. 引言

想象你正在超市加工食品区选购商品，听到这样的对话："这个蛋糕真好看！""的确很精致，但看上去像是添加了很多色素、明胶之类的添加剂，还是不要多吃。"你是否也赞同这种观念？爱美之心，人皆有之。在这个"颜值即正义"的时代，充满魅力的外貌不论是对人还是产品而言看似都是一项绝对优势。但如今，出于对健康的担忧，在为家庭选购日常食品时主妇们往往会下意识地避开市场上那些"花里胡哨"的加工食品。许多五彩缤纷、造型多变的儿童小食品也被家长拉入了黑名单。究竟是什么让"美丽魔法"在食品领域失灵？

食品健康的重要程度伴随肥胖和其他流行病如糖尿病及冠心病在世界范围内的日益盛

---

* 基金项目：国家自然科学基金面上项目"移动互联时代信息流广告的效果研究：背景信息、时空特征与广告表达的匹配效应"(项目批准号：72072134)。

通讯作者：赵晶，E-mail：zhaoj@whu.edu.cn。

行而增长(Delpeuch et al., 2009; Popkin, 2009; WHO, 2003)。以往研究表明健康是消费者食品选择最重要的动机之一(Steptoe et al., 1995; Verbeke, 2008),因此了解消费者对不同食品健康感知及其评价标准尤为重要。对于食品而言,感官属性会影响消费者对食品的接受或拒绝(Cardello, 1994),视觉外观也是决定消费者喜欢与否的关键因素(Hurling & Shepherd, 2003)。Grewa 等(2019)在最近的研究中指出,消费者会基于自我认知的改变而对具有(vs 不具)审美吸引力的农产品有更高的评价和购买意愿。此外,现有研究探讨了其他外在特征如何影响消费者对食品健康性的判断,如消费者会认为昂贵等于健康(Kelly L et al., 2016)、超大分量等于不健康(Dobson et al., 2010)。健康等于更少的饱腹感(Suher et al., 2016),不健康等于美味(Raghunathan et al., 2006)。但鲜有研究讨论外观视觉特征对加工食品健康性感知的影响。

加工食品指运用工业制造的流程和化学配方来制造的食品。因在加工过程中受人为因素影响大,加工程度高,所以加工食品具有与天然食品(农产品)不同的特征。因此现有研究结论不一定能够解释和预测外观视觉特征是否及如何影响消费者对加工食品健康性判断。所以本文旨在基于常人理论,回答以下三个问题:(1)对于加工食品,外观美丽性如何影响消费者对其健康性评价;(2)其中的心理机制是什么;(3)企业的不同沟通策略是否可以增强或减弱外观美丽性对加工食品健康性评价的影响,以期为企业的产品设计、沟通策略选择提供借鉴。

2. 理论背景

2.1 美丽加工食品的定义

本文将"美丽的加工食品"定义为通过工业加工手段在颜色、样式等方面使其美感显著提升的食品。市场经济的繁荣极大地丰富了商品种类和样式,不断涌入市面上的多样化食品让消费者目不暇接。为了吸引消费者的眼球,商家不仅在食品包装上颇费心思,在食品自身外观上同样也下足了功夫:食品的颜色由单一逐渐向多彩化过渡;食品样式也得到了极大的丰富,从百变多样的造型到复杂精致的花纹,食品的外观越来越注重"美"的塑造,如蛋糕店里被做成"小猪佩奇"卡通形象的蛋糕,七彩缤纷的彩虹形状糖果等。对产品美观性的研究中(Buechel & Townsend, 2018),颜色和样式这两个常见设计因素被用以检验视觉感官刺激物的唤醒潜能。因为颜色和样式都对总体美感和艺术性产生了强烈影响,是消费者评价产品的重要标准(Alba & Williams, 2013; Hagtvedt & Brasel, 2017)。颜色主要通过饱和度的变化在其唤醒潜能上有所区别——高饱和度的颜色更生动、纯净、明亮、绚烂,因此增加了它们唤醒生物体的潜能(Hagtvedt & Brasel, 2017; Labrecque & Milne, 2012)。而样式通过其复杂度、对比度、视觉忙碌等(Cox & Cox, 2002)在唤醒潜能上有所差异。

2.2 食品健康的评价标准

食品健康性可由具体术语如蛋白质、谷物、蔬菜及碳水化合物的比率描述(Keane &

Willetts，1996；Margetts et al.，1997），或是使用一般术语如平衡饮食或吃恰当的食品（proper meals）（Charles & Kerr，1988）及食物多样性（Margetts et al.，1997）描述。当要求消费者评价食品健康性时，影响评价的因素在具体内容上有所不同，既有很具体的如脂肪含量（Oakes & Slotterback，2002）或钠含量（Lake et al.，2007）也有更概括性的如天然性（Lake et al.，2007）或新鲜度（Oakes & Slotterback，2002）。

因消费者对食品健康性无明确的统一定义，而现实中人们很多时候常以食品类别来区分健康与不健康食品，如蔬菜通常被归类为健康食品，碳酸饮料则是不健康食品的典型。但因为类别内具有等级结构，并非某类别（健康或不健康）内所有食品都一定被感知为同等健康或不健康。类别里具更强代表性与更弱代表性的成员存在着评价性判断的显著差别，在健康类别里更具代表性的食品将被感知为更健康（Nguyen，2007）。因为等级差异及健康食品判别模糊性的存在，消费者也会将某些"不健康"品类中的非典型食品感知为健康食品，如纤维雪碧因其富含纤维素且零热量，也深受一些健康饮食人士的喜爱。

虽然难以对健康食品进行准确归类定义，但食品会因具有某种特征而被消费者认定为健康。正如人们对有机食品的偏爱，"天然""手工制作"等字眼也会为食品贴上健康标签。

2.3　天然（自然）性

天然性被认为是提升其所属实体感知的一种属性（Rozin，2006）。人类对天然事物有天生的依恋感（Wilson，1984）和偏好，甚至"天然性"这个词汇就可以激起被试的积极情感（Rozin et al.，2006）。天然性被认为是产品真实性的维度之一（Beverland，2005；Camus，2004；Freedman & Jurafsky，2012）。随着对健康和幸福的担忧增加，消费者愈发偏爱天然产品（Devcich et al.，2007）。天然性通常也可翻译为自然，人类对所有来自自然的事物的内在偏爱深刻地影响人们与自然环境的关系（Wilson，1984）。与自然接触对人类健康会带来许多具体的身心益处，如接触自然利于伤痛恢复、抑郁症和癌症（Maller et al.，2002）。

在食品领域，感知天然性经常被用作评判食品质量的启发性特征（Rozin et al.，1999）。天然食品往往更具吸引力（Carlisle & Shafir，2005；Rozin et al，2004；Spranca，1992）。Nielsen（2015）在60个国家、30000个消费者中进行了一项国际健康与幸福调研。调研结果揭露消费者认为最合意的食品特征为新鲜性、天然性和最少加工。Kampffmeyer Food Innovation Study（2012）在8个欧洲国家、4000个消费者中做的研究也表明食品天然性为"决定性的购买激励"，且几乎3/4的被试感知"天然性"与"健康"紧密联系。即使天然和人工加工食品被标注为同样健康，仍可观察到人们对天然性的强烈偏爱（Rozin et al.，2004）。

消费者通常认为人为加工会破坏食品的天然性（Bredahl，1999；Rozin，2005），因此食品被加工得越多就会被认为越不天然。消费者一般认为加工合成商品会比由天然原料制成的商品品质更差（Duncan，1990）。工业食品系统通常被认为生产非天然食品（Murdoch & Miele，1999），而家庭制造食品被判断为更尊重自然（Moisio et al.，2004）。消费者感知经由粗略（vs 精细）生产加工的产品更天然，因为他们觉得产品经历了更少的转变（Gomez，2012）。Rozin（2015）的研究已表明生产过程中技术的侵入如射线杀菌和巴氏杀菌消毒技术会减少食品的天然性。与物理加工相比，化学变化对感知天然性有更消极的影响（Evans et al.，2010）。

124

综上所述，"天然性"不仅指产品在外观上呈现的更接近自然状态，而且指产品的生产工艺更符合人们的传统认知。尤其是在食品领域，人们对天然性有着特殊的偏爱，而人为添加剂、机器加工等都会破坏消费者对食品的天然性感知。

2.4 常人理论(lay theory)

常人理论是普通人对自己和周围世界的基本假设，人们用他们所相信的常人理论来解释事件和经历，从而形成了系统的行为模式(Dweck，1996)。它们一般来源于日常经验(Ross & Nisbett，1991)、环境线索(Morris et al.，2001)或简单的自我观察(Bem，1967)。启发-系统性双重信息处理模型提出，当系统处理所需要的直接信息缺乏时(Chaiken，1987；Chaiken & Eagly，1983；Chen & Chaiken，1999)，消费者尤其喜爱依赖过去的知识结构，如常人理论作出判断。消费者行为领域的研究也表明消费者会使用特定常人理论从已知特征中推断缺失特征(Raghunathan et al.，2006)。常人理论有力地影响着人们如何解释和预测他们的社会环境(Wyer，2004)。正如Molden和Dweck(2006)所说："人们对于自我和社会世界本质的基本假设(常人理论)，可以改变他们感知这个世界的一般认知结构和过程。"常人理论会导致人们在关注何种信息，以及如何利用这些信息进行判断上存在差异。长期以来，心理学家一直认为，人们发展和运用有关社会世界的理论以预测和解释他人的行为，并对自己和他人的行为施加有意义的控制(Heider，1958；Kelly，1955)。这些常人理论帮助人们在社会经验上建立和利用意义创造系统；而无论准确与否，有意识或无意识地应用，有效或无效，常人理论对于人们应对模糊的社会领域都发挥着作用(Hong et al.，2001；Levy et al.，2001)。

Dweck对常人理论的行为效应研究极具代表性，他区分了"渐进式理论家"和"实体理论家"。前者相信能力和智力是可通过努力提高的可塑品质，而后者认为这些固定品质不可变。Dweck和Legget(1988)用大量证据表明，当渐进式理论家失败时，他们将失败视为挑战，认为他们可以通过付出更多努力来获得成功，因此很可能会坚持下去。相比之下，实体理论家将他们的失败归因于内在的能力不足，他们得出的结论是他们不太可能成功，因此倾向于放弃(Dweck & Legget，1988)。简而言之，人们持有的不同理论创造了对结果产生不同意义且促进不同反应的框架。在Dweck工作的基础上，Mukhopadhyay和Johar(2005)检验了自我控制在个人目标设定和成就方面是一种可塑或是固定资源这一信念的影响。他们认为，除了相信自我控制的可塑性外，人们可能还持有关于一个人通常有多少自我控制能力的理论。常人理论方法还可帮助学者理解人们如何在特别模糊或难以界定的领域做出决定，如对他人的判断(如Fletcher & Thomas，1996)、刻板印象的背景性质(如Mendoza-Denton，1999)和种族主义(Sommers & Norton，2006)。

尽管Dweck等人的研究大多关乎个人特质的常人理论，但人们对其他构念相关的常人理论也越来越感兴趣，常人理论已被证明在许多其他领域影响人们的判断和行为。例如，人们的归因和判断依赖于他们所持有的常人理论(如Butler，2000)，且常人理论还会影响禀赋效应(Boven et al.，2000)、通信偏差(Boven et al.，1999)和动态享乐效应(Novemsky & Ratner，2003)的预测。在食品领域也出现了对常人理论的运用，如Haws等(2016)提出人们常持有的"健康的食品通常是昂贵的"的常人理论会影响他们的食品决策。

值得注意的是，虽然常人理论反映了人们对世界的理解，常作为人们理解周围环境的常识性解释，但是它们未必客观真实（Furnham，1988）。比如消费者常将"有机"等同于健康（Lee et al.，2013），即使接触到与其相悖的科学证据，消费者对有机产品的感知也往往更积极（Olson，2017）。

3. 研究框架与假设

3.1 食品外观美丽程度与食品健康感知间的关系

现有研究将产品特征分成外观与功能两类（Lefkoff-Hagius & Mason，1993；Myers & Shocker，1981；Bloch，1995；Chitturi et al.，2007；Townsend et al.，2011）。功能特征指传递产品目的及预期在产品中所获效用的特征（Bloch，1995），外观特征指提供视觉线索以影响认知与决策的特征（Rindova & Petkova，2007）。与外观特征相比，功能特征不能在第一眼就轻易地观察到，消费者可以根据产品的外观特征推断产品的功能特征（Block，1995；Dawar & Parker，1994）。产品外观美学设计影响消费者对产品的评价（Johar et al.，2005）、特征推断（Berkowitz，1987；Bloch，1995）和购买欲望（Alba & Williams，2013）等，是预测产品成功与否和销售业绩的重要指标（Bloch，1995）。因此商家会在产品的外观设计上下足工夫，以凭借高颜值在众多同类产品中拔得头筹。但有时产品美丽的外观也会带来负面效应，如 Wu 等（2017）发现设计美观的非耐用品反而降低消费者的使用欲望。在科技产品领域，消费者认为外观美丽和产品功能性感知之间存在着负相关关系，外观过分美丽会降低消费者对科技产品的功能评价（Hagtvedt & Patrick，2014）。

加工食品的外观特征和功能特征间也可能存在不相容的现象。企业在加工食品过程中会使用食品添加剂以提升质感、外观或发挥某些技术或感官功能（Branen et al.，2002）。消费者每天通过各种媒体获得了大量有关食品加工过程中使用膨松剂、膨大剂、化肥、农药、色素等化学物质以让加工食品外观更加美丽的报道。这些报道和信息会让消费者产生美丽的食品往往不太健康的常人信念。当消费者进行食品选择决策时，由于时间限制及营养知识有限，在决策过程中消费者通常是低参与的，并依赖现有认知框架，使用简单启发进行决策（Wansink & Chandon，2014；Tversky & Kahneman，1982）。特征替换是启发式判断的一般特质（Kahneman & Frederick，2005）。当目标特征非轻易可得，继而被易于判断特征（启发式特征）替换时判断由启发中介。在消费者的常人信念中加工食品外观美丽程度与健康感知往往存在负相关的关系，因此在启发式判断中加工食品的外观美丽程度会影响他们对食品健康性的判断（Tversky & Kahneman，1973）。据此本文提出以下假设：

H1：（相对于不美丽的加工食品）美丽的加工食品会被消费者感知为更不健康。

3.2 天然性感知的中介作用

消费者通常认为人为加工会破坏食品的天然性（Bredahl，1999；Rozin，2005），且加工程度越高，食品就越不天然。食品添加剂在加工食品的生产中必不可少，企业在食品加工过程中会添加食品添加剂以提高食品的外观美丽程度、口感和味觉（Altug & Elmaci，

1995）。因此当面对外观十分美丽诱人的加工食品时，消费者往往会不由自主地产生其加工程度较高的联想，认为该食品不够天然（Murdoch & Miele, 1999）。

在普遍崇尚"纯天然"的今天，与天然性相关的启发式推断通常也是基于消费者的固有认知和直觉的，甚至不需科学证据的支撑。消费者赋予天然食品以象征品质（Rozin, 2005），天然食品被感知为更美味、更健康或更环保（Kampffmeyer Food Innovation Study, 2012），且这种想法已很大程度地渗入人们的信念系统，导致消费者拥有"天然的更好"的启发，甚至在无证据表明天然产品优于非天然替代品时也如此。据此本文提出以下假设：

H2：天然性感知中介了外观美丽程度对加工食品健康性判断的影响。

3.3　企业沟通策略的调节作用（健康导向与享乐导向）

消费者在食品决策中常遭遇自控困境，他们被迫在品尝食品的短期享乐目标和健康营养的长期效用目标间权衡（Fishbach & Zhang, 2008; Wilcox et al., 2009）。消费者想要吃得健康的渴望会与满足味觉的欲望相冲突，因此他们会在健康饮食和自由饮食间体验自控冲突（Geyskens et al., 2008; Vohs & Faber, 2007）。食品的享乐性（如有趣、享受）与功能性（如营养、健康）特征之间呈相反关系（Naylor & Hoyer, 2006）。Belei 等（2012）提出消费者在吃带有功能性特征/享乐性特征标签的巧克力时，会减少/增加消费量。

当企业采用健康导向沟通策略时，消费者的健康目标会被启动（Ferguson & Bargh, 2004），消费者会更加关注加工食品的健康性，因此健康性线索对食品健康评价的影响也将被放大。消费者会消费更健康的食品（Burton et al., 2009; Kim et al., 2013; Saelens et al., 2007），降低对垃圾食品品牌的评价（Connell & Mayor, 2013）。所以当企业采用健康导向的沟通策略时，消费者会认为外观美丽的加工食品更加不健康。当企业采用享乐导向的沟通策略时，消费者的享乐目标会被启动（Ferguson & Bargh, 2004）。在此目标驱动下，消费者会更加渴望享受食品带来的视觉和味觉上的感官体验，对食品健康性并不是十分关注，因而健康性线索对食品健康评价的影响也会降低。消费者可能会选择更美丽但却不一定健康的食品（Ramanathan & Menon, 2006）。据此本文提出以下假设：

H3：企业沟通策略调节外观美丽程度对加工食品健康性判断的影响。当企业采用健康导向的沟通策略时，加工食品外观美丽程度对其健康性判断的影响增强；当企业采用享乐导向的沟通策略时，加工食品外观美丽程度对其健康性判断的影响减弱。

据此，得出本研究的理论框架，如图 1 所示：

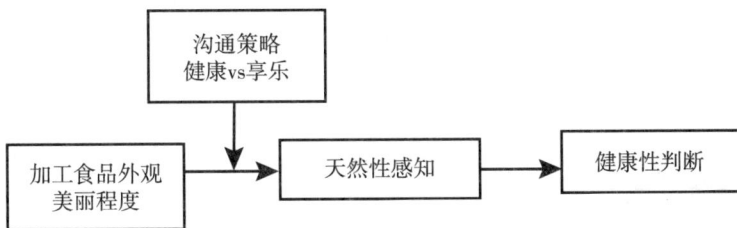

图 1　研究理论框架

4. 实验研究

4.1 实验一

4.1.1 实验目的

研究一的目的是运用 Eprime 软件，通过 IAT 实验检验在消费者潜意识里存在本文提到的启发式直觉，即在人们的潜意识里认为拥有美丽外表的加工食品更不健康。内隐联想测验(implicit association test, Greenwald, 1998)又称内隐态度测验是以反应时长为指标，通过一种计算机化的分类任务来测量两类词(概念词与属性词)之间的自动化联系的紧密程度，继而对个体的内隐态度等内隐社会认知进行测量。

4.1.2 参与者

本研究招募了 51 个被试参加实验，其中 45%的被试为女性，平均年龄为 31.88 岁(SD= 10.24)，所有被试均熟悉电脑操作。在将反应时长低于 300 毫秒、大于 3000 毫秒及错误率超过 20%的被试剔除后，本实验最后保留有效数据为 44 个。

4.1.3 实验设计

在预实验中，44 个被试在了解食品美丽的定义后对 10 组食品图片的美丽程度进行了评价(7 分量表)。分析结果表明每组内两张食品图片的美观性具有显著差异(组 1: $F_{(1, 42)} = 7.10$, $p = 0.011$；组 2: $F_{(1, 42)} = 5.31$, $p = 0.026$；组 3: $F_{(1, 42)} = 6.88$, $p = 0.012$；组 4: $F_{(1, 42)} = 4.65$, $p = 0.037$；组 5: $F_{(1, 42)} = 5.91$, $p = 0.019$；组 6: $F_{(1, 42)} = 5.52$, $p = 0.024$；组 7: $F_{(1, 42)} = 4.80$, $p = 0.034$；组 8: $F_{(1, 42)} = 4.41$, $p = 0.042$；组 9: $F_{(1, 42)} = 5.72$, $p = 0.021$；组 10: $F_{(1, 42)} = 5.39$, $p = 0.025$)。

在正式实验中，被试被告知他们的任务是对出现在屏幕上的刺激物进行正确分类。分类任务的刺激物选自以下 4 种类别：(1)美丽食品的图片(如饮料、馒头、蛋糕、饼干)；(2)不美丽食品的图片；(3)健康词汇(如低脂、原生态)；(4)不健康词汇(如高糖、高脂)。按照既定的程序(Greenwald et al., 1998)，被试完成 7 组测试，其中 5 组是为让被试熟悉目标刺激物及类别标签的练习组，用于分析的关键组别是类型标签为"健康词汇/美丽食品的图片"vs"不健康词汇/不美丽食品的图片"的不相容组与类型标签为"健康词汇/不美丽食品的图片"vs"不健康词汇/美丽食品的图片"的相容组。来自所有 4 种类别的刺激物在 2 关键组内分别随机呈现了 48 次供被试分类。刺激物被归类于相容组的反应速度比被归类于不相容组的更快，将验证对美丽的加工食品更不健康这一直觉的内隐信念。且为了排除测试步骤顺序带来的干扰效应，将被试随机分配到 IC 任务组(不相容组在组 4，相容组在组 7；如表 1 所示)和 CI 任务组(相容组在组 4，不相容组在组 7)。

表1   **IAT 中测试组别的序列**

组别	分类次数	功能	F 键对应的项	J 键对应的项
1	20	练习组	健康词汇	不健康词汇

组别	分类次数	功能	F 键对应的项	J 键对应的项
2	20	练习组	美丽食品的图片	不美丽食品的图片
3	24	练习组	健康词汇+美丽食品的图片	不健康词汇+不美丽食品的图片
4	48	关键测试组	健康词汇+美丽食品的图片	不健康词汇+不美丽食品的图片
5	20	练习组	不美丽食品的图片	美丽食品的图片
6	24	练习组	健康词汇+不美丽食品的图片	不健康词汇+美丽食品的图片
7	48	关键测试组	健康词汇+不美丽食品的图片	不健康词汇+美丽食品的图片

4.1.4 结果分析

按照修改版的 IAT 计分算式(Greenwald et al., 2003),我们对所有数据(包含错误反应)进行了以下处理:首先计算 2 关键测试组的平均反应时长的差值 mRT(相容组-不相容组),再对 2 组的平均反应时长进行对数转换,相减后得到差值 mLOG;最后用 mRT 除以相容组与不相容组的联合标准差得到 IAT 的 D 效应。

当刺激物呈现在相容组(vs 不相容组)时,反应时长显著更短。在 CI 任务组中,当要求被试将刺激物归类至相容组时,平均反应时长为 907.3 毫秒;当要求被试将刺激物归类至不相容组时,平均反应时长为 1537.7 毫秒;反应时长的差距显著($D = 1.345$,$SD = 0.465$,$F(1, 42) = 36.14$,$p < 0.0001$)。在 IC 任务组中,当要求被试将刺激物归类至相容组时,平均反应时长为 1087.6 毫秒;当要求被试将刺激物归类至不相容组时,平均反应时长为 1780.8 毫秒;反应时长的差距显著($D = 1.103$,$SD = 0.383$,$F(1, 42) = 18.96$,$p < 0.0001$)。同时对 CI 组与 IC 组内 mLOG(使用对数法以尽量削弱个体反应速度差异导致的 IAT 效应差值)的单因素方差分析结果显示,IAT 测验中任务的顺序效应不显著($F(1, 42) = 0.06$,$p = 0.937$;IC 组 mLOG = 1.10 vs CI 组 mLOG = 1.34),但不相容任务在前会减小 IAT 效应(IC 组 D 值 = 1.10 vs CI 组 D 值 = 1.34)。

以上实验结果表明将不美丽食品与健康词汇匹配、美丽食品与不健康词汇匹配时被试反应速度显著快于将美丽食品与健康词汇匹配、不美丽食品与不健康词汇匹配时的反应速度。IAT 的 D 效应都大于 0,意味着被试将健康词汇与不美丽食品的图片相联系,不健康词汇与美丽食品的图片相联系。IAT 的 D 效应的数值越大,说明这种联系越紧密。因此,实验一的结果符合我们的假设即消费者内隐性地持有食品健康性与其美丽性负相反的信念。

4.1.5 讨论

实验一表明加工食品的外观美丽程度显著影响消费者对其健康性评价。相对于外观不美丽的加工食品,消费者认为外观美丽的加工食品更不健康。该研究结论初步验证了 H1。但加工食品的外观美丽性通过何种机制影响消费者对食品健康性的评价尚未清楚。此外研究一所得的结论在不同产品中是否具有普遍性也尚未可知。针对以上两点,我们将通过实验二完成。

4.2 实验二

4.2.1 实验目的

实验二的目的是通过组间实验检验天然性感知是否中介加工食品美丽程度对其健康性判断的影响。在预实验中，被试首先阅读了本研究对食品美丽的定义，然后对 2 张面包图片的美丽程度进行评价(7 分量表)。分析结果表明 2 张图片的美丽程度存在显著差异($M_{美丽}=4.50$，SD = 0.95 vs $M_{不美丽}=3.64$，SD = 1.00，$F(1，49)=9.8$，$p=0.003$)。

4.2.2 参与者

本研究通过某在线调研平台招募了 83 名被试参加实验。被试平均年龄为 32.19 岁(SD = 9.76)，女性占 64%，87.2% 的被试表明未在节食期间。

4.2.3 实验设计

实验为单因素组间设计(美丽组 vs 不美丽组)，实验选取预实验中 2 张面包图片作为刺激物，被试被随机分配至 2 组之一进行实验。为掩饰真实实验目的，实验设计了请被试设计超市货架的情境。2 组被试都阅读了以下材料："小区新开了一家便民超市，为了让小区居民们有更好的购物体验，超市想征询居民们对超市的装修、货物摆放、商品类型等的意见。现在假设由您来设计食品区商品在货架上的摆放位置，下面是面包区货架图片(黄色数字代表货架的列数)。"接着向被试呈现超市里标明了行列的空货架图片。随后向美丽组呈现美丽的面包图片，向不美丽组呈现外表不美丽的面包图片(见图 2)，并告知所有被试面包的价格都为 15 元一袋(450g)。此外，被试被告知面包的主要成分是普通高筋面粉、水、黄油、糖，以排除被试对面包材质的猜测。此后，询问其面包位置摆放意见(行数固定为 2，有左右各 2 共 4 列可选)。接着依次询问了被试对图片中面包的健康性判断(7 分量表、4 个问项：①吃这个面包有利于我的身体健康；②它能为我补充许多身体所需的营养；③经常将它作为代餐也不易使我长胖；④它看上去热量不高；$\alpha=0.75$)、天然性判断(7 分量表、4 个问项：①这个面包看起来人为加工程度很高；②这个面包在制作过程中应该是加了膨松剂；③这个面包可能含有香精等食品添加剂；④看上去它的制作过程中可能加了大量的糖、黄油等高脂高热量成分；$\alpha=0.77$)、新鲜程度(7 分量表)、情绪(Seva & Helander, 2009；7 分量表、3 个问项；$\alpha=0.86$)、美丽性判断(Kim et al., 2014；Park et al., 2013；7 分量表、7 个问项；$\alpha=0.82$)。最后询问了被试的年龄、性别、是否在节食期间等基本信息。

4.2.4 结果分析

操纵检验成功，单因素方差分析表明：美丽组与不美丽组对面包的美丽程度判断有显著差异($M_{美丽}=4.84$，SD = 0.88 vs $M_{不美丽}=4.35$，SD = 1.05，$F(1，81)=5.42$，$p=0.022$)。面包美丽性对面包新鲜程度感知无显著影响 $F(1，81)=1.71$，$p=0.20$，对消费者情绪也无显著影响($F(1，81)=1.30$，$p=0.26$)。

单因素方差分析结果表明加工食品美丽性的主效应显著($F(1，81)=19.31$，$p<0.0001$)，被试认为拥有更美丽外表的面包更不健康，而拥有更不美丽外观的面包更健康($M_{美丽}=4.25$，SD = 0.87 vs $M_{不美丽}=5.05$，SD = 0.79)，这进一步验证了 H1。

图 2　实验二中的面包图片(左为美丽组，右为不美丽组)

为了检验天然性感知的中介效应，本研究参照 Hayes(2013)提出的 process 方法，使用 SPSS 宏来进行数据分析。本研究将抽样设为 5000 次，采用 model4，以面包的美丽程度作为自变量，天然性感知作为中介变量，对面包的健康性评价作为因变量，消费者情绪及面包新鲜程度的判断作为协变量进行中介分析。结果表明美丽程度显著地影响了消费者对面包的健康性评价($b = 0.19$, SE $= 0.08$, $t(74) = 2.29$, $p = 0.025$, 95% CI [0.03, 0.36])。消费者情绪和面包的新鲜程度对消费者对食品的健康性评价影响不显著。中介分析表明天然性感知的中介作用显著($b = 0.18$, SE $= 0.06$, 95% CI[0.08, 0.32])。

4.2.5　讨论

实验二再次验证了 H1，即面包的美丽程度显著影响了消费者对其健康性判断。且面包美丽程度对其新鲜度感知及消费者情绪无显著主效应，排除了面包的新鲜度、消费者情绪的替代性解释。实验二的中介检验证明了 H2，即天然性感知中介了外观美丽程度对加工食品健康性判断的影响，消费者会认为外观美丽的加工食品天然性更低，从而更不健康。

4.3　实验三

4.3.1　实验目的

实验三的目的是检验企业沟通策略(健康导向、享乐导向)的调节作用。在正式实验之前我们进行了一组预实验，在明确了本文中对美丽食品的定义后，54 名被试对一组红薯条图片的美丽程度进行评价(7 分量表)(见图 3)，结果表明 2 张图片的美丽程度存在显著差异($M_{美丽} = 4.29$, SD $= 1.05$ vs $M_{不美丽} = 3.65$, SD $= 0.89$, $F(1, 52) = 5.64$, $p = 0.02$)。

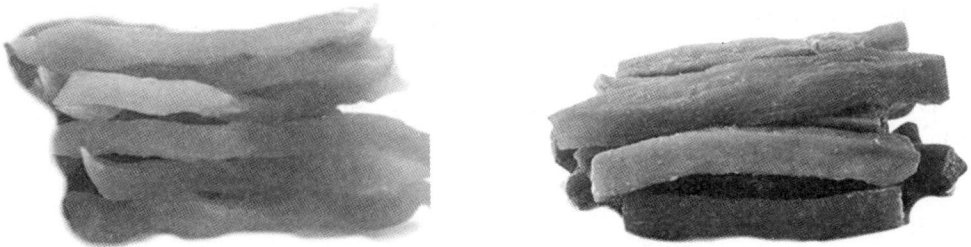

图 3　实验三中的红薯条图片(左为美丽组，右为不美丽组)

4.3.2 参与者

与实验二相同，本实验通过某在线调研平台招募了 199 名被试参加实验。被试平均年龄为 34.15 岁（SD = 5.62），女性占 58.6%，80.7% 的被试报告未在节食期间。被试被随机分配到 6 组实验情境中。

4.3.3 实验设计

本实验为 2（美丽程度：美丽组 vs 不美丽组）×3（沟通策略：健康导向组 vs 享乐导向组 vs 控制组）组间设计；将预实验中的一对红薯条图片作为刺激物。健康及享乐导向组的被试阅读了以下材料："请想象您正在逛超市，注意到超市里在销售一款红薯条，商品图片及其旁边广告标语如下。"健康导向组被试看到的标语为："来点红薯条为自己补充营养，体验这健康时刻！"；而享乐导向组被试读到的标语为："来点红薯条为自己带来快乐，体验这欢愉时刻！"；向控制组被试展示的红薯条图片上无标语。接着测量被试对刺激物的健康性判断（7 分量表、3 个问项：①我认为食用此产品可以帮助我摄入更多的营养；②我认为常食用该产品有益于我的身体健康；③图片上红薯条看上去很健康；$\alpha = 0.73$）、情绪（Seva & Helander, 2009；7 分量表、3 个问项；$\alpha = 0.77$）、美味性判断（7 分量表、3 个问项：①图上的红薯条在多大程度上想让你尝尝；②你认为这些红薯条的美味程度如何；③吃红薯条给你带来多大程度上的享受；$\alpha = 0.80$）、美丽性判断（7 分量表、6 个问项；$\alpha = 0.86$）（Kim et al., 2014；Park et al., 2013）。最后询问被试性别、年龄、是否在节食期间等基本信息。

4.3.4 结果分析

操纵检验检验被试在看到带有标语的红薯条图片后的健康及享乐导向程度。结果表明标语启动操纵成功（健康导向程度：$M_{健康标语组} = 5.24$，SD = 1.13 vs $M_{享乐标语组} = 4.61$，SD = 1.14，$F(1, 197) = 4.76$，$p = 0.03$；享乐导向程度：$M_{健康标语组} = 3.98$，SD = 1.27 vs $M_{享乐标语组} = 5.09$，SD = 1.09，$F(1, 197) = 14$，$p < 0.0001$）。单因素方差分析表明美丽组与不美丽组对红薯条美丽程度的判断有显著差异（$M_{美丽} = 4.34$，SD = 0.99 vs $M_{不美丽} = 3.60$，SD = 0.90；$F(1, 197) = 29.75$，$p < 0.0001$）。这表明实验的美丽程度操纵也成功。

检验结果表明红薯条的美丽程度对其健康性判断具有显著主效应（$F(1, 197) = 22.59$，$p < 0.0001$），消费者会认为拥有更美丽外表的加工食品更不健康（$M_{不美丽} = 4.52$，SD = 1.01 vs $M_{美丽} = 3.89$，SD = 0.86）；标语启动对其健康性判断具有显著主效应（$F(1, 197) = 12.96$，$p < 0.0001$）；美丽程度与标语启动有显著交互效应（$F(1, 197) = 3.22$，$p = 0.04$）。

随后的简单效应分析表明（如图 4 所示）：在控制组，美丽组和不美丽组对红薯条的健康性判断具有显著差别（$M_{美丽} = 3.67$，SD = 0.80 vs $M_{不美丽} = 4.69$，SD = 0.96，$F(1, 197) = 20.70$，$p < 0.0001$）。在健康导向组，美丽组和不美丽组对红薯条的健康性判断具有显著差别（$M_{美丽} = 4.31$，SD = 0.79 vs $M_{不美丽} = 4.94$，SD = 0.95，$F(1, 197) = 8.29$，$p = 0.005$）；在享乐导向组，美丽组和不美丽组对红薯条的健康性判断无显著差别（$M_{美丽} = 3.68$，SD = 0.80 vs $M_{不美丽} = 3.93$，SD = 0.86，$F(1, 197) = 1.60$，$p = 0.21$）。

4.3.5 讨论

实验三的结果表明红薯条的美丽程度显著影响了被试对其健康性判断，在进一步证实

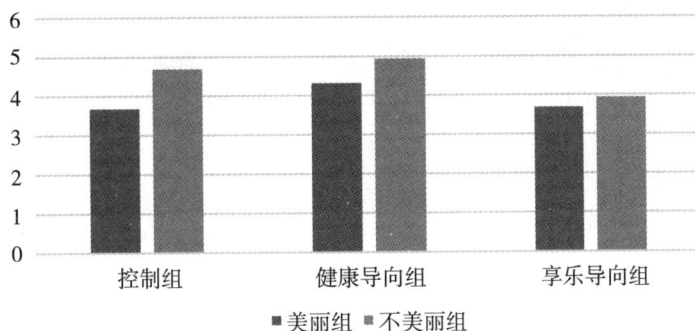

图 4 实验三的结果

H1 的同时，也通过对健康或享乐导向的操纵，证明了沟通策略调节了加工食品美丽程度对其健康性判断：沟通策略为健康导向时，食品的外观美丽程度对其健康性判断存在显著影响；沟通策略为享乐导向时，食品的外观美丽程度对加工食品的健康性判断无显著影响。

5. 讨论、局限和展望

5.1 研究结论

随着消费者健康意识的日益增强，健康性已经成为食品选择的关键性因素。现有文献虽对食品领域的很多常人信念进行了检验，但鲜有研究探讨外观美丽性对加工食品健康性判断的影响。本研究基于常人理论提出假设，并通过三个实验来证实假设的成立。本研究发现外观美丽性会负面影响消费者对加工食品健康性的评价。其中天然性感知中介了外观美丽性对加工食品健康性评价的影响。此外，企业的沟通策略（健康导向或享乐导向）起到了调节作用。企业采用健康导向的沟通策略时，外观美丽性对加工食品健康性评价影响显著。相反，娱乐导向的沟通策略减弱了外观美丽性对加工食品健康性评价的影响。

5.2 理论贡献

本研究的理论贡献主要体现在以下几个方面：首先，如前所述，大量研究讨论了"美即是好"的效应（Wan et al., 2017），但鲜有文献关注产品"美丽"外观的负面效应（Wu et al., 2017）。基于常人理论，本研究提出在食品领域产品美丽外观会对加工食品健康性判断产生负面影响，并通过实证研究的方法验证了该假设，从而填补了现有文献的缺口，丰富了产品"美丽"外观负面效应的文献。

其次，现有研究发现消费者有很多关于食品的常人信念，如昂贵等于健康（Kelly et al., 2016）、健康等于更少的饱腹感（Suher et al., 2016）、超大分量等于不健康（Dobson et al., 2010），不健康等于美味（Raghunathan et al., 2006）等。但鲜有研究探讨加工食品的美丽是否会影响消费者对产品功能性属性的评价。本研究证实了"美丽的加工食品是不健康"的常人信念,因而丰富了食品领域常人信念的研究。

最后,近年来,随着手工制作、天然原生态产品在消费者市场上越来越受到追捧,学者们也越来越关注手工制作、天然性感知等因素对消费者判断及行为所产生的影响。虽然许多文献证实了它们所带来的积极结果(Abouab & Gomez, 2015; Fuchs et al., 2015; Carlisle & Shafir, 2005),但少有研究深入探讨产品本身的特征会如何影响人们对产品的天然性感知,继而影响对产品的评价与判断。本研究发现加工食品外观美丽性会降低消费者对其天然性感知,进而影响消费者对加工食品健康性的评价。这一中介机制的发现扩展了人们对产品本身特征如何影响产品天然性感知的认识,拓展了相关领域的文献。

5.3 管理启示

现在很多加工食品营销者打出了"健康无害"的口号来吸引消费者的注意力,很多加工食品生产商甚至专门针对老人推出"无糖或低糖食品";或是在儿童食品中强调产品"纯天然""无任何人工添加";还有针对减肥人士推出了许多"粗纤维、低脂代餐食品"。本文用了三个实验证明在加工食品领域,美丽的外观可能会导致更消极的健康性评价,比如一块外表朴素的方块蛋糕相较于一块造型别致的多彩蛋糕可能会被感知为更天然无添加从而更健康。这启示加工食品生产商除了在研发健康安全的食品成分配方之外,在外观设计上也要尽量摒除太过花哨的样式、鲜艳的颜色等,以免太精致的外观使消费者对加工食品的健康安全性产生怀疑。当然,精致的外观设计往往是商家吸引消费者的常用手段。为了达到同等效果,食品生产商可以将更多精力投入包装设计中。精美的包装不仅能吸引眼球,也能在不破坏加工食品本身"天然性"特质的前提下提高其优质感。

此外,本研究发现企业的沟通策略调节了外观美丽性对加工食品健康性评价的影响。所以针对已有产品,企业应采取相应的有效沟通策略。对于外观较美丽的加工食品,营销者要更多采用享乐导向的沟通策略,比如侧重宣称加工食品的美味性、享用它为消费者所带来的愉悦体验及满足感;而对于外观较不美丽的加工食品,营销者可以采用健康导向的沟通策略,如强调加工食品本身的天然性、更少的人为加工及添加剂,及其对于消费者的健康益处。

5.4 局限和未来研究方向

首先,本研究采用实验的方法验证"美丽加工食品是不健康"的常人信念。虽然本研究通过在不同产品、不同被试群里来反复检验假设,通过科学的实验设计来提高研究结果的内部效度。但是,由于研究方法所限,研究结论的外部效度仍未得到充分考察。未来研究可以通过不同的研究方法,如二手收据的收集、定性研究的开展来检验本研究结论的外部效度。

其次,本研究发现企业的沟通策略会调节外观美丽性对加工食品健康性评价的影响,但仍有可能存在其他因素影响外观美丽性的作用,例如产品的包装、产品的自我相关性、店内设计等因素。因此,未来研究可以从多角度、多方面挖掘更多的边界变量。

◎ 参考文献

[1]崔丽娟,张高产. 内隐联结测验-IAT-研究回顾与展望[J]. 心理科学,2004,27(1).

[2]侯珂,邹泓,张秋凌. 内隐联想测验信度效度及原理[J]. 心理科学进展,2004,12(2).

[3]张宇东,李东进,金慧贞. 安全风险感知、量化信息偏好与消费参与意愿:食品消费者决策逻辑解码[J]. 现代财经(天津财经大学学报),2019,39(1).

[4] Alba, J. W., Williams, E. F. Pleasure principles: A review of research on hedonic consumption[J]. Journal of consumer psychology, 2013,23(1).

[5] Bloch, P. H. Seeking the ideal form: Product design and consumer response[J]. Journal of Marketing, 1995, 59(3).

[6] Buechel, E. C., Townsend, C. Buying beauty for the long run: (Mis) predicting liking of product aesthetics[J]. Journal of Consumer Research, 2018,45(2).

[7] Berkman, E. T. Value-based choice: An integrative, neuroscience-informed model of health goals[J]. Psychology & Health, 2018,33(1).

[8] Beruchashvili, M., Moisio, R., Heisley, D. D. What are you dieting for? The role of lay theories in dieters' goal setting[J]. Journal of Consumer Behaviour, 2014,13(1).

[9] Connell, P. M., Mayor, L. F. Activating health goals reduces increases hedonic evaluation of food brands for people who harbor highly positive negative affect toward them[J]. Appetite, 2013,65(1).

[10] Cox, D., Cox, A. D. Beyond first impressions: The effects of repeated exposure on consumer liking of visually complex and simple product designs[J]. Journal of the Academy of Marketing Science, 2002,30(2).

[11] Christine, M., Erika, M. A model of consumers' preventive health behaviors: The role of health motivation and health ability[J]. Journal of Consumer Research, 1993,20(2).

[12] Chen, M. F. Modeling an extended theory of planned behavior model to predict intention to take precautions to avoid consuming food with additives[J]. Food Quality and Preference, 2017(58).

[13] Deng, X., Srinivasan, R. When do transparent packages increase or decrease food consumption[J]. Journal of Marketing, 2013,77(4).

[14] Ding, Y., Guo, F., Hu M., et al. Using event related potentials to investigate visual aesthetic perception of product appearance [J]. Human Factors and Ergonomics in Manufacturing & Service Industries, 2017,27(5).

[15] Eagly, A. H., Ashmore, R. D., Makhijani, M. G., et al. What is beautiful is good, but…: A meta-analytic review of research on the physical attractiveness stereotype [J]. Psychological Bulletin, 1991,110(1).

[16] Gravel, K., Doucet, É., Herman, C. P., et al. "Healthy," "diet," or "hedonic". How

nutrition claims affect food-related perceptions and intake? [J]. Appetite, 2012,59(3).

[17] Mohr, G. S., Lichtenstein, D. R., Janiszewski, C. The effect of marketer-suggested serving size on consumer responses: The unintended consequences of consumer attention to calorie information[J]. Journal of Marketing, 2012,76(1).

[18] Her, E., Seo, S. Health halo effects in sequential food consumption: The moderating roles of health-consciousness and attribute framing [J]. International Journal of Hospitality Management, 2017(62).

[19] Hagtvedt, H., Brasel, S. A. Color saturation increases perceived product size[J]. Journal of Consumer Research, 2017,44(2).

[20] Hurling, R., Shepherd, R. Eating with your eyes: Effect of appearance on expectations of liking[J]. Appetite, 2003,41(2).

[21] Darian, J., Tucci, L. A., Stanton, J., et al. An investigation of factors influencing consumer responses to health-related food product claims[J]. Atlantic Marketing Journal, 2017,6(1).

[22] Haws, L. K., Reczek, R. W., Sample, K. L. Healthy diets make empty wallets: The healthy = expensive intuition[J]. Journal of Consumer Research, 2017,43(6).

[23] Lunardo, R., Saintives, C. The effect of naturalness claims on perceptions of food product naturalness in the point of purchase[J]. Journal of Retailing and Consumer Services, 2013, 20(6).

[24] Langlois, J. H., Kalakanis, L., Rubenstein, A. J., et al. Maxims or myths of beauty? A meta-analytic and theoretical review[J]. Psychological Bulletin, 2000,126(3).

[25] Labrecque, L. I., Milne, R. G. Exciting red and competent blue: The importance of color in marketing[J]. Journal of the Academy of Marketing Science, 2012,40(5).

[26] Michaelidou, N., Hassan, L. M. The role of health consciousness, food safety concern and ethical identity on attitudes and intentions towards organic food[J]. International Journal of Consumer Studies, 2008,32(2).

[27] Li, M., Chapman, G. B. Why do people like natural? Instrumental and ideational bases for the naturalness preference[J]. Journal of Applied Social Psychology, 2012,42(12).

[28] Newman, C. L., Howlett, E., Burton, S. Effects of objective and evaluative front-of-package cues on food evaluation and choice: The moderating influence of comparative and noncomparative processing contexts[J]. Journal of Consumer Research, 2016,42(5).

[29] Oplatowska-Stachowiak, M., Elliott, C. T. Food colors: Existing and emerging food safety concerns[J]. Critical Reviews in Food Science and Nutrition, 2015,57(3).

[30] Prada, M., Garrido, M. V., Rodrigues, D. Lost in processing? Perceived healthfulness, taste and caloric content of whole and processed organic food[J]. Appetite, 2017,114(1).

[31] Ronteltap, A., Sijtsema, S. J., Dagevos, H. et al. Construal levels of healthy eating. Exploring consumers' interpretation of health in the food context[J]. Appetite, 2012,59

(2).

[32]Romero, M.,Biswas, D. Healthy-left, unhealthy-right: Can displaying healthy items to the left versus right of unhealthy items nudge healthier choices? [J]. Journal of Consumer Research, 2016,43(1).

[33]Raghunathan, R., Naylor, R. W., Hoyer, W. D. The unhealthy = tasty intuition and its effects on taste inferences, enjoyment, and choice of food products [J]. Journal of Marketing, 2006,70(4).

[34] Román, S., Sánchez-Siles, L. M., Siegrist, M. The importance of food naturalness for consumers: Results of a systematic review[J]. Trends in Food Science & Technology, 2017,67.

[35] Song, M. R., Im, M. Moderating effects of food type and consumers' attitude on the evaluation of food items labeled "additive-free"[J]. Journal of Consumer Behavior, 2018, 17(1).

[36] Szocs, C., Lefebvre, S. The blender effect: Physical state of food influences healthiness perceptions and consumption decisions[J]. Food Quality and Preference, 2016(54).

[37]Thøgersen, J., Zhou, Y. Chinese consumers' adoption of a 'green' innovation — The case of organic food[J]. Journal of Marketing Management, 2012,28(3-4).

[38]Sott, M. L., Nowlis, S. M., Mandel, N., et al. The effects of reduced food size and package size on the consumption behavior of restrained and unrestrained eaters[J]. Journal of Consumer Research, 2008,35(3).

[39]Siegrist, M., Hartmann, C., Sütterlin, B. Biased perception about gene technology: How perceived naturalness and affect distort benefit perception[J]. Appetite, 2016,96(1).

[40]Suher, J., Raghunathan, R., Hoyer, W. D. Eating healthy or feeling empty? How the "healthy = less filling" intuition influences satiety [J]. Journal of the Association for Consumer Research, 2016,1(1).

[41]van Rompay, T. J., Deterink, F., Fenko, A. Healthy package, healthy product? Effects of packaging design as a function of purchase setting[J]. Food Quality and Preference, 2016 (53).

[42] Wan, E. W., Chen, R. P., Jin, L. Judging a book by its cover? The effect of anthropomorphism on product attribute processing and consumer preference[J]. Journal of Consumer Research, 2016,43(6).

[43]Wu, F., Samper, A., Morales, A. C., et al. It's too pretty to use! When and how enhanced product aesthetics discourage usage and lower consumption enjoyment [J]. Journal of Consumer Research, 2017,44(3).

The Failure of "Beauty Benefits"
—The Influence of Aesthetics on Health Perception of Processed Food

Zhao Jin[1]　Li Mingzhi[2]　Xie Zhipeng[3]

(1, 2　School of Economics and Management, Wuhan University, Wuhan, 430072;

3　School of Economics and Business Administration, Central China Normal University, Wuhan, 430079)

Abstract: Nowadays, consumers pay more attention to the health of food. So it has been one of the key factors affecting consumers' food purchase decisions. However, little attention has been paid to the impact of visual cues of food, especially processed food, on its perceived health. Based on the lay theory, this paper discusses the effects of food appearance on its perceived health. It is found that the beauty of food negatively correlates with the health perception of processed food. And the natural perception of processed food plays a mediation role in determining the effect. In addition, the study also found the effects are moderated by corporate communication strategy (hedonic orientation vs health orientation).

Key words: Beauty of processed food; Lay theory; Natural perception; Perceived health

专业主编：寿志钢

论证质量对绿色广告效果的影响研究

——基于加工流畅性的中介效应*

● 邓文志[1]　严奉宪[2]

（1，2　华中农业大学经济管理学院　武汉　430070；

1，2　华中农业大学绿色经济研究中心　武汉　430070）

【摘　要】随着社会公众对环境问题的关注度不断提升，绿色广告在越来越多的营销活动中被采用。那么随之而来的问题是，如何发挥绿色广告的有效性？本研究基于论证质量理论，探讨了绿色广告设计对广告效果的影响，论证质量与环境保护情感的配置对绿色广告有效性的影响以及这种影响的中介机制。使用准实验研究方法，实验探讨了环境保护情感与强论证广告/弱论证广告对说服效果的交互作用，以及加工流畅性的中介作用。结果发现，在积极情感条件下，强论证广告对消费者的说服效果与弱论证广告并无差别；在消极情感条件下，弱论证广告的说服效果低于强论证广告。本研究有助于建立和优化绿色广告设计，了解影响广告效果的因素与绿色营销效益之间的关系。

【关键词】论证质量　环境保护情感　加工流畅性　绿色广告设计

中图分类号：C93-0　　文献识别码：A

1. 问题的提出

在过去的几十年里，尽管气候变化的威胁日益加剧，人们对环境问题的担忧也日益加剧，但在全球范围内的资源浪费却在不断增长（Adam et al.，2018）。消费者越来越意识到他们的消费模式是破坏环境的一个原因，他们购买可持续产品的倾向不断增长。在这样的背景下，开发绿色产品的公司越来越多，消费者对绿色产品的兴趣也越来越大。因此，只有了解绿色产品和消费者的期望，才能建立良好的绿色营销策略（Dangelico and Vocalelli，2017）。但是，Oppenheim 等（2008）研究发现，尽管消费者宣称他们对环保产品有更高的购买意愿，但当他们到达收银台时，就会把自己的环保态度忘得一干二净。研究表明，企

＊ 基金项目：国家自然科学基金项目"基于社区农业灾害韧性的农户适应行为研究——以江汉平原为例"（项目批准号：71874065）。

通讯作者：严奉宪，E-mail：fx_yan@ mail. hzau. edu. cn。

业可以通过针对目标消费群体对广告语言的感知力和理解力的不同，去选择有效的广告设计来促进广告和品牌正面效果。如何增强绿色广告的传播效果，并促使消费者进行绿色消费，已经成为学者和营销人员关心的重要问题。

绿色广告是最好的消费者沟通方式，它可以影响个人对广告的态度，以及他们对环境友好的意图，越来越多的企业采用绿色广告作为营销策略。根据埃森哲的一项全球调查，超过80%的受访者在做出购买决定时会考虑产品的环保性能(Agrawal et al., 2012)。尽管通常只需要根据消费者关心的环境问题和环境需求，应用有效的绿色广告便可以吸引消费者。然而关于绿色需求在广告中的有效性以及传播策略仍然不明确，也没有全面的绿色需求理论。

1984年，Petty等(1984)提出了精细加工可能性模型(ELM模型)，并经由该模型引出了论证质量理论。该理论认为，当个体接触到具有不同口头争论质量的产品信息时，他们的消费意图是不同的。论证质量越高，越有助于满足消费者的信息需求，相反，低质量的论证会立即受到质疑，导致可信度低的观点，从而被视为不可信(Hautz et al., 2014)。因此，在绿色广告设计中运用论证质量的概念是十分合适的。绿色广告很重要，但仅靠广告并不能解决所有的绿色营销问题。实现绿色广告的一个重要策略是确定影响消费者行为的个体因素。在理性环境下，个体行为可以通过一个理性框架来判断；然而人的意志控制会受到各种内在因素的影响，如个体差异、情感、遗忘等。消费者对购买意愿的选择并不总是个体认知的结果，这意味着许多不可控的内在因素会影响消费意愿(Kong and Zhang, 2014)。其中，情感在人的思维和反应过程中起着重要的作用，可以更全面地解释一些人的非自发行为。综上所述，为了实现绿色营销的目标，我们应该了解情感类型对态度形成过程的影响，以及情感类型在说服过程中的地位。

尽管学者和营销人员认为绿色定位是产品和服务市场成功的关键因素，但很少有人关注绿色设计对消费者的影响及其有效性。并且目前关于绿色广告设计与情感之间关系的研究中，还没有研究关注论证质量。基于此，本研究引入环境保护情感这一变量，通过实验设计，探讨环保情感如何影响强论证绿色广告/弱论证绿色广告与广告说服效果之间的关系。本研究旨在探讨两个问题，一是消费者的环保情感对绿色产品营销广告设计的影响，二是引入加工流畅性，通过检验其中介效应，探讨环境保护情感与强论证绿色广告/弱论证绿色广告交互作用影响广告说服效果的内在机制。因此，本研究有助于了解消费者对绿色广告判断的影响因素，以及受情感影响下消费者态度的变化机制。本研究的结果可以作为未来研究消费者环境保护情感和绿色营销中广告设计类型的参考，从新的视角为企业更有效地开展绿色营销活动提供建议，具有一定的理论和现实意义。

2. 理论背景

2.1 绿色广告的论证质量

George Fisk(1974)指出，绿色广告是企业致力于改善生态环境的营销活动的重要组成部分。绿色广告作为企业开展绿色营销活动的重要手段之一，能够有效地向社会公众传播绿色理念，启发和引导消费者对兼具环保属性与功能属性的绿色产品产生需求与购买欲望，对企业占领绿色产品市场、实施环境友好型的竞争战略具有重要作用（Sheehan et al.，2012）。因此，营销中的绿色广告与其他营销策略相结合可以更好地实现社会目标。

在消费者青睐的营销策略中，通过改变广告受众所接收到的信息的质量来影响广告效果的营销策略称为论证质量，即个体所接收到的信息的质量，也就是接收者所看到的信息是否具有说服力、有效性和相关性（Koenig et al.，2014）。Areni（2003）认为论证质量是影响中心加工路径的重要因素，论证质量包括论证效价和论证强度两个维度，论证的真实性、论证和论点间逻辑的严谨性以及论证有效性将影响论证的强度。Gammoh 等（2010）在数码相机的强论证研究设计中发现，当论证和论点清晰、严谨时，说服效果明显增强，如提到"具有自动聚焦功能，因此你可以拍摄最完美的照片"，是一个很典型的论证支撑论点的广告，与之对应的是弱论证"你将用相机拍摄出完美的照片"，则说服效果较差。Tsai-Feng Kao 等（2019）在广告设计的影响研究中发现，自我参照和强论证组合的广告设计具有最佳的广告效果。

已有研究表明，在广告设计的讨论中，论证质量是影响消费者判断的重要因素。我们可以通过调整论证和论点之间的逻辑关系，去调节论证质量的强弱，一般而言，强论证的广告设计比弱论证更有说服力。在绿色广告设计中，广告效果势必受环境保护价值情感调节，然而，却很少有人去关注其内在的影响机制。因此，本研究拟从说服性研究的论证质量角度对绿色广告效果进行研究。

2.2　情感的影响

情感是市场研究中的一个重要课题，探索消费者的情感有助于解释消费者决策过程中的变化（Ou and Verhoef，2017）。情感本质上是一种生理反应，受到个体的特定行为倾向和思想等的影响，反之，它们也会受情感的影响（Koenig et al.，2014）。情感一般被分为积极情感和消极情感两种，一些主要的情感包括共识、愤怒、恐惧、喜悦、厌恶和惊讶等（Ortony and Turner，1990）。从认识到评价也可以产生情感反应，因此情感也可以用来评价。评价涉及对刺激的价值的评估，以个人是"好"还是坏为背景（根据他们现有的态度、信仰和价值观）。因此，个人对积极情感和消极情感的感受受到他们基于经验和目标的主观认知评价的影响（Lazarus，1991）。情感是一个强有力的变量，有助于解释亲环境的行为或其拒绝。大量研究表明，一个特定的情感状态有利于从记忆中提取信息（Wegener et al.，1994）。此外，一个人的情感可以对人的判断产生直接影响，这不需要通过对产品信息的认知加工，而是通过情感启动。

将情感和环境行为联系起来的有限研究主要围绕三方面展开：（1）道德情感；（2）与自然的亲和力和（3）生态恐惧。道德情感可能反映接受或拒绝生态规范和责任；与自然的亲和力被认为是人与自然关系中最强大的情感；与这两者相比，生态恐惧对环境行为的解释力较弱（Kals and Maes，2002）。围绕风险的恐惧和情感的相关研究有助于解释亲环境行为。然而，某些环境问题引起的强烈的情感困扰，可能触发心理防御机制，导致非个体参与环境保护行为。这些防御机制包括无能感、委托感（拒绝承担个人责任）、负面证据、冷漠感和理性异化，从而产生负面情感，包括恐惧、焦虑、内疚等，这抑制了友好的环境行为（Koenig et al.，2014）。

消费者的环境保护情感被认为是影响广告效果的内在因素，相关研究证实了情感对广告效果的影响。例如 Aiken 等（2002）把态度看作是一种通过学习获得的认知、情感和行为的倾向性，用于积极或消极地应对某种事物、情境、惯例、理念及个人。其中，情感成分是个体对客观事物是否满足自己的需要而产生的态度体验，如喜爱、愉快、高兴、讨厌、愤怒、鄙视等，它是态度的核心成分，既影响认知成分，也影响行为倾向成分（费多益，2012）。已有研究反映了情感是影响消费者对绿色广告态度的重要因素，消费者处于不同的情感状态，思考问题的视角会有所不同，从而导致消费者对不同类型信息的敏感程度存在差异。认知和信息差异会进而影响消费者评价、判断等心理过程，最终影响消费者的购买决策。这一过程被积极情感和消极情感所调节，主要有道德情感、社会情感和生态情感三种表现形式。

2.3 加工流畅性

心理学和市场营销的研究已经突出这样一个事实：个体没有系统地使用客观信息处理来支持他们的判断和决策。当他们处理信息时，他们也可以更主观、更直观地反映他们的感受（Daniel and Oppenheimer，2008）。更准确地说，当个体接触到与其心理表征或动机相一致的信息或刺激时，他们在理解和处理信息（或刺激）方面更加流畅（White et al.，2011）。加工流畅性在客观方面是指人脑内部信息加工过程动力特征（主要是指加工速度与准确性）的一种表现，在主观方面则是个体对加工信息难易程度的一种主观体验（Winkielman and Cacioppo，2001）。它主要包括以下三种类型：知觉流畅性、提取流畅性和概念流畅性。知觉流畅性是指个体对知觉对象知觉加工的容易度，提取流畅性是指个体从记忆中提取信息的容易度，概念流畅性是指个体处理信息的意义及其与语义知识结构关系的容易度。此外，语言流畅性、空间流畅性、具身流畅性等其他形式的加工流畅性也逐渐被提出来（Alter and Oppenheimer，2009）。信息加工的速度和准确率可以作为流畅性的评估指标。高流畅性意味着个体在短时间内付出较少的努力就可以准确地识别、理解信息；低流畅性则意味着个体在信息加工中需付出更多的时间和努力，并且准确性较低。加工流畅性会影响人们的评价和选择，高流畅性往往和积极的评价与购买行为联系在一起，例如，Alter 等（2009）研究表明在一个公司上市后的最初几个星期内，名字流畅性好的股票表现胜过名字流畅性差的股票，原因在于人们认为股票名字流畅性好则价值更高，在这种主观感受的驱使下人们会做出购买决策，股票价值在短期内得到提升。Balbo 等（2014）的研究认为，更高的信息加工流畅性会带来更高的支付意愿。高流畅性之所以能促使消费者产生积极的评价和购买行为，原因是人们一般认为被感知流畅性高的刺激物存在的风险更小。

2.4 广告效果

广告效果，是指广告活动目的的实现程度，即广告信息在营销传播过程中引起的变化和产生的效果，即消费者接收广告后对产品的印象，包括广告态度、产品态度和购买意向调查（施琴，2015）。广告效果是衡量花在每一则广告上的每一分钱是否值得，可以为企业制定广告投放策略提供重要依据。20 世纪初，学者们就对广告心理效果进行了广泛研究，对广告效果的研究与测定，无论是在国外还是国内都并不罕见。但广告运作过程往往是十分复杂的，所以在整个广告运作过程中，广告所产生的影响多种多样，对受众的作用也千差万别。

一般而言，根据不同的划分标准，广告效果可分为不同的类型。比较常见的划分方法是将其分为销售效果、传播效果及社会效果。其中传播效果从受众的认知、态度与行为意向上出发去看待广告传播的效果，即受众接触广告之后是否对广告形成记忆与理解，从而逐渐对广告形成自己的态度与情感，最终产生购买行为。受孙瑾等（2018）学者的启发，本研究从广告态度和产品态度两个维度去进行广告效果的测度。

3. 研究框架与假设

3.1 环境保护情感与强论证广告／弱论证广告对消费者决策行为的交互影响

绿色广告传播的主要是产品或服务的环保属性信息，然而消费者接收到环保属性信息后却不一定会表现出亲环境行为，这中间往往还需要一个说服的过程（吴月燕和周南，2019）。为了更好地理解个体情感在说服过程中的作用，本研究采用了精细加工可能性模式（ELM）来阐明情感在消费者态度中的变化机制。ELM 模型是消费者信息处理中最有影响的理论模型，该模型认为信息处理和态度改变的一个基本量纲是信息处理的深度和数量，并由此提出了说服的两条不同的途径。一条是核心途径，即当消费者在形成对广告品牌的态度时，能够有意地认真考虑广告提供的信息，并对广告产品或目标的信息进行仔细思考、分析和归纳，最终导致态度的转变或形成的劝导过程。在这个劝导过程中，如果消费者个人认为信息具有说服力，就会形成积极的态度；反之，则会形成消极的态度。与核心途径相对的是态度改变的外围途径，在外围途径中，态度的形成和改变经过积极地考虑品牌的特点及其优缺点，劝导的影响将通过品牌与广告中积极或消极的方面或技巧性暗示联系起来而产生（Cacioppo et al., 1983）。

情感是人类进化和适应环境变化的基本机制。Damasio 等（1998）研究认为，认知和情感的结合可能会促使人类决定从事有利于生态的行为。关于情感的调节作用，目前在相关研究中存在两种不同的观点。一是积极情感倾向于更仔细地考虑和处理信息，属于中心思维活动（Mackenzie，1998）。另一种理论使用简化的阐述，认为当消费者有积极的环境保护情感时，他们使用低介入情境的前沿路径，而不会费心去处理信息。这两种不同的观点主要是关于情感对简化阐述路径的影响（Bless et al., 1990）。有关情感的调节作用已经被广泛研究，然而这些理论研究仍然存在争议。例如，Atalay 等（2011）发现，当消费者拥有消极情感时，他们更容易振作起来，或用冲动消费来犒劳自己。然而，这一发现与其他发现相矛盾。例如，Forgas 和 Ciarrochi（2001）发现，积极情感实际上会增加，而消极情感会降低消费者对实际和潜在财产的感知价值，因为消费者对感觉的开放程度很高。

从以上文献可以看出，情感虽然可以调节消费者的消费态度，但是对于积极情感和消极情感的变化并没有固定的模型，尤其是在绿色广告设计的研究中。本研究认为，个体积极（消极）的环境保护情感会引起广告设计观念的变化。这项研究假设，如果消费者拥有积极的环境情感，他们乐观和愉快的情感会使他们忽略广告的类型，这属于减少的阐述情境；而消极情感会在个体中引起更大的关注，这意味着他们会采取中心思路，并关注广告的说服力和论点数据的完善。也就是说，积极/消极的情感会影响消费者对广告设计的看法。在积极情感的影响下，消费者对广告设计的看法会减少细化，而不是原本偏好的有力论证的广告设计，但他们不在乎广告的设计类型；相反，在消极情感的影响下，消费者走上了思维的中心路线，他们仍然喜欢有力论证的广告设计。因此，环境保护情感与强论证／弱论证广告之间存在匹配效应，它们会交互作用影响广告说服效果。本研究从广告态度、产品态度两个维度对强论证／弱论证广告的效果进行测量，并以此反映其对消费者决策的影响。因此我们提出如下假设：

H1：环境保护情感与强论证广告／弱论证广告之间存在交互作用。

H1a：当消费者处于积极的情感状态中时，广告的论证质量对消费者的广告态度存在无差别的影响；当消费者处于消极的情感状态中时，强论证广告比弱论证广告更容易使消费者产生良好的广告态度。

H1b：当消费者处于积极的情感状态中时，广告的论证质量对消费者的产品态度存在无差别的影响；当消费者处于消极的情感状态中时，强论证广告比弱论证广告更容易使消费者产生良好的产品态度。

3.2 加工流畅性对环境保护情感与强论证绿色广告／弱论证绿色广告交互作用的中介效应

消费者对广告设计类型与环境保护情感一致的广告信息及广告中的产品评价更为积极，其解释机制可能是这种一致性使得消费者在决策过程中感受到信息比较容易加工，即感受到了较高的加工流畅性。

首先，环境保护情感与强论证／弱论证广告之间的匹配性会影响消费者的加工流畅性感知。建议采纳和说服的相关研究表明，个体对与自身目标、动机及信息处理方式相匹配的信息理解起来更容易，信息的说服效果也更好（Aaker and Lee，2001）。例如 Lee 等（2004）探讨了调节定向与信息框架对说服的影响，发现了信息内容的调节定向与框架性质之间的匹配效应，即调节定向与信息框架之间存在匹配性时，个体会感知到较高的加工流畅性；反之，调节定向与信息框架不匹配时，个体感知到的加工流畅性较低。他们通过实验验证了该效应背后的心理机制是加工流畅性。此外，White 和 Dahl（2011）发现，当个体面对与自己建构水平相匹配的促销信息时，更倾向于认为这种信息容易理解，并产生较高的质量感知。相似的，Graf 和 Landwehr（2015）在 2015 年提出了流畅性的双加工模型——审美愉悦与兴趣模型，发现当感知者体验到积极情感时，不需要进一步加工，便可以流畅地进行审美加工，进而引发审美喜悦。积极情感会引导感知者走上中心思维路线，而论证质量是影响中心加工路线的重要因素，当情感类型与论证质量相匹配时，个体短时间内付出较少的努力就可以准确地识别、理解，此时更容易感知到较高的信息加工流畅性；而情感与论证质量不匹配，则意味着信息加工需付出更多的时间和努力，并且准确性较低，此时个体感知到的信息加工流畅性较低。此外，与个体认知倾向一致的信息也更加容易被理解（Yang et al., 2011）。由此认为，消费者环境保护情感与强论证／弱论证广告之间的匹配性会对加工流畅性感知产生影响。

其次，加工流畅性的高低会影响消费者的绿色广告态度和产品态度。加工流畅性是个体在对刺激信息进行加工过程中所感觉到的难易程度的一种主观体验（Oppenheimer, 2008）。而且流畅性本身作为一条信息线索，也会影响人们对刺激本身的判断和评价，多项研究表明，个体在处理外部输入信息时感知到的流畅性会影响他们的判断以及后续决策行为。例如，李东进等（2018）的研究发现，产品陈列方式将会影响消费者对不同类型极度不一致新产品的认知加工，进而影响产品评价。Stapel 和 Marx（2006）指出，个体加工同化信息相比对比信息需要更少的认知资源，这将会提高个体处理刺激信息的流畅感知，进一步影响后续的判断以及认知。因此，加工流畅性会影响消费者的绿色广告态度和产品态度。

基于上述分析可以推断，加工流畅性在环境保护情感与强论证广告/弱论证广告交互作用的发挥中起到中介作用，因此我们提出以下假设：

H2：加工流畅性在环境保护情感与强论证广告／弱论证广告交互作用中起到中介作用。

H2a：加工流畅性对环境保护情感与强论证广告／弱论证广告交互影响消费者的广告态度起到中介作用。

H2b：加工流畅性对环境保护情感与强论证广告／弱论证广告交互影响消费者的产品态度起到中介作用。

据此，得出本研究的理论框架，如图 1 所示：

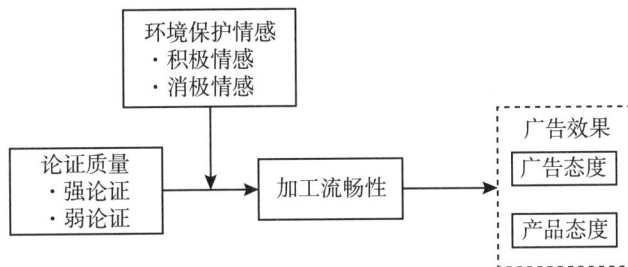

图 1　研究理论框架

4. 研究设计

4.1　实验设计

本研究探讨不同广告语体设计与情感反应之间的互动关系对广告效果的影响。采用 2（广告语体类型：强论证 vs 弱论证）×2（环境保护情感：积极 vs 消极）组间实验设计，共设置了 4 个不同的实验情境，以操纵变量，测量广告效果。最后，根据所选问卷对假设进行了验证，并对环境保护情感分类进行了区分。

本研究采用聚类抽样方法，以武汉市在校大学生为研究对象，将被试分到 4 个不同的实验组中，通过现场实验和在线填写问卷方式完成实验。在必要的测试解释之后，要求被试认真阅读广告语，然后进行问卷填写。填写完毕，赠送小礼品表示感谢。每个实验情境共有 40 到 60 名被试参加，共有 178 名被试参加实验。去除无效问卷后共获得有效问卷 165 份，其中男性占 33.3%(55 名)，女性占 66.7%(110 名)，年龄在 18~26 岁。

4.2　刺激物设计

结合 Tsai-Feng Kao 等(2019)的研究，本研究在进行情境实验设计时以环境友善运动鞋为虚拟品牌，并遵循字数相等、内容相近的原则各设计一组强论证广告和弱论证广告，具体内容如下：(1)(弱论证型)本公司是世界上最大的以塑料为原料的制鞋企业。随着全球气候日益严峻，我们加倍努力减少企业的碳排放，以实现减缓全球变暖的目标；我们明白商业运作包含商业、公平和正义，我们致力于减少对环境的影响，以改善我们的社区，并按照道德标准获取利益。(2)(强论证型)本公司是世界上最大的以塑料为原料的制鞋企业。公司使用的可回收 PVC 材料达 99% 以上，符合国家环保标准，产品对环境的污染指数低于行业水平的 65%。与此同时，公司已通过世界级渠道的认证，并成为组织和品牌授权的产品制造商。

为了提高正式实验中刺激物的稳定性和成功的可能性，本研究邀请了 43 名在校大学生进行了前测实验。为了让被试注意这些刺激信息，在编写材料过程中，专门将广告语设置为白色字体，并对文字段落底纹进行了加黑处理，以引起被试的注意。采用 Likert 5 级量表对所虚拟的广告语体(3 个题项：我觉得这则广告具有高度可信性的信息/我认为这则广告有具体数据或可靠的数据来源/我认为论证在这则广告信息中具有说服力)进行打分，1 代表"非常不同意"，5 代表"非常同意"。方差分析显示，强论证广告的感知得分显著高于弱论证广告($M_{强论证} = 3.44$，$M_{弱论证} = 2.90$，$F(1, 42) = 5.842$，$p = 0.021$，$p < 0.05$)。由此表明，本研究设计的强/弱广告类型存在显著差异，能够在被试心中形成一定的区分度。

4.3　实验方法和程序

越来越多的学者在消费者行为的研究中借鉴心理学的成果，而心理学往往比较重视现场实验，因此本研究采用了情境实验的方式进行数据收集。正式实验以集体测试的方式进行了 4 次。各组使用的调查问卷内容相同，只有广告观看量随组别不同而有所差异。在实验开始时，向被试说明测试的目的，为促使被试认真填写问卷，提前告知结束后会赠送小礼品。然后发放问卷，被试进入强论证和弱论证两种不同的情境中。接下来，测试正式开始。首先，被试填写第一部分基本信息后，测试人员进行广告刺激，被试观察广告刺激后，继续填写问卷第二部分，作答有关广告态度和产品态度的测量量表，最后完成第三部分：环保情感测试。在完成问卷后，测试人员通过赠送小礼物来表达他们的感谢。整个实验过程持续了约 20 分钟。

4.4 变量的测量

4.4.1 环境保护情感的测量

人们普遍认为情感是在特定的环境下产生的。根据情感对行为意图的影响，情感通常分为积极情感和消极情感，积极情感和消极情感影响态度的发展。本研究结合 Tsai-Feng Kao 等（2019）的研究，采用情感分类法作为消费者情感反应的维度。这三种情感项目分别是："当你知道这个产品是由符合绿色标志的工厂生产，并使用天然成分和可回收材料时，你会感到……""面对当前社会对环境和生态所做的努力，以及公众为环保行动所采取的措施，你会感到……""就当前环境问题和生态状况所造成的气候变化而言，你会感到……"在情感检测方面，使用了 10 种情感表达，包括快乐、乐观、积极、自豪、满足、紧张、担忧、沮丧、悲伤和焦虑；前 5 种情感为积极情感，后 5 种情感为消极情感；消极情感采用逆向评分，根据积极情感和消极情感区分评分结果，Cronbach's $\alpha = 0.91$。

4.4.2 加工流畅性的测量

本研究结合孙瑾等（2018）的研究，最终通过三个题项来测量：我认为这则广告很简单（1 = 完全不同意，5 = 完全同意）、我认为这则广告容易理解（1 = 完全不同意，5 = 完全同意）、我能够清楚理解这则广告（1 = 完全不同意，5 = 完全同意）。

4.4.3 广告效果的测量

本研究通过测量广告态度、产品态度两个因变量来反映强论证广告／弱论证广告的说服效果。广告态度的测量借鉴 Keller 等（1993）所使用的 Likert 5 级量表，从 1（非常不同意）到 5（非常同意），包含 4 个测项：我认为这则广告提供了有用的信息；我很喜欢这则广告；我觉得这则广告是可信的；我会乐于和周围的人分享这则广告。产品态度的测量包含 3 个测项：我很欣赏这个产品；当有购买需求时，我会立即想到该产品；我会乐于向周围的人推荐该产品。

4.5 结果分析

（1）操纵检验：方差分析表明对广告诉求的操纵是有效的，数据结果与预期一致，强论证广告与弱论证广告中包含的绿色广告信息数量具有显著的区分度（$M_{强论证} = 3.52$，$M_{弱论证} = 4.29$，$F_{(1, 164)} = 21.96$，$p < 0.05$）。对情感类型的调节作用进行检验发现，情感类型和广告类型的交互对广告态度（$F_{(1, 164)} = 55.40$，$p < 0.05$）和产品态度（$F_{(1, 387)} = 68.14$，$p < 0.05$）都有非常显著的影响，并且效用量都比较大，说明品牌类型和广告语体的交互对广告态度和品牌态度影响结果的解释力较高，进一步说明品牌类型和广告语体之间存在显著的交互效应。因此，H1 得到支持。

（2）广告态度：广告态度测量量表的信度分析结果为 $\alpha = 0.876$，证明量表是可信的。以广告态度为因变量进行 2（情感类型：积极 vs. 消极）×2（广告类型：强论证广告 vs. 弱论证广告）的双因素方差分析，结果如图 2 所示，在积极情感水平组，被试强论证广告的态度与弱论证广告态度的得分比较接近（$M_{强论证} = 3.53$，$M_{弱论证} = 3.46$，$F_{(1, 193)} = 2.95$，$p > 0.05$）。在消极情感水平组，被试绿色广告的态度得分高于非绿色广告态度的得分（$M_{强论证} = 3.18$，$M_{弱论证} = 2.51$，$F_{(1, 194)} = 2, 51$，$p < 0.05$）。结果验证了 *H1a*。

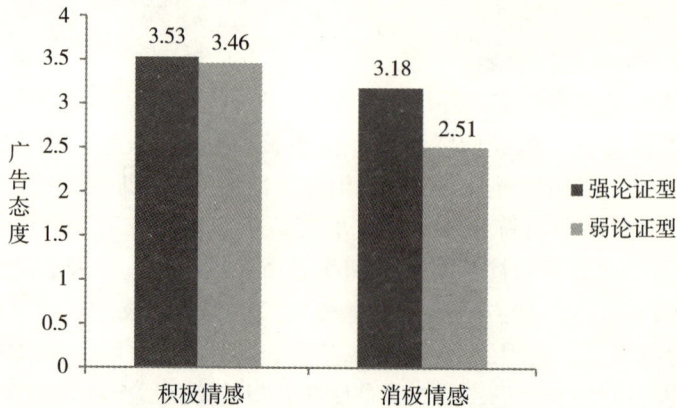

图 2　情感类型与广告类型对广告态度的影响

（3）产品态度：产品态度测量量表的信度分析结果为 $\alpha = 0.853$，可靠性较高。以产品态度为因变量进行 2(情感类型：积极 vs. 消极)×2(广告类型：强论证广告 vs. 弱论证广告)方差分析，结果如图 3 所示，积极情感的被试在强论证广告情况下的产品态度得分并不显著高于弱论证广告情况下的产品态度得分($M_{强论证} = 3.49$，$M_{弱论证} = 3.44$，$F(1, 89) = 1.62$，$p > 0.05$)。消极情感的被试在强论证广告情况下的产品态度得分高于弱论证广告情况下的产品态度得分($M_{强论证} = 3.56$，$M_{弱论证} = 2.42$，$F(1, 85) = 78.56$，$p < 0.05$)。研究结果支持 H1b。

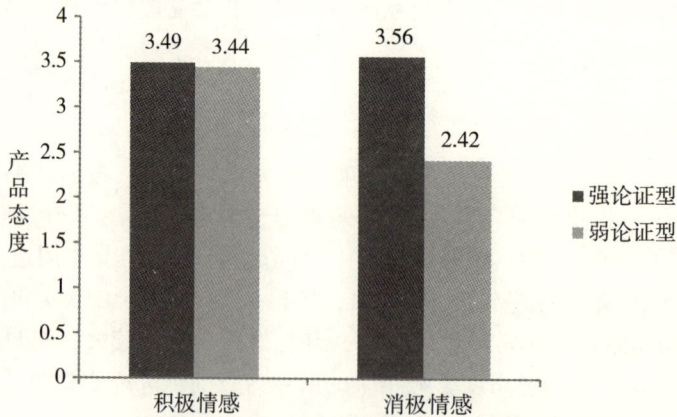

图 3　情感类型与广告类型对产品态度的影响

（4）加工流畅性的中介检验：对加工流畅性进行 2(情感类型：积极 vs. 消极)×2(广告类型：强论证 vs. 弱论证)方差分析，结果显示情感类型与广告类型之间交互作用显著($F(1, 164) = 6.95$，$p < 0.01$)。对消极情感水平组的被试来说，强论证广告信息比弱论证广告信息更容易加工($M_{强论证} = 4.23$，$M_{弱论证} = 4.86$，$F(1, 89) = 8.23$，$p < 0.01$)。而对

于积极情感水平组的被试来说，强论证广告信息与弱论证广告信息无显著差异($M_{强论证}$ = 4.45，$M_{弱论证}$ = 4.51，$F(1,85)$ = 5.98，$p<0.05$)。

按照 Zhao 等(2010)提出的中介效应分析程序，参照 Preacher 等(2007)提出的 Bootstrap 法，用 Process 的模型 4 对加工流畅性在广告类型与情感类型交互对广告效果影响中的中介效应进行检验，样本量为 5000。在 95% 的置信度情况下，以广告态度为因变量，加工流畅性的中介效应显著($LLCI=-0.460$，$ULCI=-0.316$，不包含 0)，效应系数为 -0.314，这说明加工流畅性在广告类型与情感类型交互对广告态度的影响中发挥了中介效应，并且在中介效应存在时，广告类型与情感类型的交互效应区间不包含 0($LLCI=-2.879$，$ULCI=-0.507$)，所以加工流畅性的部分中介效应存在，验证了 H2a；以产品态度为因变量，检验结果显示加工流畅性的中介效应显著($LLCI=-0.432$，$ULCI=-0.137$，不包含 0)，效应系数为 -0.225，表明加工流畅性中介了广告类型与情感类型交互对产品态度的影响，并且解释水平与广告类型的交互效应区间不包含 0($LLCI=-3.042$，$ULCI=-0.548$)，说明加工流畅性发挥了部分中介效应，验证了 H2b。

5. 研究结论与探讨

5.1 研究结论

本研究根据文本描述设计了 2 种不同的广告形式，探讨广告设计和环保情感对广告效果的影响。研究结合环境保护情感和论证质量，通过实验探讨了绿色广告对消费者广告态度、产品态度产生积极影响的条件，以及内在的中介机制。结果表明：在积极情感条件下，强论证广告对消费者的说服效果与弱论证广告并无差别；在消极情感条件下，弱论证广告的说服效果低于强论证广告。这一结果与营销过程中的强有力的论证质量满足消费者需求从而产生信任的理论是一致的。因此，用实际数据和强有力的论证触发消费者认知具有较好的广告效果，绿色产品的广告设计应该强调环保数据，并与能触发观众环境保护情感的场景相结合，以便更容易地获得消费者的青睐。

本研究同时还验证了情感类型与强论证广告／弱论证广告交互作用影响消费者决策行为的内在机制，加工流畅性在这一交互作用产生的过程中起到了中介作用。情感类型与强论证广告／弱论证广告之间存在匹配效应，强论证／弱论证广告与积极情感／消极情感相匹配时，消费者对广告信息识别和理解较容易，信息加工流畅性高，使得消费者对信息产生更高的有效性认知，从而对广告中传递的利益诉求产生更强烈的偏好，最终对与观众环境保护情感相匹配的广告及广告中的产品产生更积极的评价。

5.2 理论贡献

本研究的理论贡献主要体现在三个方面：第一，不同论证质量的广告设计虽然在现实的营销实践中屡见不鲜，却很少有研究以此分类来研究广告类型的影响。研究结果表明，环境保护情感与广告类型的交互对广告态度和产品态度存在显著影响，当环境保护情感与广告类型相匹配时(应当采用强论证的广告并引入积极的环境保护情感)，能引发更积极的广告态度和产品态度。以往研究都聚焦于环保涉入度、调节焦点及产品类型等对绿色广告效果的影响，并建立了绿色广告有效性的边界条件，鲜有探讨广告论证质量对广告态度和产品态度的影响，因此本研究丰富了对广告论证质量的研究。第二，本研究验证了消费者对绿色广告设计的意见会受到环境保护情感的调节。研究结果与以往文献一致，验证了情感对消费者购买意愿的调节作用。从以往的文献中我们已经知道，对于情感影响态度的路径有两种不同的看法：一种是中心路线的思维活动，另一种是边缘路线。然而，这并不能验证情感变化的路线。本研究的假设是基于论证质量理论，认为消费者在不同的情感状态下会采取不同的思维方式，且有不同的态度反应。因此，虽然本研究的结果不尽如人意，但它证实了态度变化过程中没有固定的情感模型，进一步拓展了论证质量理论在广告研究领域中的应用。第三，本文的研究结果显示，环境保护情感和广告类型对消费者态度产生影响的中介机制是加工流畅性。这一中介结果揭示了环境保护情感与广告类型对广告态度和产品态度的作用过程，对于揭示绿色广告设计与消费者环境保护情感的关系具有重要的理论意义。

5.3 实践启示

本研究为企业选择有效的广告设计来促进广告和产品正面态度提供了稳健的理论指导意义。首先，研究结果表明，高论证质量的广告类型更容易获得消费者的关注和偏好，并产生积极的评价和购买意向。因此，企业在进行绿色广告设计时，应该选择高论证质量的广告类型，引入更多数据，增强广告的说服力，以便提升消费者的广告态度和产品态度。其次，本研究发现，与消费者环境保护情感相匹配的广告信息，广告效果更好。因此，企业在使用绿色广告传播产品和服务信息时，应该考虑环境保护情感对绿色广告说服效果的影响。对于企业来说，强调环保利益的绿色广告要将拥有积极环境保护情感的消费者作为目标群体，而对于拥有消极环境保护情感的消费者，环保利益并不重要，突出环保之外其他利益的绿色广告更能产生积极效果。最后，消费者的环境保护情感也具有情境性，是可以操纵的，在某些外部情境线索影响下会发生改变，当他们快乐时，广告内容的呈现不是影响态度的重要因素；反之，当消极情感存在时，他们会反对广告的类型，喜欢有力论证的广告。这意味着绿色营销应该回归到环境和社会的整体可持续发展，如果能够建立一个可持续的社会环境，使消费者感到愉快和乐观，就很容易促进绿色营销活动。

5.4 研究不足与展望

本研究仍存在一些局限性：首先，本文主要探讨绿色广告的设计方法和情感调节。为了控制研究情境，研究在实验环境下进行，使用虚拟品牌来避免干扰，有效地控制了实验情境，但限制了研究的外部效果。因为虚拟广告与实际的绿色广告相去甚远，而且消费者在日常生活中很容易接触到绿色广告，所以建议今后的研究可以尝试选择真正的绿色广告作为研究刺激，使研究结果更接近现实。

其次，本研究还对实验方法进行了验证。为了控制研究情境，问卷样本仅限于大学生。这一结论是否可以推广到所有的消费者仍然有待进一步的研究证实。再次，本研究验证了加工流畅性在环境保护情感与强论证广告/弱论证广告对消费决策的交互作用中发挥了部分中介效应,未来可以继续探索环境保护情感影响绿色广告有效性的其他内在机制,使我们对环境保护情感的影响作用有更全面的认识,从而进一步完善绿色广告理论体系。最后,影响绿色广告有效性的因素很复杂,本研究未探讨消费者属性、投入程度(产品与个人投入程度)或产品属性对广告效果的影响。研究结果发现,情感可以改变消费者的态度,但不能验证适度路径的转化机制。未来的研究内容可以是涉及消费者参与、产品参与,以及其他影响因素的论证质量理论,这可能有助于澄清情感机制在影响过程中的态度。

◎ 参考文献

[1]费多益.认知视野中的情感依赖与理性、推理[J].中国社会科学,2012(8).

[2]李东进,金慧贞,郑军.产品陈列对极度不一致新产品评价的影响研究[J].管理评论,2018,30(9).

[3]施琴.社会化媒体信息流广告研究——以微信朋友圈信息流广告为例[J].传媒,2015,17.

[4]孙瑾,苗盼.近筹 vs.远略——解释水平视角的绿色广告有效性研究[J].南开管理评论,2018,21(4).

[5]王鑫,袁祖社.绿色消费与美好生活内在耦合的实践与价值逻辑——现代性"消费社会"的深刻危机及破解[J].湖北大学学报(哲学社会科学版),2019,46(2).

[6]吴月燕,彭璐珞,严露娜,等."阳春白雪"还是"下里巴人"——消费者对文雅和通俗广告语体的态度[J].南开管理评论,2019,22(1).

[7]Aaker, J. L., Lee, A. Y. "I" seek pleasures and "we" avoid pains: The role of self-regulatory goals in information processing and persuasion[J]. Journal of Consumer Research, 2001,33(49).

[8]Adam, C., Landon, Kyle, M., et al. Modeling the psychological antecedents to tourists' pro-sustainable behaviors: An application of the value-belief-norm model [J]. Journal of Sustainable Tourism, 2018,26(6).

[9]Agrawal, V. V., Ferguson, M., Toktay, L. B., et al. Is leasing greener than selling? [J]. Management Science, 2012,58(3).

[10]Aiken, Lewis, R., Christopher, et al. Attitudes and related psychosocial constructs: Theories, assessment, and research[M]. Newbury Park: Sage Publications, 2012.

[11]Alter, A. L., Oppenheimer, D. M. Uniting the tribes of fluency to form a metacognitive nation[J]. Personality & Social Psychology Review An Official Journal of the Society for Personality & Social Psychology Inc, 2009,13(3).

[12]Areni, C. S. The effects of structural and grammatical variables on persuasion: An elaboration likelihood model perspective[J]. Psychology & Marketing, 2003,20(4).

[13]Atalay, A. S., Meloy, M. G. Retail therapy: A strategic effort to improve mood[J]. Psychology & Marketing, 2011,28(6).

[14] Balbo, L., Jeannot, F. The fit between message framing and temporal distance: An efficient way to promote an innovative product[J]. Recherche Et Applications En Marketing, 2014, 30(1).

[15] Bless, H., Bohner, G., Schwarz, N., et al. Mood and persuasion: A cognitive response analysis[J]. Personality & Social Psychology Bulletin, 1990, 16(2).

[16] Bonini, S. M. J., Oppenheim, J. M. Helping 'green' products grow [J]. Mckinsey Quarterly, 2008, 8.

[17] Cacioppo, J. T., Petty, R. E., Morris, K. J. Effects of need for cognition on message evaluation, recall, and persuasion[J]. Journal of Personality & Social Psychology, 1983, 45(4).

[18] Damasio, A. Emotion and reason in the future of human life[M]//Mind, brain and the environment: The Linacre lectures. New York: Oxford University Press, 1998.

[19] Dangelico, R. M., Vocalelli, D. Green Marketing: An analysis of definitions, strategy steps, and tools through a systematic review of the literature[J]. Clean. Prod. 2017, 165(7).

[20] Daniel, M., Oppenheimer. The secret life of fluency[J]. Trends in Cognitive Science, 2008, 12(6).

[21] Fazio, R. H., Sanbonmatsu, D. M., Powell, M. C. On the automatic activation of attitudes [J]. Journal of Personality and Social Psychology, 1986, 50(229).

[22] Forgas, J. P., Ciarrochi. On being happy and possessive: The interactive effects of mood and personality on consumer judgments[J]. Psychology & Marketing, 2001, 18(3).

[23] Gammoh, B. S., Voss, K. E., Chakraborty, G. Consumer evaluation of brand alliance signals[J]. Psychology & Marketing, 2010, 23(6).

[24] Graf, L. K. M., Landwehr, J. R. A dual-process perspective on fluency-based aesthetics: The pleasure-interest model of aesthetic liking[J]. Pers Soc Psychol Rev, 2015, 2.

[25] Hautz, J., Fueller, J., Hutter, K. Let users generate your video ads? The impact of video source and quality on consumers' perceptions and intended behaviors [J]. Journal of Interactive Marketing, 2014, 28(1).

[26] Kals, E., Maes, J. Sustainable development and emotions[M]//Peter Schmuck, Wesley P. Schultz. Psychology of Sustainable Development. Boston, MA: Springer US, 2002.

[27] Kao, T. F. A study on the influence of green advertising design and environmental emotion on advertising effect[J]. Journal of Cleaner Production, 2019.

[28] Keller, K. L. Conceptualizing, measuring, and managing customer-based brand equity[J]. Journal of Marketing, 1993, 57(1).

[29] Koenig-Lewis, N., Palmer, A., Dermody, J. Consumers' evaluations of ecological packaging-rational and emotional approaches [J]. Journal of Environmental Psychology, 2014, 37(3).

[30] Kong, Y., Zhang, L. When does green advertising work? The moderating role of product type[J]. Journal of Marketing Communications, 2014, 20(3).

[31]Lazarus, R. S.Emotion and Adaption[M]. New York: Oxford University Press, 1991.

[32]Lee, A. Y.,Aaker, J. L. Bringing the frame into focus: The influence of regulatory fit on processing fluency and persuasion[J]. Journal of Personality and Social Psychology, 2004, 86(2).

[33]Mackenzie, A. S. B. Context is key:The effect of program-induced mood on thoughts about the ad[J]. Journal of Advertising, 1998,27(2).

[34]Oppenheimer D. M. The secret life of fluency[J]. Trends in Cognitive Sciences, 2008,12 (6).

[35]Ortony, A., Turner, T. J. What's basic about basic emotions? [J]. Psychological Review, 1990,97(2).

[36] Ou, Y. C., Verhoef, P. C. The impact of positive and negative emotions on loyalty intentions and their interactions with customer equity drivers [J]. Journal of Business Research, 2017,80(1).

[37]Preacher, K. J., Rucker, D. D., Hayes, A. F.Addressing moderated mediation hypotheses: theory, methods, and prescriptions[J]. Multivariate Behav Res, 2007,42(1).

[38]Sheehan, Kim, Atkinson. Revisiting green advertising and the reluctant consumer[J]. Journal of Advertising, 2012,3.

[39]Stapel, D. A., Marx, D. M. Hardly thinking about others: On cognitive busyness and target similarity in social comparison effects[J]. Journal of Experimental Social Psychology, 2006, 42(3).

[40]Wegener, D. T., Petty, R. E., Klein, D. J. Effects of mood on high elaboration attitude change: The mediating role of likelihood judgments [J]. European Journal of Social Psychology, 1994,24(2).

[41]Winkielman, P., Cacioppo, J. T. Mind at ease puts a smile on the face: Psychophysiological evidence that processing facilitation elicits positive affect[J]. Journal of Personality and Social Psychology, 2001,81(3).

[42]White, K.,Macdonnell, R., Dahl, D. W. It's the mind-set that matters: The role of construal level and message framing in influencing consumer efficacy and conservation behaviors[J]. Journal of Marketing Research, 2011,48(3).

[43]Yang, X.,Ringberg, T., Mao, H., et al. The construal (in) compatibility effect: The moderating role of a creative mind-set[J]. Journal of Consumer Research, 2011,8(4).

[44]Zhao, X., Jr., Chen, Q. Reconsidering baron and kenny: Myths and truths about mediation analysis[J]. Journal of Consumer Research, 2010,37(2).

Demonstrating the Influence of Quality on the Effect of Green Advertising
—Mediating Effect Based on Machining Smoothness

Deng Wenzhi[1]   Yan Fengxian[2]

(1, 2   College of Economics & Management of Huazhong Agricultura University, Wuhan, 430070;

1, 2   Green Economy Research Center of Huazhong Agricultura University, Wuhan, 430070)

Abstract: With the increasing attention of the public to environmental issues, green advertising has been used in more and more marketing activities. So the question then is, what can we do to make green advertising effective? Based on the theory of argument quality, this study discussed the influence of green advertisement design on advertising effect, demonstrated the impact of the configuration of quality and environmental protection emotions on the effectiveness of green advertising and the mediating mechanism of such effect. Using quasi-experimental research methods, we discussed the interaction between environmental protection emotion and strong/weak argument advertising on persuasion effect and the mediating effect of machining fluency. The results show that under the condition of positive emotion, there is no significant difference between the persuasive effect of strong argumentation and that of weak argumentation. Under the condition of negative emotion, the persuasive effect of weak argumentation is lower than that of strong argumentation. This study is helpful to establish and optimize the design of green advertisement, and to understand the relationship between the factors affecting the effect of advertisement and the benefit of green marketing.

Key words: Quality of argumen; Environmental emotion; Machining fluency; Green advertisement design

专业主编：寿志钢

考虑直播带货的农产品电商平台销售模式比较*

● 杨　磊[1]　郑　聪[2]　郝彩霞[3]

（1, 2, 3　华南理工大学电子商务系　广州　510006）

【摘　要】 针对由农户和电商平台组成的二级供应链，分别构建了代销和转售模式下考虑农产品损坏率和直播带货的 Stackelberg 博弈模型。通过对比不同模式下的最优决策，得到农户和平台的销售模式选择策略，并利用数值实验分析影响最优决策和利润的主要因素。研究表明，不考虑产品损坏和直播带货时，农户会选择代销模式，平台的模式选择与佣金率有关；若产品存在损坏，农户和平台的销售模式选择均根据佣金率和市场需求决定。引入直播带货后，当消费者对价格的敏感系数较高时，直播带货才会被启用，而农户的模式选择将进一步受到直播成本系数的影响，且直播后农户和平台的利润将显著提高。数值分析为考虑农产品直播带货的平台供应链提供了进一步管理启示。

【关键词】 直播带货　农产品　平台供应链

中图分类号：F224　　文献标识码：A

1. 引言

近年来，电商行业不断发展，出现了两类常见的平台销售模式：代销模式和转售模式。代销指的是商家作为卖家入驻平台，自行制定售价销售产品，每单成交之后需要给平台支付一定比例的佣金，如美国亚马逊、泰国 Lazada 和印度 Flipkart 都允许商家入驻；而转售指的是商家将产品按批发价直接销售给平台，再由平台自行定价销售（Jiang et al., 2011），如淘宝旗下的天猫超市和京东旗下的自营店等。同时，直播带货已经成为电商领

* 基金项目：广东省软科学项目"基于供应链视角的广东省科技创新振兴乡村发展研究"（2019A101002088），广东省自然科学基金项目"基于碳减排机制的再制造供应链数据驱动决策研究"（2019A1515010792）。

通讯作者：郝彩霞，E-mail：Keshia1994@163.com。

域中一种非常重要的营销手段。2018 年淘宝直播平台带货超过 1000 亿元，同比增速近 400%。① 电商直播还吸引了许多消费决策链路长、线下体系复杂的产品，如汽车、家装等。2020 年天猫双十一直播盛典中，奥迪开展现场直播，一天即收获 18777 个集客与 4659 笔订单。② 国外电商直播也在逐步发展，并且尝试复制国内的直播经验。2020 年 12 月 18 日，沃尔玛在 TikTok 平台上进行了长达 1 个小时的直播带货，开启了美国首场电商直播，整场直播巅峰人数近两万，③ 虽处于试水阶段，但仍表现出直播带货的巨大潜力。虽然直播电商存在一些诸如夸大宣传、人气造假等行业问题，但相较于传统的网上购物，直播带货可以实时为用户展示产品，与用户进行互动，激发用户的购买欲，多地也在加速布局直播产业，鼓励开展社交电商等智能营销新业态，④ 越来越多的行业和商家会将直播带货作为销售策略之一。

在直播带货盛行的背景下，农产品直播电商作为电商扶贫的一种新模式（孙荣欣，2020），受到了各地政府和商家的关注。2020 年 1 月，我国农业农村部等四部门联合指出，要大力发展多样化的农产品网络销售模式，⑤ 农产品直播带货成为解决农产品营销困境的重要方式。一些本地"网红"如灵川网红山姐、文成主播"酷摇二姐"等受邀深入田间，通过直播帮助农户销售桃胶、山药等农产品。自 2020 年 COVID-19 疫情发生至 4 月 30 日，拼多多开展的"抗疫助农"活动售出农产品超过了 3.5 亿千克。⑥ 此外，一些平台自营店也通过直播带货来销售农产品，如鲜桃记京东自营旗舰店曾通过直播带货使店铺苹果进入热卖榜前三，柑橘、番薯等农产品在京东自营店铺直播里也可以被搜索到。仅 2020 年第一季度全国农产品电商直播就超过 400 万场。⑦ 然而，农产品的易损坏性却是农产品电商不可忽视的问题（刘墨林等，2020）。2016 年网络电商"笨鲜生"帮助广东徐闻县销售菠萝 60 万斤，却由于包装简单、运输过久等原因，菠萝烂掉，几近亏损。⑧ 因此，通过平台和直播来销售农产品可为贫困地区经济发展发挥重要作用，但农产品的损坏是不可忽略的因素

① 王蒙. 2019 年淘宝直播生态发展趋势报告显示：直播平台成电商新"爆点"［EB/OL］. http：//szb. mnw. cn/cyzx/2147409. shtml，2019-04-02.

② 阿里研究院. 双 11 直播卖车行不行？奥迪"太会了"｜ 操盘者说［EB/OL］. https：//www. sohu. com/a/440127158_384789，2020-12-23.

③ 郭瑞灵. 看了沃尔玛在美国的直播带货，才对比出中国市场有多值得骄傲［EB/OL］. http：//finance. sina. com. cn/tech/csj/2020-12-22/doc-iiznctke7826067. shtml？cref＝cj，2021-01-27.

④ 赵秋玥. 直播带货，没有想的那么美——电商直播产业链现状调查［EB/OL］. http：//www. xinhuanet. com/tech/2020-07/16/c_1126244174. htm，2020-07-16.

⑤ 惠农网. 农业农村部关于推进农旅结合的农业电商异业联盟的提案答复［EB/OL］. https：//news. cnhnb. com/sannong/detail/423311/，2020-09-23.

⑥ 中国江西网. 2020 电商平台抗疫助农实践报告：拼多多等电商平台致力于解决农货滞销的燃眉之急［EB/OL］. http：//k. sina. com. cn/article_2341087142_8b8a27a602000r5mg. html？from＝news&subch＝onews，2020-03-10.

⑦ 新华网. 一季度全国农产品电商直播超过 400 万场［EB/OL］. http：//www. xinhuanet. com/info/2020-04/24/c_139003652. htm，2020-04-24.

⑧ 中国新闻网. "烂菠萝"折射农产品电商之困［EB/OL］. http：//news. cqnews. net/html/2016-05/27/content_37032507. htm，2016-05-27.

（Yang et al., 2017）。基于直播带货的背景，考虑易损坏的农产品如何选择合适的销售模式具有一定的研究意义。

目前与该问题相关的研究可以分为平台供应链和电商直播两个方向。在平台供应链方面，不少学者探究了多种情境下的销售模式选择问题。Ryan 等（2012）讨论了电商平台直销产品、供应商通过自有平台直销产品和供应商通过电商平台销售产品三种模式下，平台开放市场及相关合同的设定问题，结果发现不存在三种销售渠道共存的均衡，且将由电商平台决定产生何种均衡。Hagiu 和 Wright（2015）考虑了代销、转售和混合模式，发现成员选择何种模式取决于供应商或平台是否拥有与每类特定产品营销相关的重要信息。Zhang 和 Zhang（2020）考虑了在供应商可以开拓线下渠道的情况下，零售商将采取转售还是代理模式，以及是否共享信息的问题，研究表明零售商的模式决策与供应商的线下进入成本、渠道替代性等密切相关，是否共享信息还与选择的模式相关。Tian 等（2018）研究了当上游供应商存在竞争时平台的销售模式决策，结果发现代销模式并非总是最优决策，会受到上游供应商竞争程度和订单履行成本的影响。Liu 等（2020）在数据驱动营销的背景下，研究了平台对代理和转售模式的偏好，结果表明，随着数据驱动营销效率的提高，平台会更愿意采用转售模式。Abhishek 等（2015）在一个由单制造商和双平台组成的供应链中，探究了平台是否由转售者转变为代理平台，以及制造商选择通过几个平台进行销售的问题。但斌等（2013）也进行了类似的研究。上述研究讨论了许多情境下平台的最优模式选择问题，但缺乏针对农产品等易损坏的特定产品的模式选择研究，结合直播带货展开的研究更是稀缺。此外，现有的研究大多从平台的角度出发进行模式选择，从其他成员的角度出发展开的研究相对较少，而随着国家对农户相关扶持政策的实施，农户会拥有销售模式选择的自主权。因此从农户和平台两者的角度出发，结合产品易损坏的特性和直播带货来进行模式选择研究是有必要的。

与电商直播相关的研究大多集中在用户行为和用户体验方面（Sun et al., 2020）。Wongkitrungrueng 和 Assarut（2020）研究了在线直播在建立消费者与卖家之间信任方面的作用，研究表明直播能够提高销售额和客户忠诚度，为小型网络销售商提供了提高客户信任度的途径。Sun 等（2020）探究了线上直播如何影响消费者的购买行为，结果显示产品能见度和指导购物等可以提高客户的购买意愿。Kang 等（2020）首次通过实时数据研究了直播互动对客户购买行为的影响，发现互动性与客户参与行为呈曲线关系。此外，一些学者将研究聚焦到了农产品直播销售上，研究了农产品直播发展的现状和困境。李晓夏和赵秀凤（2020）梳理了直播助农新模式的内涵本质和发展逻辑，考察了直播助农新模式的链条效应。昝梦莹等（2020）分析了农产品直播营销现状以及存在的问题，并提出了应对建议，以期为脱贫攻坚及乡村振兴提供借鉴与指导。由此可见，与电商直播和农产品直播相关的研究，大部分是从定性的角度来分析其中的利弊和发展机会，缺乏以定量的方法来衡量平台直播效益的研究。

基于以上分析，本文在农户或平台可以通过专门的主播进行直播带货销售的基础上，从农户和平台的角度出发，考虑了代销和转售两类常见的平台模式，同时考虑农产品易损坏的特性，通过建模定量分析不同情境下的最优定价和直播决策，为农户和平台在不同情境下的模式选择、定价和直播决策提供依据。

2. 问题描述与假设

本文构建了一个由农户商家和电商平台组成的二级供应链系统，考虑了代销和转售两种平台销售模式。此外，本文还考虑了农产品易损坏的特性，以及直播带货的影响，以探究多种情境下农户和平台的模式选择问题。代销模式下，由农户设定产品在平台上的售价，并在销售完成后向平台缴纳一定比例的佣金。平台的佣金率通常都是参考竞争对手的情况进行设置，因此假设为外生变量，类似的设置可以参考 Xu 等（2020）和 Liu 等（2020）的研究，农户只需在入驻平台后对产品售价进行决策。转售模式下，农户首先确定产品的批发价，然后由电商平台制定产品售价，并将产品销售给最终消费者。

2.1 符号说明

本文使用的相关符号如表 1 所示，其中上标 A 表示代销模式，上标 B 表示转售模式，上标 $i = (1, 2, 3)$ 分别表示基础情境、考虑产品损坏率的情境、同时考虑产品损坏率和直播带货的情境。

表 1　模型参数和决策变量

模型参数	
a	潜在市场需求
b	需求对价格的敏感系数
c	单位生产成本
θ	农户入驻电商平台的佣金率
λ	农产品到达消费者手中时损坏的比例
k	直播流量水平投资的成本系数
r	直播现场流量的转化率
π_f^{Ai}	代销模式下农户在情境 i 中的利润
π_f^{Bi}	转售模式下农户在情境 i 中的利润
π_m^{Ai}	代销模式下电商平台在情境 i 中的利润
π_m^{Bi}	转售模式下电商平台在情境 i 中的利润
决策变量	
p_1	代销模式下农产品的单位售价
p_2	转售模式下农产品的单位售价
w	转售模式下农产品的单位批发价
Q	开启直播带货时邀请的主播的直播流量水平

2.2 模型假设

（1）平台佣金率 θ 和农产品损坏率 λ 的取值范围为：$\theta < \dfrac{1}{2}$，$\lambda < \dfrac{1}{2}$。

现实生活中，平台佣金率通常不会超过50%。天猫向商家抽取的费率范围为3%~5%不等[1]，淘宝向商家抽取的佣金率为1.5%到10%，少部分达到15%~30%，[2] 京东向商家抽取的佣金率为1%到10%，少部分达到20%。[3] 此外，我国农产品的流通损坏率为20%~30%，因此考虑其均小于50%的情况。[4]

（2）开启直播带货时，直播成本与主播的直播流量水平二次相关，即成本为 kQ^2。

成本与投入二次相关在很多研究中被采用，如 Liu 等（2020）考虑了数据驱动成本与数据驱动质量投入二次相关，许明辉等（2006）考虑了供应链中服务成本与服务水平二次相关，杨磊等（2017）考虑了降低产品损耗的努力边际成本随努力水平增加而上升的情况。

（3）开启直播带货后，需求由两部分组成，一部分是市场原有需求，与产品售价负相关，另一部分是由直播转化，与直播流量水平和流量转化率相关，即 $d_3 = a - bp_1 + rQ$ 或 $d_3 = a - bp_2 + rQ$。

但斌等（2013）的研究中考虑了需求与售价负相关的情形，直播带来的需求增长可以参考 Liu 等（2020）的研究，其考虑了数据驱动营销带来的需求增长与质量投入正相关，许明辉等（2006）也考虑了增加的需求与服务水平正相关，Tang 和 Yang（2020）考虑了需求与产品新鲜度正相关的情境。

（4）假设市场需求对价格的敏感系数 $b > \dfrac{(1-\lambda)r^2}{4k}$，即有 $k > k_0 \left(k_0 = \dfrac{(1-\lambda)r^2}{4b} \right)$。

这是因为当消费者对价格比较敏感时，商家才会考虑投资直播带货，否则会考虑直接提价来获取更高利润，此外，实际生活中商家选择更高水平的带货主播时，需要投资的单位成本也会相对较高。

3. 模型建立

3.1 基础情境

首先，将无直播时通过平台销售一般产品的情境作为基础情境。该情境中，需求是关于价格的线性递减函数，即为 $a - bp_1$ 或 $a - bp_2$。基于该需求，代销模式下农户和电商平台的利润函数分别如公式（1）和公式（2）所示，其中产品售价 p_1 由农户制定，农户通过平台销售后，将比例为 θ 的边际利润分享给电商平台，利润共享的设置可以参考 Zhang 和 Zhang（2020）。

---

① 淘宝经验. 天猫平台费用收取比例（揭秘天猫收取费用明细内幕）[EB/OL]. https：//www.aikaitao.com/19821.html，2020-09-26.

② 39电商创业网. 淘宝联盟佣金怎么样？佣金有多少？[EB/OL]. https：//39zn.cn/article/129000.htm，2020-12-10.

③ 开淘网. 2018京东类目扣点是多少？资费一览表[EB/OL]. https：//www.kaitao.cn/article/20171227190557.htm，2017-12-27.

④ 搜狐网. 我国生鲜农产品流通损耗率是发达国家的5倍？[EB/OL]. https：//www.sohu.com/a/151102725_170950，2017-06-22.

$$\pi_f^{A_1} = (a - bp_1)(p_1 - c)(1 - \theta) \tag{1}$$

$$\pi_m^{A_1} = (a - bp_1)(p_1 - c)\theta \tag{2}$$

转售模式下，农户和电商平台的利润函数分别如公式（3）和公式（4）所示，产品批发价 w 由农户制定，产品售价 p_2 由电商平台制定。

$$\pi_f^{B_1} = (a - bp_2)(w - c) \tag{3}$$

$$\pi_m^{B_1} = (a - bp_2)(p_2 - w) \tag{4}$$

3.2 考虑产品损坏率的情境

其次，考虑到农产品易损坏的特性，本节探究农户和电商平台存在产品损坏时的模式选择。一般而言，消费者通过电商平台购买农产品后，由于长时间的运输、物流技术与装备的落后，运输途中会产生部分损坏（杨磊等，2015）。为了维护平台声誉以及留住消费者，许多电商平台如拼多多、苏宁拼购等发布了"坏果包赔"的条款。消费者在收到生鲜产品后，若发现腐败、异味、异物等问题，拍照核实后，可以按损坏比例进行赔偿（如损坏超过 50%，全额赔付）。① 通常产品的损坏率都会控制在 50% 以下，否则认为产品不适合通过线上渠道销售。因此，在代销模式下，农户每销售单位产品需与平台共享比例为 θ 的边际利润。若出现农产品损坏，则需要由农户自行赔付给消费者，平台无须为产品损坏负责。假设平台收取佣金时不考虑农户的产品损坏赔偿费用，则农户和电商平台的利润函数分别如公式（5）和公式（6）所示。

$$\pi_f^{A_2} = (a - bp_1)(p_1 - c)(1 - \theta) - \lambda(a - bp_1)p_1 \tag{5}$$

$$\pi_m^{A_2} = (a - bp_1)(p_1 - c)\theta \tag{6}$$

然而，在转售模式下，产品的所属权属于平台，因此当消费者申请损坏赔付时，费用由平台承担。基于以上分析，得到转售模式下的利润函数分别如公式（7）和公式（8）所示。

$$\pi_f^{B_2} = (a - bp_2)(w - c) \tag{7}$$

$$\pi_m^{B_2} = (a - bp_2)(p_2 - w) - \lambda(a - bp_2)p_2 \tag{8}$$

3.3 考虑产品损坏率和直播带货的情境

最后，在农产品存在损坏的基础上，本节将直播带货现象考虑在内，探究农户和电商平台同时存在产品损坏和直播带货时的模式选择问题。开启产品直播之前，只有当消费者需要该产品时，才会在平台上搜索相关产品并下单购买，开启产品直播后，除了这部分原有的需求，还会在直播现场产生另外一部分需求。因此，产品的需求为 $a - bp_1 + rQ$ 或 $a - bp_2 + rQ$，Q 表示直播流量水平，通常与主播的知名度和专业度正相关，r 是直播流量转化率。基于上述分析，代销模式下农户和平台的利润函数分别如公式（9）和公式（10）所示，其中开启直播的成本和产品损坏的赔付成本均由农户承担。

$$\pi_f^{A_3} = (a - bp_1 + rQ)(p_1 - c)(1 - \theta) - \lambda(a - bp_1 + rQ)p_1 - kQ^2 \tag{9}$$

---

① 凤凰网. 生鲜电商维权引关注，苏宁拼购推坏果包赔［EB/OL］. https：//knewsmart.com/archives/9724，2019-05-31.

$$\pi_m^{A_3} = (a - bp_1 + rQ)(p_1 - c)\theta \tag{10}$$

转售模式下，由平台进行产品销售，因此开启直播的成本和产品损坏的赔付成本均由平台承担，由此得到农户和电商平台在转售模式下的利润函数分别如公式（11）和公式（12）所示。

$$\pi_f^{B_3} = (a - bp_2 + rQ)(w - c) \tag{11}$$

$$\pi_m^{B_3} = (a - bp_2 + rQ)(p_2 - w) - \lambda(a - bp_2 + rQ)p_2 - kQ^2 \tag{12}$$

以上分别给出了不同情境中农户和平台在代销和转售两种模式下的利润函数，按照逆向求解法对其分别进行求解，可以得到不同情境下的最优决策和利润，分别如表 2 和表 3 所示。

表 2　　　　　　　　　不同情境下供应链成员的最优决策

最优决策	情境 1 $(i = 1)$	情境 2 $(i = 2)$	情境 3 $(i = 3)$
p_1	$\dfrac{a + bc}{2b}$	$\dfrac{a(1 - \lambda - \theta) + bc(1 - \theta)}{2b(1 - \lambda - \theta)}$	$\dfrac{2k[(1 - \lambda - \theta)a + (1 - \theta)bc] - (1 - \theta)(1 - \lambda - \theta)cr^2}{(1 - \lambda - \theta)[4bk - (1 - \lambda - \theta)r^2]}$
p_2	$\dfrac{3a + bc}{4b}$	$\dfrac{3a(1 - \lambda) + bc}{4b(1 - \lambda)}$	$\dfrac{(1 - \lambda)[6bk - (1 - \lambda)r^2]a + [2bk - (1 - \lambda)r^2]bc}{2b(1 - \lambda)[4bk - (1 - \lambda)r^2]}$
w	$\dfrac{a + bc}{2b}$	$\dfrac{a(1 - \lambda) + bc}{2b}$	$\dfrac{a(1 - \lambda) + bc}{2b}$
Q^A	无	无	$\dfrac{r[(1 - \lambda - \theta)a - (1 - \theta)bc]}{4bk - (1 - \lambda - \theta)r^2}$
Q^B	无	无	$\dfrac{r[(1 - \lambda)a - bc]}{8bk - 2(1 - \lambda)r^2}$

表 3　　　　　　　　　不同情境下供应链成员的最优利润

最优利润	情境 1 $(i = 1)$	情境 2 $(i = 2)$	情境 3 $(i = 3)$
π_f^A	$\dfrac{(1 - \theta)(a - bc)^2}{4b}$	$\dfrac{[a(1 - \lambda - \theta) - (1 - \theta)bc]^2}{4b(1 - \lambda - \theta)}$	$\dfrac{k[(1 - \lambda - \theta)a - (1 - \theta)bc]^2}{(1 - \lambda - \theta)[4bk - (1 - \lambda - \theta)r^2]}$
π_f^B	$\dfrac{(a - bc)^2}{8b}$	$\dfrac{[(1 - \lambda)a - bc]^2}{8b(1 - \lambda)}$	$\dfrac{[(1 - \lambda)a - bc]^2 k}{2(1 - \lambda)[4bk - (1 - \lambda)r^2]}$
π_m^A	$\dfrac{\theta(a - bc)^2}{4b}$	$\dfrac{\theta[a(1 - \lambda - \theta) - (1 - 2\lambda - \theta)bc]D}{4b(1 - \lambda - \theta)^2}$	$\dfrac{bk\theta D\{[4bk(1 - 2\lambda - \theta) + 2\lambda(1 - \lambda - \theta)r^2]c - 4ak(1 - \lambda - \theta)\}}{(1 - \lambda - \theta)^2[4bk - (1 - \lambda - \theta)r^2]}$
π_m^B	$\dfrac{(a - bc)^2}{16b}$	$\dfrac{[(1 - \lambda)a - bc]^2}{16b(1 - \lambda)}$	$\dfrac{[(1 - \lambda)a - bc]^2 k}{4(1 - \lambda)[4bk - (1 - \lambda)r^2]}$

注：$D = [(1 - \lambda - \theta)a - (1 - \theta)bc]$。

161

4. 模型比较分析

基于表2和表3的结果，我们分别对比分析了三种情境中，不同销售模式下农户和电商平台的决策和利润关系，从而探究其决策的变化情况，并从中得到各自较优的模式选择，如下面的引理和命题所示。

引理1 在基础模型和考虑农产品损坏率的情境中，不同销售模式下产品的售价和批发价之间有如下关系：$p_1^{A_1} = w^{B_1} < p_2^{B_1}$；$b \leqslant \dfrac{(1-2\theta)a}{2c}$ 时，有 $w^{B_2} < p_1^{A_2} \leqslant p_2^{B_2}$；$b > \dfrac{(1-2\theta)a}{2c}$ 时，若 $0 \leqslant \lambda \leqslant \lambda_1$，则 $p_2^{B_2} \geqslant p_1^{A_2} > w^{B_2}$，若 $\lambda_1 < \lambda < \dfrac{1}{2}$，则 $w^{B_2} < p_2^{B_2} < p_1^{A_2}$。考虑直播带货时，我们用数值分析讨论定价和直播决策，结果如图1所示。在可行域内，各参数设置如下，消费者价格敏感系数为 $b = 2$，生产成本 $c = 5$，佣金率 θ 和损坏率 λ 都为 0.25，直播成本系数 $k = 0.6$，直播流量转化率 $r = 0.5$，并讨论市场基础需求 $a = 25$ 和 $a = 50$ 两种情况。

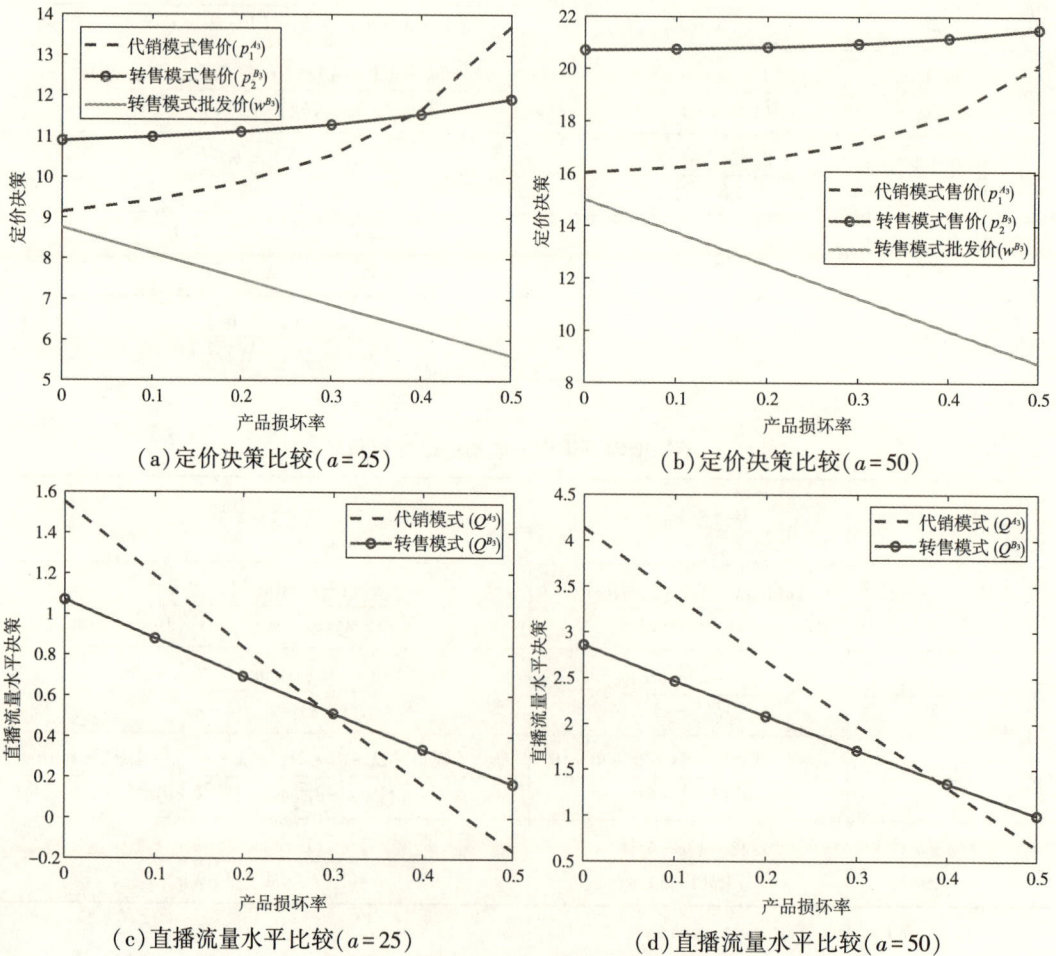

（a）定价决策比较（$a=25$）　　（b）定价决策比较（$a=50$）

（c）直播流量水平比较（$a=25$）　　（d）直播流量水平比较（$a=50$）

图1　考虑直播后不同模式下决策的关系

证明：根据表2，对基础模型和考虑农产品损坏时不同销售模式间的最优决策分别求差进行比较。对基础模型来说，有 $p_2^{B_1} - p_1^{A_1} = \dfrac{a - bc}{4b} > 0$。对考虑农产品损坏的情境来说，有 $p_1^{A_2} - w^{B_2}$

$= \dfrac{\lambda[bc + (1 - \theta - \lambda)a]}{2b(1 - \theta - \lambda)} > 0$，$p_2^{B_2} - p_1^{A_2} = \dfrac{a\lambda^2 + [(\theta - 2)a - (2\theta - 1)bc]\lambda + (1 - \theta)(a - bc)}{4b(1 - \theta)(1 - \theta - \lambda)}$，分

母为正数，分子为关于 λ 的一元二次函数，判别式 $\Delta_1 = (a - 2bc)^2\theta^2 + 2bc(3a - 2bc) + b^2c^2 > 0$，根据一元二次函数特性及 λ 的取值范围，有 $b \leqslant \dfrac{(1 - 2\theta)a}{2c}$ 时，分子恒为非负

数，即 $p_2^{B_2} \geqslant p_1^{A_2}$，当 $b > \dfrac{(1 - 2\theta)a}{2c}$ 时，若 $0 \leqslant \lambda \leqslant \lambda_1$，则 $p_2^{B_2} \geqslant p_1^{A_2}$，若 $\lambda_1 < \lambda < \dfrac{1}{2}$，

则 $p_2^{B_2} < p_1^{A_2}$，其中 $\lambda_1 = \dfrac{a(2 - \theta) - bc(1 - \theta) - \sqrt{\Delta_1}}{2a}$。

引理1显示了在基础模型和考虑农产品损坏的情境中，不同销售模式下最优定价之间的关系。可以发现，基础模型中，转售模式下的产品售价始终高于代销模式，因为转售模式下的分销多了电商平台这一环节，双重边际效应导致售价提高。当产品存在损坏时，若消费者价格敏感系数较低，则转售模式下的售价将高于代销模式，但农户在代销模式下的售价会比转售时的批发价更高；若价格敏感系数较高，在产品损坏率较低时结果会保持一致，而在产品损坏率较高时，代销模式下的售价反而比转售时更高，因为农户此时需要通过提高售价来补偿高损坏率所带来的成本。因此，大部分情况下转售模式的产品售价会高于代销模式，这也与现实中自营商店产品售价往往高于原产地直发售价相符，当消费者价格敏感系数较高且产品损坏率偏高时，代销售价才会高于转售价格。

由此可见，不同模式下决策的大小关系仍与产品损坏率和潜在市场需求等因素相关。从定价的角度来看，市场需求较小时，若产品损坏率较高，代销模式下的定价会高于转售模式，否则，转售模式售价更高。从直播决策的角度来看，产品损坏率较低时，代销直播流量水平较高，产品损坏率较高时相反，且损坏率的临界值会随潜在市场需求的增加而增加。

引理2 在三种情境下，相同销售模式中的售价和批发价之间的关系如下：

$$p_1^{A_1} < p_1^{A_2} < p_1^{A_3}; \quad p_2^{B_1} < p_2^{B_2} < p_2^{B_2}; \quad w^{B_1} > w^{B_2} = w^{B_3}.$$

证明：根据表2对不同情境中的决策作差，分别得到以下结果：$p_1^{A_2} - p_1^{A_1} = $

$\dfrac{\lambda c}{2(1 - \theta - \lambda)} > 0$，$p_1^{A_3} - p_1^{A_2} = \dfrac{r^2[(1 - \theta - \lambda)a - (1 - \theta)bc]}{2b[4bk - (1 - \theta - \lambda)r^2]} > 0$，得到 $p_1^{A_1} < p_1^{A_2} < p_1^{A_3}$；

$p_2^{B_2} - p_2^{B_1} = \dfrac{\lambda c}{4(1 - \lambda)} > 0$，$p_2^{B_3} - p_2^{B_2} = \dfrac{r^2[(1 - \lambda)a - bc]}{4b[4bk - (1 - \lambda)r^2]} > 0$，得到 $p_2^{B_1} < p_2^{B_2} < p_2^{B_3}$；

$w^{B_2} - w^{B_1} = \dfrac{-\lambda c}{2b} < 0$，得到 $w^{B_1} > w^{B_2} = w^{B_3}$，其中需要满足 $b > \dfrac{(1 - \lambda)r^2}{4k}$。

引理2展示了同一销售模式下，不同情境中定价决策的大小关系。可以看出，对于代销和转售模式下的售价来说，考虑产品损坏率时售价均会提高，开启直播带货时售价将更高，这是由逐渐增加的隐性赔付成本和显性直播成本导致的；对于转售模式下的批发价来

说，考虑到产品损坏和直播带货时，农户的批发价反而会更低，这可能是由直播带货带来的需求增长导致的。

命题 1 在基础模型中，对农户来说，始终有 $\pi_f^{A_1} > \pi_f^{B_1}$；对平台来说，当 $0 \le \theta \le \frac{1}{4}$ 时，有 $\pi_m^{A_1} \le \pi_m^{B_1}$，当 $\frac{1}{4} < \theta < \frac{1}{2}$ 时，有 $\pi_m^{A_1} > \pi_m^{B_1}$。

证明：对农户来说，两种模式下的利润差值为 $\pi_f^{A_1} - \pi_f^{B_1} = \frac{(1 - 2\theta)(a - bc)^2}{8b}$，由于考虑 $\theta < \frac{1}{2}$ 的情况，因此始终有 $\pi_f^{A_1} - \pi_f^{B_1} > 0$。对平台来说，两种模式下的利润差值为 $\pi_m^{A_1} - \pi_m^{B_1} = \frac{(4\theta - 1)(a - bc)^2}{16b}$，因此其利润差值的正负取决于 $4\theta - 1$ 的正负。

命题 1 表述了在不考虑产品损坏和直播带货时，农户和平台的最优销售模式选择。其中，农户的最优销售模式是代销模式，而平台的模式选择则与佣金率相关，当佣金率较低时，平台转售带来的利润更高，而当佣金率较高时，平台更倾向于采取代销模式。因为对农户来说，代销模式虽然需要支付一定的佣金，但可以掌握产品的定价权，从而降低产品售价，增加需求。对平台来说也是如此，若佣金率较低，转售模式可以使平台拥有对产品的定价权，从而获得更高的单位利润。

命题 2 当农产品存在损坏时，农户和平台的利润关系如下：

（1）对农户来说：

① $0 \le \theta < \frac{1 - \lambda}{2}$ 时，若 $a \in (0, a_1) \cup (a_2, +\infty)$，有 $\pi_f^{A_2} > \pi_f^{B_2}$，若 $a \in [a_1, a_2]$，有 $\pi_f^{A_2} \le \pi_f^{B_2}$；

② $\theta = \frac{1 - \lambda}{2}$ 时，若 $a \in (0, a_3)$，有 $\pi_f^{A_2} > \pi_f^{B_2}$，若 $a \in [a_3, +\infty)$，有 $\pi_f^{A_2} \le \pi_f^{B_2}$；

③ $\frac{1 - \lambda}{2} < \theta < \frac{1}{2}$ 时，若 $a \in (0, a_1)$，有 $\pi_f^{A_2} > \pi_f^{B_2}$，若 $a \in [a_1, +\infty)$，有 $\pi_f^{A_2} \le \pi_f^{B_2}$；

（2）对平台来说：

① $0 \le \theta < \frac{1 - \lambda}{4}$ 时，若 $a \in (0, a_4) \cup (a_5, +\infty)$，有 $\pi_m^{A_2} < \pi_m^{B_2}$，若 $a \in [a_4, a_5]$，有 $\pi_m^{A_2} \ge \pi_m^{B_2}$；

② $\theta = \frac{1 - \lambda}{4}$ 时，若 $a \in (0, a_6)$，有 $\pi_m^{A_2} < \pi_m^{B_2}$，若 $a \in [a_6, +\infty)$，有 $\pi_m^{A_2} \ge \pi_m^{B_2}$；

③ $\frac{1 - \lambda}{4} < \theta < \frac{1}{2}$ 时，若 $a \in (0, a_4)$，有 $\pi_m^{A_2} < \pi_m^{B_2}$，若 $a \in [a_4, +\infty)$，有 $\pi_m^{A_2} \ge \pi_m^{B_2}$。

证明：当农产品存在损坏时，农户在两种销售模式下最优利润的差值为：$\pi_f^{A_2} - \pi_f^{B_2} =$

164

$$\frac{(1-\lambda)(1-\lambda-2\theta)a^2 - 2bc(1-\lambda)(1-\lambda-\theta)(1-2\theta)a + b^2c^2\left[2(1-\lambda)\theta^2 + (4\lambda-3)\theta + (1-\lambda)\right]}{8b(1-\lambda)(1-\lambda-\theta)},$$

分母恒为正数，分子是关于 a 的一元二次函数，判别式 $\Delta_2 = 2\lambda^2\theta^2(1-\lambda)(1-\lambda-\theta) > 0$，二次项正负由 $(1-\lambda-2\theta)$ 决定，一次项为负数，常数项为正数，根据二次项的正负可以分别得到两种对应的情况零点，$a_1 = \dfrac{\left[(1-2\theta)(1-\lambda)(1-\lambda-\theta) - \sqrt{\Delta_2}\right]bc}{(1-\lambda)(1-\lambda-\theta)(1-\lambda-2\theta)}$，$a_2 = \dfrac{\left[(1-2\theta)(1-\lambda)(1-\lambda-\theta) + \sqrt{\Delta_2}\right]bc}{(1-\lambda)(1-\lambda-\theta)(1-\lambda-2\theta)}$；此外二次项系数还可能为零，即 $\theta = \dfrac{1-\lambda}{2}$ 时，可以得到零点 $a_3 = \dfrac{bc\left[2(1-\lambda)\theta^2 + (4\lambda-3)\theta + (1-\lambda)\right]}{2(1-\lambda)(1-\lambda-\theta)(1-2\theta)}$。平台利润的差值为：

$$\pi_m^{A_2} - \pi_m^{B_2} = \frac{-(1-\lambda)(1-\lambda-\theta)^2(1-\lambda-4\theta)a^2 + 2bc(1-\lambda)(1-\lambda-\theta)^2(1-4\theta)a - b^2c^2E}{16b(1-\lambda)c},$$

其中 $E = -4(1-\lambda)\theta^3 + (8\lambda^2 - 16\lambda + 9)\theta^2 - (8\lambda^2 - 14\lambda + 6) + (1-\lambda)^2 > 0$ 恒成立（由 E 关于 θ 的三阶导数推导得出）。由此可见，其分母为正数，分子为一个关于 a 的一元二次函数，判别式 $\Delta_3 = \lambda^2\theta^2(1-\lambda)(2-2\lambda+\theta) > 0$。类似于农户利润差值的分析，平台利润差值根据 $(1-\lambda-4\theta)$ 的值可以分为三种情况，此处略去，只给出对应的零点为 $a_4 = \dfrac{bc\left[-(4\theta-1)(1-\lambda)(1-\lambda-\theta) - 2\sqrt{\Delta_3}\right]}{(1-\lambda)(1-\lambda-\theta)(1-\lambda-4\theta)}$，$a_5 = \dfrac{bc\left[-(4\theta-1)(1-\lambda)(1-\lambda-\theta) + 2\sqrt{\Delta_3}\right]}{(1-\lambda)(1-\lambda-\theta)(1-\lambda-4\theta)}$，$a_6 = \dfrac{b^2c^2E}{2bc(1-\lambda)(1-\lambda-\theta)^2(1-4\theta)}$。

命题 2 陈述了当产品会出现部分损坏时，农户和平台在不同销售模式下的利润关系。可以发现，无论是农户还是平台，相较于基础模型来说，当产品存在损坏时，模式选择都需要综合考虑到佣金率、损坏率以及潜在市场需求的大小。从农户的角度来看，代销模式不再始终是最优的选择，当佣金率处于一个较低水平时，若基础的市场需求较小或较大，代销模式都会比转售模式利润更高，若基础的市场需求适中，转售模式反而可以使农户获得更高的利润；当佣金率较高时，若基础市场需求较小，代销模式获利更高，若基础市场需求较大，转售模式会更好。从平台的角度来看，则正好相反，即当佣金率较低时，若市场需求较小或较大，转售模式会比代销模式获利更高，若市场需求适中，代销模式会比转售模式更好；佣金率较高时，情况类似。因为若潜在市场需求较小，损失赔付和获利机会都较小，平台和农户都更偏好自己掌握产品的归属权和定价权，以便调整产品售价来提高自身利润；若市场需求中等，平台或农户都会偏好让对方拥有产品归属权和定价权，这可以使自己在收入较稳定的情况下，避免直接对损失进行赔偿；若市场需求较大但佣金率较高时，农户采取代销模式虽可以自行定价，但需要共享的利润和损失的赔偿成本较高，因此会偏好相对更稳定的转售模式，佣金率较低时，农户共享给平台的收益较少，从而有更多的利润空间来弥补代销模式下的赔付成本，平台在佣金率较高时，通过代销模式不仅可以共享较高的利润，还可以避免直接为损坏赔付，佣金率较低时，通过转售模式自行制定售价会给平台带来更高的回报。

命题 3 当同时考虑产品的损坏和直播带货时，农户在不同模式下的利润关系如下：

（1）$0 \leqslant \theta < \dfrac{1-\lambda}{2}$ 的情况下：

① $k_0 < k < k_3$ 时，$a \in (0, a_7) \cup (a_8, +\infty)$，有 $\pi_f^{A_3} < \pi_f^{B_3}$，$a \in [a_7, a_8]$，有 $\pi_f^{A_3} \geqslant \pi_f^{B_3}$；

② $k_3 \leqslant k < k_1$ 时，$a \in (0, a_8)$，有 $\pi_f^{A_3} > \pi_f^{B_3}$，$a \in [a_8, +\infty)$，有 $\pi_f^{A_3} \leqslant \pi_f^{B_3}$；

③ $k = k_1$ 时，$a \in (0, a_9)$，有 $\pi_f^{A_3} > \pi_f^{B_3}$，$a \in [a_9, +\infty)$，有 $\pi_f^{A_3} \leqslant \pi_f^{B_3}$；

④ $k > k_1$ 时，$a \in (0, a_8) \cup (a_7, +\infty)$，有 $\pi_f^{A_3} > \pi_f^{B_3}$，$a \in [a_8, a_7]$，有 $\pi_f^{A_3} \leqslant \pi_f^{B_3}$；

（2）$\dfrac{1-\lambda}{2} \leqslant \theta < \dfrac{1}{2}$ 的情况下：

① $k_0 < k < k_3$ 时，$a \in (0, a_7) \cup (a_8, +\infty)$，有 $\pi_f^{A_3} < \pi_f^{B_3}$，$a \in [a_7, a_8]$，有 $\pi_f^{A_3} \geqslant \pi_f^{B_3}$；

② $k \geqslant k_3$ 时，$a \in (0, a_8)$，有 $\pi_f^{A_3} > \pi_f^{B_3}$，$a \in [a_8, +\infty)$，有 $\pi_f^{A_3} \leqslant \pi_f^{B_3}$。

证明： 当农产品存在损坏且考虑直播带货时，农户最优利润差值为 $\pi_f^{A_3} - \pi_f^{B_3} = \dfrac{(1-\lambda)(1-\lambda-\theta)kFa^2 - 2bck(1-\lambda)(1-\lambda-\theta)Ga + b^2c^2kH}{2(1-\lambda)(1-\lambda-\theta)[4bk-(1-\lambda)r^2][4bk-(1-\lambda-\theta)r^2]}$，分母恒为正数，分子为关于 a 的一元二次函数，判别式 $\Delta_4 = 2\lambda^2\theta^2(1-\lambda)(1-\lambda-\theta)[4bk-(1-\lambda)r^2][4bk-(1-\lambda-\theta)r^2] > 0$，其中 $F = 4bk(1-\lambda-2\theta) - (1-\lambda)(1-\lambda-\theta)r^2$，$G = (4-8\theta)bk - [1-\lambda-(1-2\lambda)\theta]r^2$，$H = 4bk[2(1-\lambda)(1-\theta)^2 - (1-\lambda-\theta)] - r^2[2(1-\lambda)^2(1-\theta)^2 - (1-\lambda-\theta)^2]$。$F$、$G$ 和 H 的正负与 k 的大小密切相关，$k > k_0 = \dfrac{(1-\lambda)r^2}{4b}$；若 $1-\lambda - 2\theta \leqslant 0$，则 $F < 0$，二次项恒为负数；若 $1-\lambda-2\theta > 0$，则当 $k_0 < k < k_1 = \dfrac{(1-\lambda)(1-\lambda-\theta)r^2}{4b(1-\lambda-2\theta)}$ 时，$F < 0$，即二次项为负数，$k = k_1$ 时，二次项为 0，$k > k_1$ 时，二次项为正数；当 $k_0 < k < k_2 = \dfrac{[1-\lambda-(1-2\lambda)\theta]r^2}{4b(1-2\theta)}$ 时，$G < 0$，即一次项为正数，$k = k_2$ 时，一次项为 0，$k > k_2$ 时，一次项为负数；当 $k_0 < k < k_3 = \dfrac{[2(1-\lambda)^2(1-\theta)^2 - (1-\lambda-\theta)^2]r^2}{4b[2(1-\lambda)(1-\theta)^2 - (1-\lambda-\theta)]}$，$H < 0$，则常数项为负数，$k = k_3$ 时，常数项为 0，若 $k > k_3$，则常数项为正数；其中，可以证明有 $k_1 \geqslant k_2 \geqslant k_3 \geqslant k_0$。基于上述分析，可以根据 k 的不同阈值分类讨论，从而得到农户在不同情况下的模式选择，具体讨论过程在此不做赘述。计算得到对应的零点分别为：

$$a_7 = \frac{-(1-\lambda)(1-\lambda-\theta)\{4bk(1-2\theta) - [1-\lambda-(1-2\lambda)\theta]r^2\}bc - bc\sqrt{\Delta_4}}{-(1-\lambda)(1-\lambda-\theta)[4bk(1-\lambda-2\theta) - (1-\lambda)(1-\lambda-\theta)r^2]},$$

$$a_8 = \frac{-(1-\lambda)(1-\lambda-\theta)\{4bk(1-2\theta) - [1-\lambda-(1-2\lambda)\theta]r^2\}bc + bc\sqrt{\Delta_4}}{-(1-\lambda)(1-\lambda-\theta)[4bk(1-\lambda-2\theta) - (1-\lambda)(1-\lambda-\theta)r^2]},$$

$$a_9 = \frac{b^2c^2E}{2bc(1-\lambda)(1-\lambda-\theta)^2(1-4\theta)}。$$

命题3表述了在同时考虑产品损坏率和直播带货时，农户的销售模式选择情况。区别于只考虑产品损坏率的情境，当农户或平台考虑开启直播时，农户的模式选择决策不仅与产品的损坏率和佣金率有关，还与平台直播的成本系数相关。当佣金率较低时，若直播成本系数较高，则农户的模式选择与情境2类似，即在市场需求较小或较大时选择代销模式，在市场需求中等时选择转售模式；而不同于情境2，若直播成本系数较低，那么在市场需求较低或较高时，农户通过转售模式反而可以获得更高的利润，在市场需求中等时，代销模式对农户更有利；若直播成本系数中等，那么在市场需求较低时代销模式更好，否则转售模式更好。当佣金率较高时，若直播成本系数较高，农户的模式选择也与情境2类似，即在市场需求较低时选择代销模式，在市场需求较高时选择转售模式；而若直播成本系数较低，农户在市场需求较低或较高时选择转售模式更好，在需求中等时选择代销模式会获利更高。这表明当直播成本系数较高时，农户对定价权的偏好与情境2是一致的，而当直播系数较低或中等时，会表现出不同的偏好，这是在对产品损坏赔付成本和直播成本进行综合考虑后得出的结果，农户可以据此选择合适的销售模式。

命题4 当产品存在损坏时，若农户或平台愿意开启直播的条件得到满足（$b > \dfrac{(1-\lambda)r^2}{4k}$），则在引入直播前后，农户和平台的利润关系如下所示：

$$\pi_f^{A_3} > \pi_f^{A_2}, \quad \pi_f^{B_3} > \pi_f^{B_2}, \quad \pi_m^{A_3} > \pi_m^{A_2}, \quad \pi_m^{B_3} > \pi_m^{B_2}。$$

证明：根据表3，$\pi_f^{A_3} - \pi_f^{A_2} = \dfrac{[(1-\lambda-\theta)a-(1-\theta)bc]^2 r^2}{4b[4bk-(1-\lambda-\theta)r^2]} > 0$，$\pi_f^{B_3} - \pi_f^{B_2} = \dfrac{[bc-(1-\lambda)a]^2 r^2}{8b[4bk-(1-\lambda)r^2]} > 0$，$\pi_m^{A_3} - \pi_m^{A_2} = \dfrac{[(1-\lambda-\theta)a-(1-\theta)bc]I}{[4bk-(1-\lambda-\theta)r^2]^2(1-\lambda-\theta)^2 b} > 0$，$\pi_m^{B_3} - \pi_m^{B_2} = \dfrac{[bc-(1-\lambda)a]^2 r^2}{16b[4bk-(1-\lambda)r^2]} > 0$，其中 $I = \dfrac{[(1-\lambda-\theta)a-(1-\theta-2\lambda)bc](1-\lambda-\theta)^2 r^4}{32} + \dfrac{[(1-\lambda-\theta)a-(1-\theta-3\lambda)bc](1-\lambda-\theta)^2 bkr^2}{4} + [(1-\lambda-\theta)a-(1-\theta-2\lambda)bc]b^2 k^2 > 0$，由此命题4得证。

命题4给出了存在产品损坏时，农户或平台愿意开启直播的条件，以及直播对利润带来的影响。首先，只有当消费者对价格的敏感系数较高时，农户或平台才愿意开启平台直播，否则平台或农户会得到负利润。这是因为当消费者对价格不敏感时，成员通过提高产品价格即可获得更高的利润，同时并不会损失过多的消费者，也无须为直播付费；而当消费者对价格敏感时，提价将流失相对较多的消费者，因此就需要通过直播带货来产生一些新的需求，使产品总需求增加，从而弥补直播投入的成本。当开启直播的条件满足后，无论是代销模式还是转售模式，农户和平台在开启直播时都可以比不开启直播时获得更高的利润。这是由直播带来的需求增长导致的，且该条件下，收入的增长足以弥补直播的成本，因此通过直播，可以使农户或平台在不同销售模式下实现利润增长。

5. 数值分析

为了直观地展示直播给供应链成员带来的影响，以及相关参数对决策和利润的影响，本节采用数值分析的方法对研究结果做进一步分析讨论。假设市场基础需求 $a = 50$，消费者价格敏感系数 $b = 2$，生产成本 $c = 5$，佣金率 θ 和损坏率 λ 都为 0.25，直播成本系数 $k = 0.6$，直播流量转化率为 $r = 0.5$。

5.1 直播前后的利润对比

基于上述给定条件，可以绘制出不同基础市场需求下，直播前后农户和平台的利润变化，如图 2 所示。

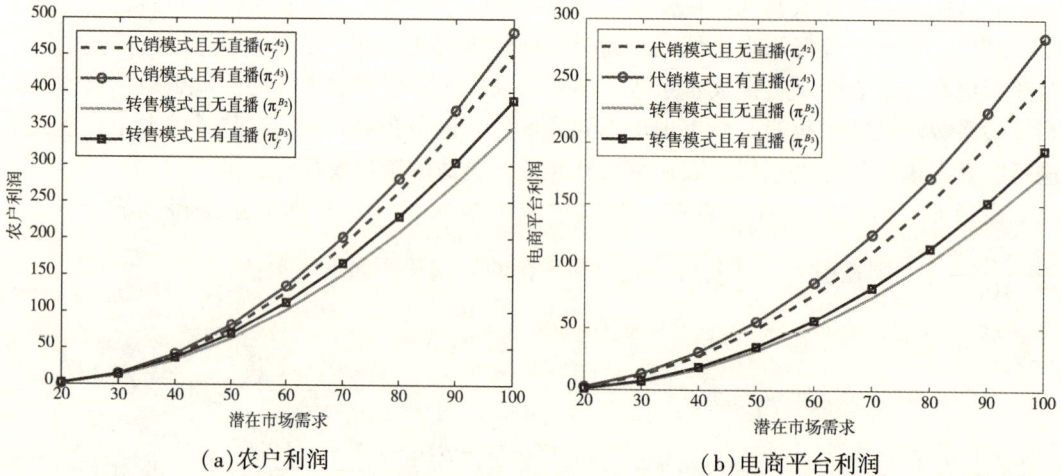

图2　直播前后农户和电商平台的利润关系

从图 2 可以看出，每种情况下成员的利润都会随基础市场需求的增加而增加，且增加速度越来越快。此外，与命题 4 一致，无论是对农户还是对电商平台而言，当开启直播之后，成员在代销和转售模式下的利润都会得到提升，这说明直播是有利于农户和平台的，是农户和平台实现利润增长的一个良好契机。

5.2 决策和利润关于参数的灵敏度分析

基于上述给定条件，本节进一步分析了平台参数（平台佣金率 θ）、产品参数（产品损坏率 λ）以及直播参数（直播成本系数 k 和直播流量转化率 r）对决策和利润的影响，以揭示各参数对最优决策和利润的作用。

图 3 显示了平台佣金率对决策和利润的影响，由于平台佣金率只对代销模式有影响，因此只分析了代销模式。从产品售价的角度来看，无直播时，产品售价会随平台佣金率增加而提高，从而获取更高的收入来弥补更高的佣金成本，反常的是，在开启直播后，产品售价会随佣金率的增加先降低后提高；从直播流量水平的角度来看，代销模式下的直播流量水平随佣金率的增加而降低。从利润的角度来看，农户和平台呈现相反的趋势，即更高的佣金率会增加平台的利润，但会降低农户的利润。基于上述分析，高佣金率会降低农户利润，提高产品售价，从而降低消费者福利，而直播在一定程度上能缓解高佣金率给农户

带来的成本压力，从而使农户降低产品售价，使消费者从中获利，也使销量更高。

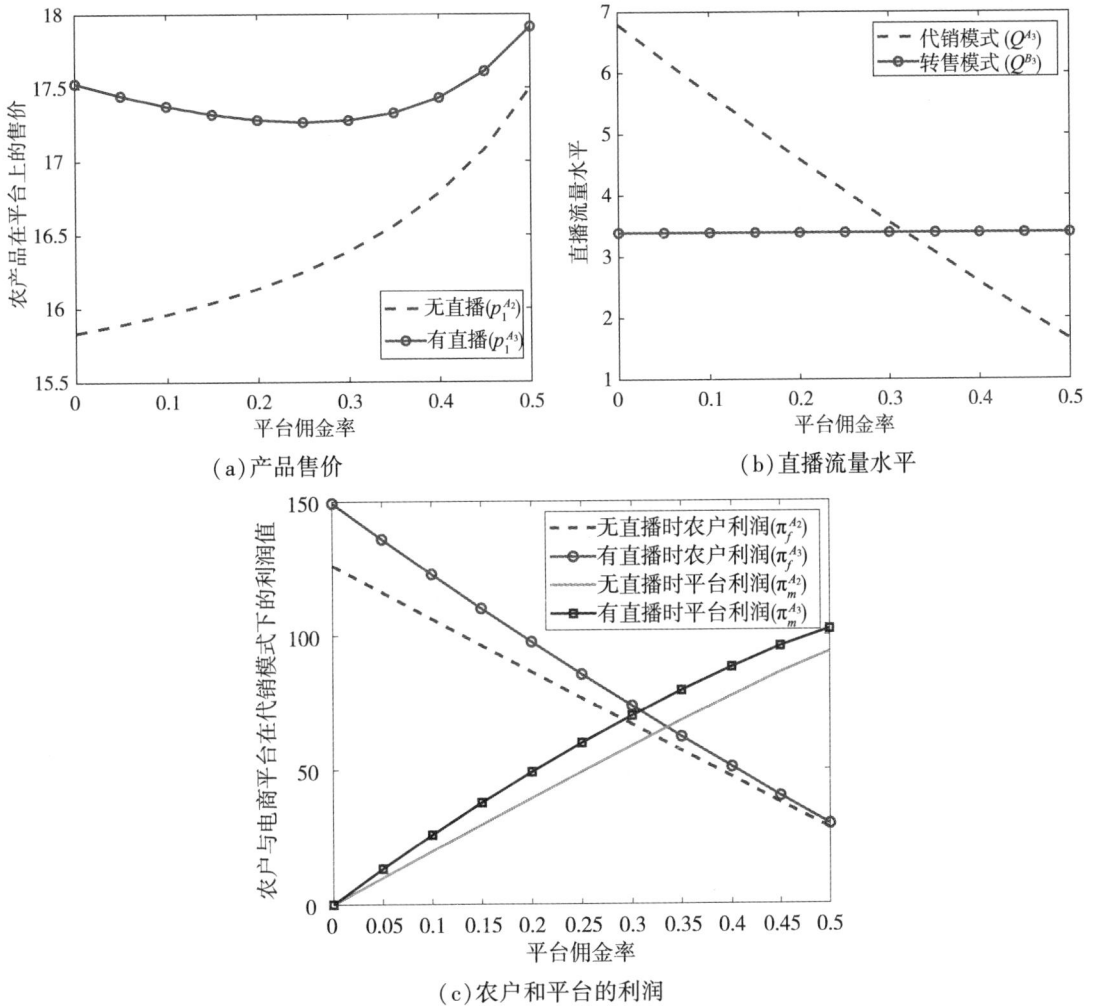

（a）产品售价

（b）直播流量水平

（c）农户和平台的利润

图 3　平台佣金率对决策和利润的影响

　　图 4 表述了产品损坏率对决策和利润的影响。从产品售价的角度来看，产品损坏率越高，各种情况下的产品定价也越高，这是损坏带来的隐性成本增加所导致的；从直播流量水平来看，产品损坏率越高，成本越高，从而使投资直播的资金更少，因此主播的直播流量水平更低。从利润的角度来看，直播前后产品损坏率对成员的利润影响情况类似，高产品损坏率将导致成员的利润受损，尤其是代销模式下的农户利润，平台利润在代销模式下只有当损坏率足够高时才明显受到影响。综上可见，高产品损坏率总是不利于产品销售和直播，对成员的利润也不利，尤其会损害农户的利润，而农户在代销模式下会比转售模式更容易受到产品损坏的影响。

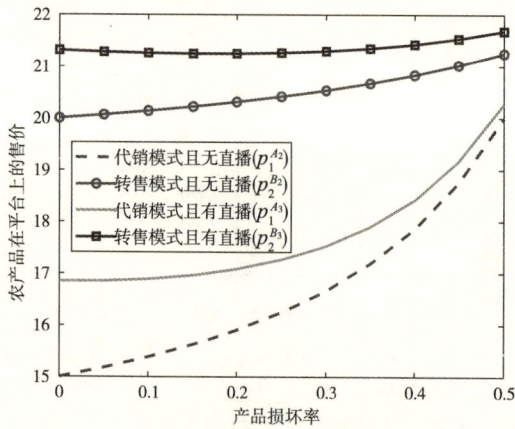

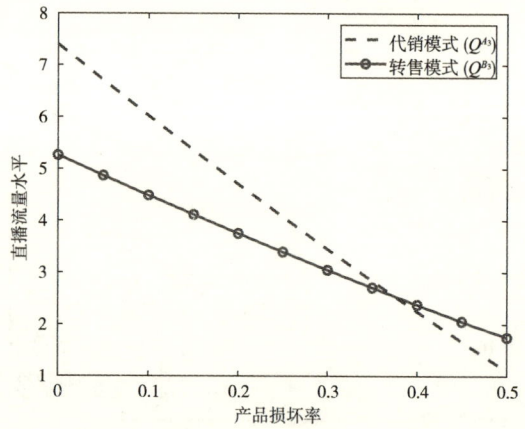

（a）产品售价   （b）直播流量水平

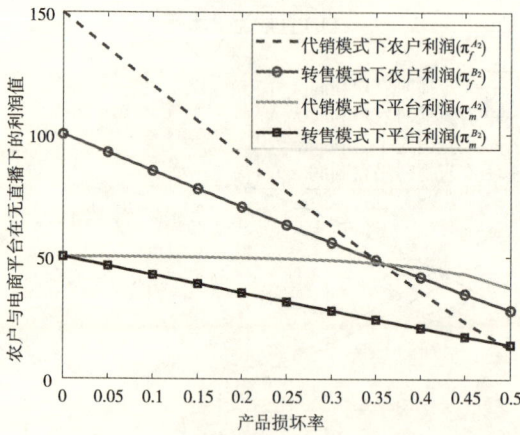

（c）直播前农户和平台的利润   （d）直播后农户和平台的利润

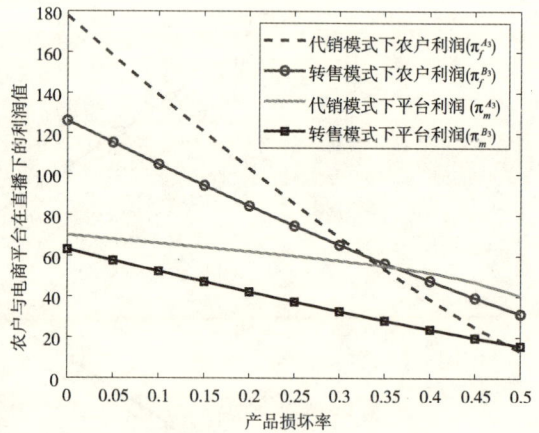

图4 产品损坏率对决策和利润的影响

图5展示了直播成本系数和直播流量转化率对决策和利润的影响。从产品售价的角度来看，成本系数越高，产品定价越低，而流量转化率的增加则会提高产品售价；从直播流量水平的角度来看，成本系数越低、流量转化率越高，则直播流量水平投入越高，且直播流量水平决策比产品售价更易受成本系数和流量转化率的影响。从利润的角度来看，低成本系数和高流量转化率会显著增加农户和平台的利润。由此可见，相较于调整产品定价来说，平台或农户在进行与直播相关的决策时，更容易受直播成本和直播效果的影响，且流量转化率越高，每单位增加的转化率所带来的经济效益越明显，这也是许多主播通过多种方法与消费者进行互动，从而设法提高流量转化率的原因。

170

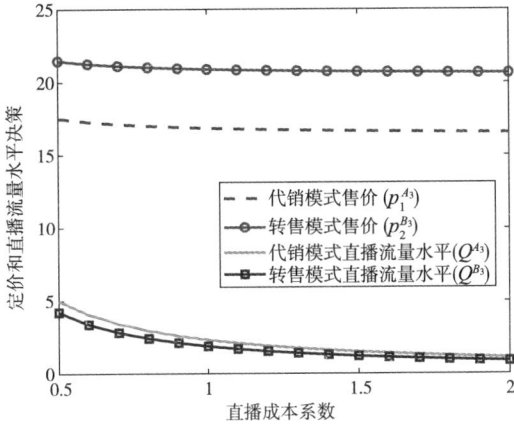

（a）直播成本系数对决策的影响　　　　（b）直播流量转化率对决策的影响

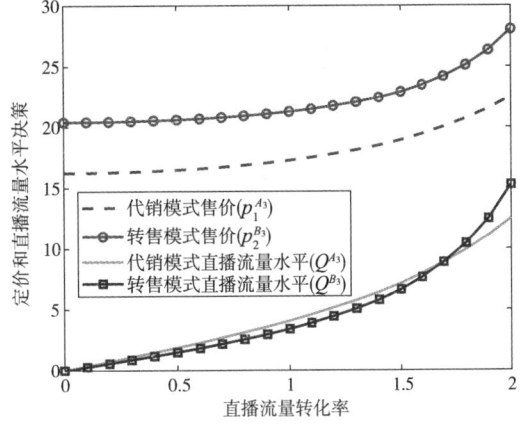

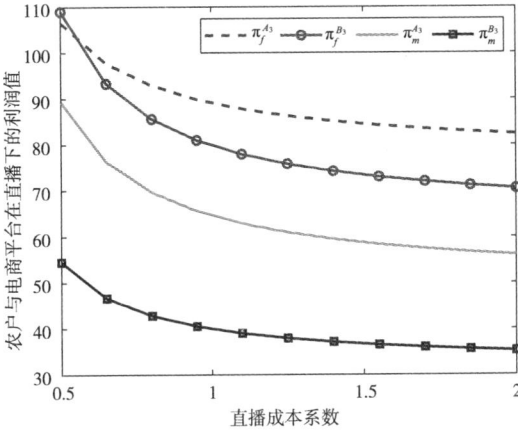

（c）直播成本系数对利润的影响　　　　　（d）直播流量转化率对利润的影响

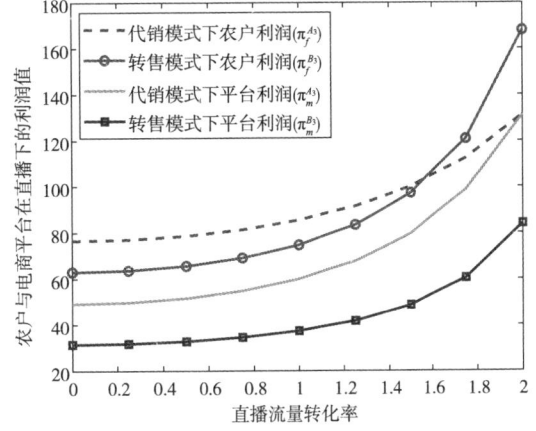

图 5　直播成本系数和直播流量转化率对决策和利润的影响

6. 结语

本文基于农产品易损坏的特点和直播带货的效应，分别构建了代销模式和转售模式下的二级供应链模型，引入了产品损坏率、直播成本系数和直播流量转化率等参数以探讨供应链成员在不同情境下的销售模式选择问题，并通过数值分析研究了平台佣金率、产品损坏率等因素对成员决策和利润的影响。本文的主要结论如下：

首先，本文得出了农户和平台在不同情境下的销售模式选择策略。（1）基础情境下，农户通过代销模式获利更高，平台在佣金率较低时选择转售模式，佣金率较高时偏好代销模式。（2）当产品存在损坏时，若佣金率较低，农户在市场需求较大或较小时会选择代销模式，需求适中时会选择转售模式；若佣金率较高，低的潜在市场需求会促使农户选择代销模式，而高的潜在市场需求则会使农户选择转售模式，平台的选择偏好则与之相反。（3）当同时考虑产品损坏和直播带货时，农户的模式选择决策不仅与产品的损坏率和佣金率有关，还与平台直播的成本系数相关。

其次，当消费者需求对价格的敏感系数高于一定阈值时，农户或平台才会愿意开启直播带货，开启直播后农户和平台的利润得到显著提高。因此直播是农户和平台实现利润增长的契机，且直播带来的需求和收入增加一定程度上能缓解高佣金率给农户带来的成本压力，增加农产品销量。

最后，高佣金率会降低农户利润，提高产品售价，从而降低了消费者福利；高产品损坏率总是不利的，尤其是会损害农户的利润，且农户在代销模式下比转售模式更容易受到产品损坏的影响；相较于调整产品定价来说，成员在做出与直播相关的决策时，更容易受到直播成本系数和直播流量转化率的影响，且转化率越高，每单位增加的转化率所带来的经济效益会越明显。

本文的研究仍然存在着许多局限性，未来可以在以下研究方向上进行拓展。首先本文考虑了网红和主播参与的直播带货模式，因此为付费直播，没有研究各地县长、镇长等参与的公益性直播的影响；此外，本文没有考虑到商家为降低农产品损坏率所做的努力，如可以通过泡沫箱、冰袋等更好的包装来降低产品损坏率，这也是未来可以进一步研究的方向。

◎ 参考文献

[1]但斌，丁松，伏红勇.信息不对称下销地批发市场的生鲜供应链协调[J].管理科学学报，2013，16(10).

[2]李晓夏，赵秀凤.直播助农：乡村振兴和网络扶贫融合发展的农村电商新模式[J].商业经济研究，2020，19.

[3]刘墨林，但斌，马崧萱.考虑保鲜努力与增值服务的生鲜电商供应链最优决策与协调[J].中国管理科学，2020，28(8).

[4]孙荣欣.直播带货:助力精准扶贫新路径[N].中国社会科学报，2020-11-26(8).

[5]文悦，王勇，但斌，等.电商平台自营和制造商直销的多渠道竞争策略研究[J].中国管理科学，2019，10(27).

[6]许明辉，于刚，张汉勤.具备提供服务的供应链博弈分析[J].管理科学学报，2006，2.

[7]杨磊，肖小翠，张智勇.需求依赖努力水平的生鲜农产品供应链最优定价策略[J].系统管理学报，2017，26(1).

[8]杨磊，赵玉姣，纪静娜.生鲜产品供应链最优决策与低碳影响分析[J].珞珈管理评论，2015，2.

[9]昝梦莹，王征兵.农产品电商直播：电商扶贫新模式[J].农业经济问题，2020，11.

[10]Abhishek, V., Jerath, K., Zhang, Z. J. Agency selling or reselling? Channel structures in electronic retailing[J]. Management Science, 2015, 62(8).

[11]Hagiu, A., Wright, J. Marketplace or reseller? [J]. Management Science, 2015, 61(1).

[12]Jiang, B. J., Jerath, K., Srinivasan, K. Firm strategies in the "Mid Tail" of platform-based retailing[J]. Marketing Science, 2011, 30(5).

[13] Kang, K., Lu, J. X., Guo, L. Y., et al. The dynamic effect of interactivity on customer engagement behavior through tie strength: Evidence from live streaming commerce platforms [J]. International Journal of Information Management, 2020, 56.

[14] Liu, W. H., Yan, X. Y., Li, X., et al. The impacts of market size and data-driven marketing on the sales mode selection in an Internet platform based supply chain [J]. Transportation Research Part E, 2020, 136.

[15] Ryan, J. K., Sun, D., Zhao, X. Y. Competition and coordination in online market places [J]. Production and Operations Management, 2012, 21(6).

[16] Sun, Y., Shao, X., Li, X.T., et al. A 2020 perspective on "How live streaming influences purchase intentions in social commerce: An IT affordance perspective" [J]. Electronic Commerce Research and Applications, 2020, 40.

[17] Tang, R. H., Yang, L. Financing strategy in fresh product supply chains under e-commerce environment[J]. Electronic Commerce Research and Applications. 2020, 39.

[18] Tian, L., Vakharia, A. J., Tan, Y. L., et al. Marketplace, reseller, or hybrid: Strategic analysis of an emerging e-commerce model[J]. Production and Operations Management, 2018, 27(8).

[19] Wongkitrungrueng, A., Assarut, N. The role of live streaming in building consumer trust and engagement with social commerce sellers[J]. Journal of Business Research, 2020, 117.

[20] Xu, X. P., Zhang, M., He, P. Coordination of a supply chain with online platform considering delivery time decision[J]. Transportation Research Part E, 2020, 141.

[21] Yang, L., Tang, R., Chen, K. Call, put and bidirectional option contracts in agricultural supply chains with sales effort[J]. Applied Mathematical Modelling. 2017, 47.

[22] Zhang, S. C., Zhang, J. X. Agency selling or reselling: E-tailer information sharing with supplier offline entry[J]. European Journal of Operational Research, 2020, 280(1).

Comparisons of E-commerce Platform Sales Modes of Agricultural Products Considering Livestream Marketing

Yang Lei[1]　Zheng Cong[2]　Hao Caixia[3]

(1, 2, 3　Department of Electronic Commerce, South China University of Technology, Guangzhou, 510006)

Abstract: In this paper, a two-echelon supply chain composed of a farmer and an e-commerce platform is considered, and the Stackelberg game model in the agent selling and reselling modes are constructed with the livestream marketing respectively. We obtain the sales mode strategy of the farmer and the platform through the comparison among decisions and profits. The results show that the farmer will choose the agent selling mode without the consideration of product decay and livestream marketing, while the choice of the platform will be influenced by the commission rate. However, the farmer and the platform will consider the commission rate and the market size simultaneously to make decisions when the products may decay. When the livestream marketing is considered, the farmer and the platform will start livestream marketing only when the price coefficient is high enough. Their mode selection decisions will be influenced by the cost coefficient of livestream marketing when the livestream marketing is implemented. Moreover, their profits can be promoted when the livestream marketing is adopted. Finally, the numerical analysis provides some further suggestions for the agricultural product platform supply chain with the livestream marketing.

Key words: Livestream marketing; Agricultural products; Platform supply chain